朱子与武夷师友

武夷山朱子文化研究中心
武夷学院朱子学研究中心 编

图书在版编目（CIP）数据

朱子与武夷师友 / 武夷山朱子文化研究中心，武夷学院朱子学研究中心编. -- 福州：福建美术出版社，2024.11. -- ISBN 978-7-5393-4656-4

Ⅰ.B244.7

中国国家版本馆 CIP 数据核字第 2024A28G89 号

朱子与武夷师友

武夷山朱子文化研究中心　武夷学院朱子学研究中心　编

出 版 人	黄伟岸
责任编辑	林晓双　过宇虹
出版发行	福建美术出版社
地　　址	福州市东水路 76 号 16 层
邮　　编	350001
网　　址	http://www.fjmscbs.cn
服务热线	0591-87526091（发行部）　87533718（总编办）
经　　销	福建新华发行（集团）有限责任公司
印　　刷	福建建本文化产业股份有限公司
开　　本	787 毫米 ×1092 毫米　1/16
印　　张	16
版　　次	2024 年 11 月第 1 版
印　　次	2024 年 11 月第 1 次印刷
书　　号	ISBN 978-7-5393-4656-4
定　　价	66.00 元

若有印装问题，请联系我社发行部

版权所有·翻印必究

公众号　艺品汇　天猫店　拼多多

《朱子与武夷师友》编委会

顾　　问：张建光　吴邦才　林文志　姚进生　张品端
主　　编：金文莲
执行主编：陈国代　彭小斌
编　　委：（按姓氏笔画为序）
　　　　　王志阳　王林琳　方诗宇　兰宗荣　叶婧玲
　　　　　吴邦才　吴佳慧　刘德水　朱燕涛　邹全荣
　　　　　张建光　张品端　张贵龙　陈　烈　陈国代
　　　　　邱志娟　林文志　金文莲　郑云涛　范传忠
　　　　　姚进生　姜东成　章一定　黄胜科　黄家鹏
　　　　　彭小斌

序

张建光

韩愈说:"师者,所以传道授业解惑也。"

孟子曰:"友也者,友其德也。"

师和友,是人一生绕不开的话题。

朱子被评价为"孔子之后儒学集大成者"。他是伟大的哲学家、思想家、教育家、文学家,有着"北孔南朱"的地位,留下著作25种,600余卷,2000多万字。

朱子在武夷山琴书50载,所遇师友众多。自14岁被父亲临终托孤给五夫好友刘子羽,拜师"武夷三先生"刘子翚、刘勉之、胡宪,朱熹与他们形成亦师亦友的关系。探究朱子在武夷山拜师求学时,诸位恩师对他有哪些教导和影响,了解朱子在武夷山交友论道,诸位朋友对他有哪些支持和帮助,成了当下人们热议的话题,也成了我们研究朱子文化的一个课题。

朱子一生师友众多,其中不乏时代的佼佼者。本书谈到的朱子师友,侧重在武夷山与朱子交游的老师、朋友、学生。统而观之,他们与朱子有许多共同点:第一,大多与武夷山有关;第二,都学有渊源;第三,志同道合。他们都是人中君子,斯文在世,不仅拥有相近的思想渊源,还有共同的政治主张,矢志报国,中兴道学,甚至仕途上也共同进退。

恩师中,刘子翚、刘勉之、胡宪等人,不仅在生活中给予了朱子无微不至的关怀与照顾,更是在学业上给予了他春风化雨般的熏陶与教育,思想品格上给予他浸润无声的言传与身教,促成了朱子理学在武夷山萌芽、成熟、传播，成为中华优秀传统文化的重要组成部分。恩师们与朱子的师生关系，让我们更深入地懂得何为良师、何为高足。

好友中，吕祖谦、张栻、陆游、辛弃疾、韩元吉等人，他们相知、相交，相互交流学问，相互诗词唱和，相互照顾生活。特别让人感动的是，朱熹在"庆元党禁"迫害中去世，竟有师友、学生千百人前往送葬，好友辛弃疾更是写下："所不朽者，垂万世名。孰谓公死，凛然犹生。"这些都让我们懂得何为益友、何为知己。

2021年3月22日，习近平总书记考察武夷山朱熹园时指出："我们要特别重视挖掘中华五千年文明中的精华，把弘扬优秀传统文化同马克思主义立场观点方法结合起来，坚定不移走中国特色社会主义道路。"

新时代新征程。武夷山朱子文化研究中心作为武夷山本土朱子文化的研究机构，联合武夷学院朱子学研究中心，致力于朱子文化的在地研究，深入挖掘朱子在武夷山的生活点滴、学术研究、朋友关系等，从蛛丝马迹中了解朱子为学、为徒、为友、为师、为子、为父、为夫的人生历程，让世人从不同的角度了解一个更真实、更生活化、更亲切的朱子。

是为序。

2024 年 11 月

（作者系国际儒学联合会副理事长、福建省文史研究馆馆员、武夷山朱子文化研究中心顾问）

目 录

朱子与丞相李纲 ………………………………… 吴邦才（ 2 ）
朱子与刘韫 ……………………………………… 朱燕涛（ 6 ）
朱子与刘子羽 …………………………………… 彭小斌（17）
朱子与刘子翚 …………………………………… 邱志娟（24）
朱子与刘勉之 …………………………………… 范传忠（34）
朱子与胡宪 ……………………………………… 邱志娟（40）
朱子与韩元吉 …………………………………… 彭小斌（50）
朱子与刘玞 ……………………………………… 邱志娟（58）
朱子与刘玶 ……………………………………… 范传忠（70）
朱子与张栻 ……………………………………… 姚进生（75）
朱子与吕祖谦 …………………………………… 张品端（88）
朱子与袁枢 ……………………………………… 黄胜科（98）
朱子与辛弃疾 …………………………………… 姜东成（107）
朱子与陆游 ……………………………………… 黄胜科（113）
朱子与吴楫 ……………………………………… 陈国代（122）
朱子与陈亮 ……………………………………… 黄胜科（135）
朱子与蔡元定 ………………………… 章一定 黄家鹏（144）
朱子与刘爚 ……………………………………… 张贵龙（151）

1

朱子与黄榦 …………………………………… 朱燕涛（156）

朱子与陈淳 …………………………………… 张建光（161）

朱子与武夷山道士 …………………………… 兰宗荣（166）

朱子与武夷禅缘 ……………………………… 吴佳慧（176）

朱子与其师友、门人的廉政爱民之道 ……… 陈　烈　叶婧玲（186）

朱子与"不远复" ……………………………… 刘德水（202）

朱子与"鹅湖会讲" …………………………… 邹全荣（210）

朱子在武夷精舍的教育实践 ………………… 王志阳（214）

朱子与门人的著述 …………………………… 陈国代（238）

后记 ……………………………………………………（247）

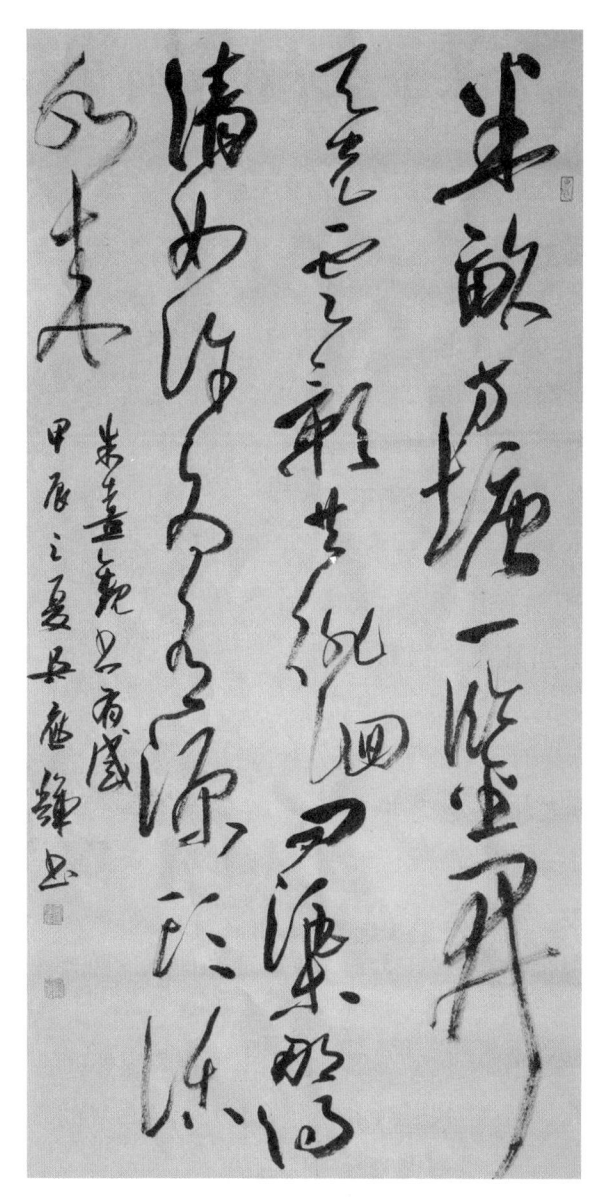

书法撰写：吴应辉

朱子与丞相李纲

吴邦才

邵武，在历史上被称为"铁城"。这座铁城在宋代出了一位铁血丞相——李纲。朱子非常尊崇民族英雄李纲，极力倡导兴建李纲公祠，并亲自写了《邵武军学丞相陇西李公祠记》，盛赞李纲："知有君父而不知有其身，知天下之有安危而不知其身之祸福。虽以谗间窜斥，屡濒九死，而其爱君忧国之志，终有不可得而夺者，是亦可谓一世之伟人矣！"并为李忠定祠书匾"一世伟人"，还题联："孤忠伟节，垂法戒于万世；至策大猷，奠宗社于三朝。"

朱子对李纲爱国爱民、无私无畏、能文能武的英雄本色尤为感佩，心仪为师。

李纲是一位爱国爱民的英雄。李纲出生在内忧外患的战乱年代，从小立志要忠义，报国济民。政和二年（1112），30岁的李纲进士及第，走上仕途，积官至监察御史兼殿中侍御史。宣和元年（1119），李纲任太常少卿。他上的第一份奏折，是针对京都遭水灾，提出"因众志，协众力，济危图安，上以答天地之戒，下以慰亿兆之心"的忧国恤民的主张。然而，忠言逆耳。李纲的进言非但不被采纳，反而被斥"所论不当"，遭贬到南剑州沙阳县任监税务。绍兴三年（1133），荆湖一带农民因不满朝廷对外御敌不力、对内暴敛横征，纷纷起义。朝廷为安定后方，又重新起用李纲为荆湖广南路宣抚使，兼知潭州（今湖南长沙）。李纲到任后采取怀柔之策，招抚起义军，废除苛捐重赋。不到一年，使荆湖地区实现"境内遂安，流移归业"。然而，朝中奸臣诬告李纲居功自傲，"使军民独知有纲，不知有陛下"。李纲又被降职为西京崇福宫提举。李纲一生仕途多舛，每每都是因为抨击误国殃民之弊、主张救国恤民之举而受政治迫害，遭贬受挫。但是，无论蒙受多少委屈，遭遇多少磨难，李纲都始终不改初心，坚贞报国，心系苍生。

李纲是一位无私无畏的英雄。宣和七年（1125），金国败盟，举兵南侵直逼汴京，在朝文武，茫然无策。这时，李纲挺身而出，血书奏请徽宗内禅钦宗，并上"御戎五策"。徽宗恐慌，仓皇离京，出走镇江。钦宗下诏亲征，任李纲为尚书右丞，兼亲征行营使。李纲临危受命，带领军民拼死保卫汴京城，金兵久攻不下而退。然而，汴京保卫战后，朝廷竟以"专主战议，丧师费财"的罪名，将李纲撤职，贬到西南担任闲职。靖康元年（1126），金兵再度南侵，汴京城破，掳徽宗、钦宗父子北去，北宋遂亡，李纲悲痛不已。

南宋政权建立之初，宋高宗起用李纲为相。李纲提出了抗金建国的十大主张。然而，宋高宗听信主和派谗言，未采纳李纲的主张，反而将李纲落职去鄂州，后流放到海南岛。建炎三年（1129），金兵又大举南侵，宋高宗为抵抗金兵，不得不把李纲调回。李纲针对金兵渡江进犯，上奏御敌三策。宋高宗称赞"料敌于千里之外，制胜于三策之间"，采纳了李纲的御敌之策。经过军民团结奋战，取得了胜利。但朝廷却以胜求和，向金称臣纳贡，签订了屈辱的"绍兴和议"。李纲极为气愤，痛国事无可为，请辞回乡养病，临终前仍念念不忘"收复失地"。李纲虽是壮志难酬，但心系社稷、无私无畏的精神永存。明代工部尚书雷礼拜谒李忠定祠后赞叹："孤忠自许扶三帝，九死何为惜一身。"

李纲还是一位能文能武的英雄。他本是一介儒生，怀有"继往圣之绝学，开万世之太平"之志，只是由于时逢乱世，外敌入侵，为了保家卫国，临危受命投笔从戎，成为领兵打仗的军事家，但其本质上仍是饱读诗书的儒学家。

李纲通经学，精诗文。他潜心研究《易》学，著有《易传内篇》10卷、《易传外篇》12卷、《论语评说》10卷等，成为从祀于孔庙的儒学先贤。其生前书写奏折数十篇，不仅切中时弊，提出真知灼见，而且行文简约，文辞锋利，不失为佳作。他还写了不少诗词，多半是抒发情怀的，如《病牛》一诗："耕犁千亩实千箱，力尽筋疲谁复伤。但愿众生皆得饱，不辞羸病卧残阳。"借牛自喻，抒发以天下苍生为己任的济世情怀。李纲对家乡闽北饱含深情，写了不少思念家乡、赞美故里的诗词。其中，篇幅最长的是途经武夷山时写下的《武夷山赋》。他在序中写道："予闽人也，游宦四方，每以未至其下为恨。……入闽境，遂游武夷，……予于武夷，可谓无负，亦足以偿平昔之愿矣。"诗赋中对武夷山奇观佳景极尽赞美，借此抒发对故乡的热爱与眷念。

朱子与李纲一样都是出自闽北的一代伟人，他们有许多相似之处。

朱子与李纲都是爱国志士，他们从小立志忠义报国。李纲多次临危受命守城御敌，朱子多次上奏主张收复失地，然而，他们却都遭贬受压。李纲六起六落，朱子三起三落。尤其令人感慨的是，他们最后都因报国无门蒙冤含愤去世。

朱子与李纲一样都是治国良臣。他们信奉民为邦本。李纲被贬到地方任职，总是以安民为重，察民情，解民忧，还将故里李家湾自家耕田收的粮食捐出来，设立义仓，救助难民。朱子每在任上，视民如伤，减赋兴农，也在故乡五夫里创办社仓，赈济灾民。

朱子与李纲一样都是理学大家。李纲虽武功卓著，但本是儒生，精通诗文，著有《易传》《论语评说》等。朱子的文治更胜一筹，集理学之大成，著有《周易本义》《四书章句集注》等，成为理学经典。

李纲年长于朱子，在朱子幼年时，李纲已逝世。两位伟人虽生平未曾谋面，但他们的心是相通的。朱子尊李纲为心仪之师，更立志继往开来，成为爱国爱民的文化巨人。李纲与朱子都是闽北的骄傲，李纲文化和朱子文化都是弥足珍贵的文化遗产。让我们赓续历史文脉，谱写当代华章，以告慰先贤。

（本文作者为国际儒学联合会理事、武夷文化研究院名誉院长、武夷山朱子文化研究中心顾问）

朱子与刘韫

朱燕涛

朱熹为南宋的一代大儒,其集理学之大成而被称为"三代下孔子",世人尊称"朱子"。世有朱子,离不开武夷山五夫刘氏在生活上的养育、学识上的教育及人格上的培育。五夫刘氏家族,对朱子及其家人堪称恩重如山,举世赞叹。而这,均缘于朱子父亲朱松与刘氏诸贤的盖世"友道"。他们的"友道"传奇,是中华文化史上比三国故事中"桃园结义""白帝托孤"更为经典、更为感人的史实和佳话。此后,刘氏各代与朱子及其后代的深情厚谊,同样水乳交融,感天动地,成千古绝唱。朱子与刘氏的密切关系,除了已众所周知的刘子羽、刘子翚和刘勉之为"朱子三父(依次为义父、师父和岳父)"的美谈外,朱子与刘氏的其他数代人,同样交谊深厚,然而却相对不为世人所悉。其中刘子翚的叔叔刘韫,与朱子亦亲亦朋、亦师亦友、诗酒无间、忘年而交的亲密关系,便极富传奇色彩,也更鲜为人知。

一、刘韫的身世及与朱子的情缘

刘韫(1101—1179),字仲固,号秀野山人,崇安(今福建武夷山市)人,五夫里刘民先第四子,忠显公刘韐之弟,以兄荫入仕。仕途曲折,历通判三州,知二州,并皆有政声。孝宗隆兴二年(1164),宋朝廷二度北伐失败,再次屈辱议和。此时,于兴化军任上的刘韫,由于此前极力呼吁北伐,以雪国家靖康之耻,报父亲牺牲之仇,如今宋廷再败,主战的他遭到言官的弹劾。对时局失望的他,从此谢绝仕途,以朝散大夫致仕(退休)回归武夷山故里。他择址可"悠然见南山(武夷山风景区）"的崇安县城南九曲巷尾，修筑了十多亩的园林式别墅以归隐修道，名"沧波馆"。沧波馆约处今余庆桥略南的"南薰楼"附近，俯临北宋赵清献开凿的新阳圳前段人工河，与师姑洲隔水相望。别墅内造十多处景观，有台榭花木之胜和阡陌乡野之风。其常与侄辈子翚及孙辈朱熹等相互唱酬，旦夕讽咏，并以杜甫"喜无多屋宇，幸不碍云山"之句为别墅分韵赋诗。朱熹得诗后，以《伏读秀野刘丈闲居十五咏谨次高韵》答和。刘韫擅诗且高产，"其长篇巨牍，霞舒云丽，时人谓之'吟龙'"，朱子与其酬唱是家常便饭，唱和之诗达百余首，中华诗词史上恐旷世未有，堪称奇迹。刘韫极留恋崇安县南此居所，于此修道与吟哦至终老。

　　刘韫与朱子成为诗词酬唱如此之多的诗友，缘于他们传奇般的关系。首先，他们志同道合，他们的父辈及自己均有强烈的北定中原理想，有改造世态人心的理想追求，同时他们的理想与追求均遭受了相似的挫折，彼此惺惺相惜并代代相传。其次，他们都是诗界巨擘，同时对道学禅理均涵养深厚，是不二的知音。再次，他们是"亲上加亲"的关系。刘韫是朱子"三父"的叔叔，比朱子长两辈，大近三十岁，因此朱子敬称刘韫作"刘丈"。同时，刘韫的儿子子翔娶了朱子的胞妹朱心为妻。刘子翔（字彦集）能诗善词，绰有父风，时人称其父为"吟龙"，子为"词虎"。文坛上的"龙虎双雄"，集其父子一家。因此，他们之间诗词酬唱极多，顺理成章。

　　其实，刘韫的儿子刘子翔也是朱子的诗友。朱子的胞妹朱心，生于宋高宗绍兴九年（1139），比朱熹小九岁，二十一岁时嫁给了刘韫之子子翔。子翔以父荫官湖南浏阳县丞，秩满还乡，不再仕。子翔赴任的浏阳县，居住有许多与朱子师祖罗从彦和恩师李侗的同宗。朱子任湖南安抚使期间，曾为该县营盘罗氏、浏东李氏的族谱撰写谱序，并为浏阳的第一座藏书楼题诗《寄题浏阳李氏遗经阁》二首，在该县留下很好的声望。朱子对浏阳民情十分了解，感情深厚，在子翔启程赴任时，对妹夫既难舍难分，又对其治理好浏阳深寄厚望。当时朱子迎着晚风，抱病相送，置酒赠书，叮咛嘱咐，并附诗一首《送彦集之官浏阳》："急景彫暮节,高风振空林。病夫掩关卧,长谣拥孤衾。闻君千里行,四牡方骎骎。重此别离感,青天欲愁阴。君行岂不劳,民瘼亦已深。催科处处急,椎凿年年侵。君行宽彼氓,足以慰我心。荐书会满箧,社酒还同斟。所念家同产,与君如瑟琴。兹焉不并驾,宰木寒萧椮。尚喜吾诸甥,男恭女知钦。明朝复相忆,怅望楚山岑。"诗中满是勉励、寄望与宽慰,情真意绵,令人动容。刘韫政声良好的表率与朱子殷切期望的嘱托,让子翔在县丞任上十分关心民瘼,宽慰彼氓,从而也获得了百姓的普遍嘉许,口碑上佳。

　　刘韫对作为后生的朱子赏识有加,无论在生活、学习上,还是在事业上,对他都如同亲儿孙般慈祥、怜爱与乐助。他家资厚实,除了在县治南郊建有园林般的豪宅、新阳赤石置有肥沃田产外,在武夷山中(今景区内)亦有地产别业。朱子自少年起就追随老师刘子翚在武夷山水帘洞寓所受教,对武夷山的自然与人文环境情有独钟,"琴书四十载,几作山中客"。其中在武夷山景区冲佑观的"奉祠",他便提举了三任,并由此产生在武夷山中开办书院的想法。而朱子生来清贫,出仕后又置产无多,对在山中购地建书院毫无经济能力。此时的刘韫,听闻朱子有此大志后大悦,慨然表态,愿将五曲隐屏峰下数十亩谷地私产,无条件赠与朱子构筑精舍,以资鼓励。朱子感激涕零,很快亲手擘画,后在刘韫儿子(朱熹妹夫)的支持下,发动学生身体力行,凿石伐木,很快就将"为山中巨构"的"武夷精舍"建成。朱子喜不自禁,吟写了脍炙人口的《精舍十五咏》。此后,朱子的巨作之一《四书章句集注》便从该书院横空出世,对此后的中华文化产生了重要的影响。来到这里聆听朱子讲学论辩的学生师友、名流俊杰,更是成百上千,俊采星驰。朱子的这些受学弟子与论辩师友,离开武夷山后,便如同蒲公英的种子,飘满中华大地,将朱子理学的学问与理想,薪火相传,不断光大。武夷精舍也从此成为中华文化史上最著名的书院之一。可以认为,刘韫对朱子的武夷精舍建设及朱子的功成名就之贡献,与刘氏的"朱子三父"可等量齐观,厥功至伟。

二、刘韫的城南别墅"沧波馆"与朱子的唱和诗

"城南"是个极富诗情画意的词汇,朱子与"城南"有深厚的渊源和情结。他出生的地方在尤溪城南的南溪书院,童年生活则在建州(今建瓯)城南的环溪精舍。他在"城南"留下了"沙洲画卦"等许多美好的故事。他成年后交游日广,每到一城,也多先访城南。如乾道三年(1167),应好友张栻之邀,朱子远赴湖南岳麓书院讲学,其间便深度游览长沙城南,并且写出了文坛历史上诗书(书法)双绝、流芳千古的《城南唱和诗卷》。

临安坝(朱燕涛 摄)

南宋时的崇安县,除县衙有围墙外,尚无大范围的完整城墙。因此,其时的城南多以"县南"称呼,即县衙南郊。县衙南郊包括了如今的武夷山市南门街、下洲及师姑洲(今沙古洲)一带。崇安南门街的形成,当归功于北宋名臣赵抃(谥清献)。赵抃在康定初年(1040)前后于县城东南的河道上,修建了约 500 米长的新阳陂(临安坝),并相应地在崇溪西岸砌筑了近 300 米长的青龙码头。过去,青龙码头是闽江航运水道最上游的重要港埠,是福建通过"闽赣古道"连接江西长江航运水道的商旅枢纽,因此曾"舟车辐辏,冠盖相属"。与青龙码头相邻且并行的道路,此后逐渐聚商成市,进而形成"清明上河图"般的街市。该街市从青龙码头延伸至县衙(今勤业楼地段)门前,叫"崇安街"。

崇安街自明代修建城墙后，出南城门之外的部分才称作"南门街"。南门街因与青龙码头毗邻且并行而最为繁荣，至明清进一步成为"万里茶道"起点地的茶叶及百货的水陆接驳中枢。南门街的天后宫、万寿宫、南兴寺、天主堂、汀州会馆、江西会馆、广东会馆、河伯司、厘金局、票号、银庄、马驿、船驿、船厂等因商业而兴建的信俗场所、会所建筑、管理机构等应运而生，下四府（兴化府、泉州府、漳州府、汀州府）闽商及晋商、徽商、浙商、粤商、洋商等纷至沓来。后来享誉东南的茶界"闽商"与"金崇安"也由此滥觞。清代崇安的朱潘万邱"四大世家"之发家，无不与此码头及南门街的繁荣有关，并于此街营建了"宏敞当为闽北冠"（民国《崇安县志》）的大宅府第。南宋时期，南门街区段业已市列珠玑，户盈罗绮，商旅麇集，酒旗招展。隆兴至乾道年间（1163—1173），朱子与刘韫大部分时间都在崇安及周边频繁诗书往来，同时朱子常借走访县衙、拜谒文庙或往返江西、湖南（岳麓会讲）等活动，需经县南青龙码头的机会，借道或专程来看望"刘丈"，与他酌酒和诗，煮茗论道。在看望刘韫的同时，也耳闻目睹了崇安县南市井的繁华。刘韫常在南门街酒楼与诗友论诗斗酒，写了两首《崇安酒市》送朱子点评。朱子虽不参加酒楼的赛诗斗酒，但对刘韫的雅兴十分欣赏，于是据他诗意写下了脍炙人口的《次秀野杂诗·崇安酒市》二首："闻说崇安市，家家曲米春。楼头邀上客，花底觅南邻。讵有当垆子，应无折券人。劝君浑莫问，一酌便还醇。"又，"丽藻摘云锦，新章写陟厘。诗传国风体，兴发酒家旗。见说难中圣，遥知但啜醨。盘餐杂鲑菜，那有蟹螯持。"此诗仅从酒市的视角，表现出了当年崇安市井人气的鼎盛；亦从酒风之高雅，佐证了崇安民间的不俗文风。加上朱子之前的柳永及之后的刘伯温、徐霞客都有在南门街、青龙码头留下足迹与诗文，人文史迹厚重，因此武夷山市在1999年被福建省政府公布为"福建省历史文化名城"时，南门街也被同时公布为其中的省级"历史文化街区"。

古代的文人雅士，对自己的豪宅别墅也常低调地谦称"闲居""草堂"等。刘韫的"闲居"沧波馆并非处在南门街闹市的中心，而在距街市末端仅百步之遥的九曲巷尾，在与师姑洲隔水相望的溪畔，可称闹中取静的上佳之所。如此既能获街市之便利，又可享乡野之闲适。刘韫好写诗，对自主设计的"闲居"非常自得，写了许多田园诗自赏。其中创作的《闲居十五咏》便是他对此别墅内十四个景观的得意吟诵，对作为晚辈亲眷兼知音诗友的朱子，他自然率先抄送分享。他的《闲居十五咏》原诗，遗憾已佚失难觅，但朱子收阅后欣然酬答的十五首"和诗"却完整保存至今，让我们仍能"一睹"其"县南闲居"的昔日风采，并品味到朱子对刘韫闲居及其人品境界的由衷羡慕与赞赏。诗题为《伏读秀野刘丈闲居十五咏谨次高韵率易拜呈伏乞痛加绳削是所愿望》，现抄录并简注分享如下：

（一）秀野①

为怜蘅芷满芳洲，特地临江赋远游。
十亩何妨自春色，万缘从此付东流。
静看朝市真儿戏，须信田园是老谋。
出处知公有余裕，未应辛苦谢灵丘。

---

① 该首为十五咏"和诗"的开篇。"秀野"为刘韫的号，此处形容他的"闲居"如秀美的村野，充满自然情趣，以此总览别墅的创意。诗的首句大意：刘韫建别墅于此的原因，系喜爱这里有水草丰美芳香的师姑洲。特别重要的是，这里靠近河道，可泛舟崇溪，逐波远游。刘韫信道修真，喜欢郊游，放浪形骸，因此称此别墅为"沧波馆"。朱子有《次秀野泛沧波馆至赤石观刈早稻韵》诗，称美刘韫从这别墅门口放舟载酒，从县南沿人工河入崇溪，漂流到赤石看秋收稻谷的闲情逸致。朱子受其影响，晚年迁居考亭时，对其居所兼书堂也仿效取名"沧州精舍"（今考亭书院）。诗的次句与第三句大意：别墅虽只有十余亩，但不影响美好的春天景色纷至沓来，所有的尘缘俗务可以从此抛却。这里距街市不算远，早晨可安静地观赏街上天真的儿童嬉戏，相信这是您既"隐于野"又"隐于市"的"老谋深算"啊。此句双关之意，寓官场如儿戏与民间有真趣之意蕴。末句归纳说：我知道您如今出行或静处，各方面条件都很宽裕舒适，无须付出辛苦就可享受到神仙境界，真是幸福啊。"灵丘"指神仙所居之山，典出《楚辞·王褒（九怀·蓄英）》"玄鸟兮辞归，飞翔兮灵丘"。

(二)积芳圃①

乐事从兹不易涯,朱门还似野人家。
行看靓艳须携酒,坐对清阴只煮茶。
晓起苍凉承坠露,晚来光景乱蒸霞。
平生结习今余几,试数毗邻槲上花。

(三)家山堂②

负米归来手自舂,岂知门外有晴峰。
羡公竟日尘氛远,拄颊看山幽兴浓。
心镜悬知不同调,诗坛那敢少争锋。
空余远岳寻师意,个里何妨为指踪。

(四)拙政堂③

骥足宁同曳尾龟,青山终是费心期。
陶公归去有余乐,潘令闲居不足追。
自笑十连非所慕,未应三径苦无资。
明朝谩拥朱轮去,猿鹤咨嗟政尔为。

(五)香界④

幽兴年来莫与同,滋兰聊欲泛光风。
真成佛国香云界,不数淮山桂树丛。

---

① 此咏种植花木之园圃,评价刘韫虽为豪门大户,却像山野农家,很享受花树做伴、茶酒相随的安逸闲适的田园生活。
② "家山堂"为纪念故乡的建筑。本诗评论刘韫在家山堂负米自舂,乐在其中,拄颊看山,悠然自得的诗意生活。
③ "拙政"系谦辞,拙于为政。"拙政堂"指退隐幽居的房屋。本诗称颂刘韫很享受陶渊明和潘安式的桃花源生活。
④ "香界"指种兰花的园圃,借此称颂刘韫淡泊高洁如兰花的君子之风。

花气无边醺欲醉,灵氛一点静还通。
何须楚客纫秋佩,坐卧经行住此中。

(六) 春谷①

武夷高处是蓬莱,采得灵根手自栽。
地僻芳菲镇长在,谷寒蜂蝶未全来。
红裳似欲留人醉,锦幪何妨为客开。
饮罢醒心何处所,远山重叠翠成堆。

(七) 舫斋②

扁舟容与小房栊,摇扬帘旌蜀锦红。
两岸蒹葭秋色里,一川烟浪夕阳中。
不愁滟滪双蓬鬓,未怯江湖万里风。
筑室水中聊尔尔,何须极浦望朱宫。

(八) 药圃③

种药春畦有近功,不辞耘耔谩劳躬。
渐看杞菊充庖下,即见芝英入笼中。
病去自知非往日,身轻何必御泠风。
出门会有儿童笑,不是当年植杖翁。

---

① "春谷"指种武夷山移来的岩茶之园圃。"灵根"有版本为"灵芽",均指武夷茶。刘韫的别墅不仅种植花木果蔬,也种了从武夷山中移来的茶树。茶树在寒冷的初春开花,很少有蜂蝶光临。美丽的茶女在锦绣的帷帐中煮茶,让客人十分陶醉。客人茶喝完后神清气爽,更向往重峦叠翠的远山(神仙所居的武夷山)了。此诗如今被认为是朱子写武夷茶的代表作之一。

② "舫斋"是建于水中或水畔用于观鱼赏荷等休闲活动的船形房屋,为刘韫别墅的一道临水景观。本诗议论刘韫退隐江湖,远离"朱宫"(朝政)的洒脱。

③ "药圃"指种植药材的园圃。诗赞刘韫采菊里篱,种药养生,"返老还童"的"神仙"生活。

（九）山人方丈①

方丈翛然屋数椽，槛前流水自清涟。
蒲团竹几通宵坐，扫地焚香白昼眠。
地窄不容挥麈客，室空那有散花天。
个中有句无人荐，不是诸方五味禅。

（十）龟峰楼②

杨柳东边桂树西，小楼晴眺极霏微。
山川政尔供凝目，尘土何妨略振衣。
俯瞰桑田悲物化，闲披蕊笈洞玄机。
却疑栏外连穹石，似厌支床去不归。

（十一）月波台③

潺潺流水注回塘，中作平台受晚凉。
四面不通车马迹，一尊聊饮芰荷香。
韩公无复吟花岛，楚客何劳赋药房。
少待须臾更清绝，月华零露洗匡床。

（十二）挽蔬园④

未觉闲来岁月频，荷锄方喜土膏匀。
连畦已放瑶簪露，覆地行看玉本新。
小摘登盘先饷客，晚炊当肉更宜人。
却怜寂寞公仪子，拔尽园蔬不叹贫。

---

① "山人"即"秀野山人"刘韫，"方丈"指仙岛，此指隔水相望的师姑洲。刘韫在别墅对岸师姑洲，另建禅房数间以读书写诗与修道悟禅。

② 沧波馆别墅可正望西山龟峰（又名文笔峰，即今小武夷公园甑广岩），刘韫筑楼以观赏，相看不厌。诗赞刘韫的仙风道骨气象与生活方式。

③ 沧波馆别墅有池可渔，池中筑台供纳凉赏月，拒绝俗世干扰。

④ 刘韫闲居效陶渊明自耕自作，辟菜园自种各色蔬菜，享受田园生活。

（十三）秋香径①

门外黄尘没九逵，坊中丛桂长樛枝。
三秋冷蕊从开落，终岁清阴不改移。
幽径只愁空翠滴，浓香一任晚风吹。
攀援却恨王孙远，惆怅千林落叶时。

（十四）曲池轩②

去年种竹长新篁，今岁穿渠过野塘。
自喜轩窗无俗韵，亦知草木有真香。
林间急雨生秋思，水面微风度晚凉。
却厌端居苦无事，凭栏闲理钓丝长。

（十五）前村③

玉立寒烟寂寞滨，仙姿潇洒净无尘。
千林摇落今如许，一树横斜独可人。
真与雪霜娱晚景，任从桃柳殿残春。
绿阴青子明年事，众口惊嗟鼎味新。

吟哦朱子的上述"次韵"诗，我们不难发现这些诗与朱子的寻常风格并不相同。朱子是一位有着圣贤气象的大儒，所公开的许多诗词，虽也浅显易懂，但偏重理性。而读其与刘韫的交往唱和诗，则让人耳目一新。这些诗生动活泼，谐趣横生，闲情逸致，悲欢愁怨，率性纯真，少有理学家的观照和道德家的高调。朱子的这些闲适诗，一方面说明他的

---

① 别墅内的小路沿途种植了桂花，称"秋香径"。桂树小道，三秋浓香扑鼻，四季清阴宜人，令人陶醉。

② 沧波馆修有曲折的池塘，塘边种了许多篁竹。带有窗户的清雅轩廊，闲时可倚栏垂钓。

③ 沧波馆别墅内有一块空地，被模拟成闲适的农村景象，命名为"前村"。

真性情与平凡人一样,并不拘泥于单一的说理,同样会将理性、感性相融会;另一方面,说明他与刘韫是真正的相交忘年,彼此平等、随和地交流与调侃,有时尊称"刘丈",有时直呼"秀野",这是亲情、友情的至高境界。朱子与刘韫的酬唱诗还有许多,据专家研究统计达百余首,占朱子闲适诗的相当大比例。它们从另一个侧面为我们展示了朱刘的深厚"友道",此般友道堪称世间标表,值得我们久远传承与发扬光大。

(本文作者为武夷山朱子文化研究中心研究员)

拍摄于 2008 年的南门街(朱燕涛 摄)

朱子与刘子羽

彭小斌

在武夷山武夷宫的春秋馆内,有一块用玻璃罩保护起来的黑色高大砚石碑,碑额上用篆体写着"宋故右朝议大夫充徽猷阁待制赠少傅刘公神道碑"。这位刘公就是南宋抗金名将刘子羽,立碑的人是一代理学宗师朱熹,即朱子。

绍兴十三年(1143)三月二十四日,朱松病重不治。弥留之际,修书给崇安五夫里奉祠在家的刘子羽,郑重地将身后家事托付,同时对年仅14岁的朱熹说:"籍溪胡原仲(胡宪)、白水刘致中(刘勉之)、屏山刘彦冲(刘子翚),此三人者,吾友也。其学皆有渊源,吾所敬畏。吾即死,汝往父事之,而唯其言之听,则吾死不恨矣!"刘子羽闻讯赶来,朱松要朱熹拜刘子羽为义父,跟随他到五夫生活、学习,并将灵柩运往五夫安葬。

刘子羽

刘子羽重信守诺,当即收朱熹为义子,并于五夫刘氏府第对岸构筑五间平房,将朱熹一家三口安置下来。安顿好朱熹一家人后,刘子羽因不负友人所托而颇感欣慰,修书一封给他的堂兄白水先生刘勉之,信中说道:"于绯溪得屋五间,器用完备。又于七仓前得地可以树,有圃可蔬，有池可鱼，朱家人口不多，可以居。"（宋·罗大经《鹤林玉露》）朱熹从此在五夫开始生活，持续近50年，最终成为一代大儒。

古往今来，托孤之举，代不乏人，非忠义者，无以承重。以忠报国、以义交友的刘子羽受挚友临终之托，收朱熹为义子，培养教育既孤且穷的朱熹，给予了朱熹无微不至的关爱。对朱熹，刘子羽处处言传身教，要求执掌六经堂的刘子翚，以及堂弟刘勉之、妹夫胡宪要专心施教，还要求已经考取进士的长子刘珙要以身作则、严加督促。逢年过节，刘子羽常招朱熹到身侧，过问其学业进展情况。

刘子羽在朱家危难之际及时伸出援助之手，少年失怙的朱熹真心感激刘子羽收恤教养，说："公恻然怜之，收教熹如子侄。"朱熹长大后在探究刘子羽为什么会这样做时，很快找到了答案："独见其居家接人，孝友乐易，开心见诚，豁然无纤芥滞吝意。好贤乐善，轻财喜施，于姻亲旧故贫病困厄之际，尤孜孜焉。"刘子羽没有对朱熹讲过自己的戎马生涯与人生浮沉的经历，这便令朱熹要继续探究，"因尝从公门下士及一二故将问公平生大节，又知其忘身殉国之忠，决机料敌之明，得将士心，人人乐为尽死，事皆伟然，虽古名将不能过"，才知道伟岸者是个得人心的抗金儒将，"至其为政，则又爱民礼士，敦尚教化，决奸摘伏，不畏强御，乃有古良吏风"。朱熹由此知道刘子羽的忠义思想是源自儒家的真仁大爱。

可惜，一代名将刘子羽于绍兴十六年（1146）十月二日撒手人寰。刘子羽逝世时，十七岁的朱熹含泪写下两首挽诗，表达对义父深深的哀思与敬意：

其一

天地谁翻覆？人谋痛莫支。公扶西极柱，威动北征旗。
肉食谋何鄙！家山志忽赍。平生出师表，今日重伤悲。

朱子与刘子羽

其二

生死公何有？飘零我自伤。向非怜不造，那得此深藏！
心折风霜里，衣沾子侄行。哦诗当肃挽，悲哽不成章。

虽然与义父相处时间不长，但刘子羽为人、为将、为官以及收留朱子一家的义举，对少年朱子的言传身教等，为后来朱子成才成名、为官为民、著书立说、成就圣贤之道都有着深深的影响。

刘子羽逝世前，因得罪了投降派的权贵，所以卒时丧仪简单，身后萧条，既没有谥号，也未建立神道碑，甚至墓前的幼树已经长成大树，他的子孙仍没能在他的长眠之地刻碑铭勋。

多年之后，宋孝宗感刘子羽为官正直，封其为右朝议大夫充徽猷阁待制少傅，谥"忠定"。淳熙六年（1179）十月，刘子羽长子刘珙临终前把立碑的夙愿托付好友朱熹。他在写给朱熹的遗书中说："珙不孝，先公之墓木已拱，而碑未克立，盖犹有待也。今家国之仇未报，而珙衔恨死矣，以是累子，何如？"

朱熹不负义兄重托，饱含对义父刘子羽的感激之情，亲自收集资料作长篇《少傅刘公神道碑》。

根据"刘公神道碑"以及刘氏家谱记述，武夷山五夫刘氏是名门望族，出自黄帝轩辕氏，其先祖为汉高祖刘邦的胞弟楚元王刘交。刘氏入闽历史可追溯到唐代，唐昭宗光化三年（900），刘交第40代孙，时任吏部尚书的刘楚"来闽视子后殁于闽"（《南平彭城刘氏宗谱》）。刘楚有六子，三子刘翔时官任金吾卫上将军，迁居崇安五夫里，为五夫刘氏始祖。以刘翔为一世祖，到宋代有刘韐（谥忠显）、刘子羽（谥忠定）、刘子翚（谥文靖）、刘珙（谥忠肃），祖孙三代四人中三人谥"忠"，一人谥"文"，最为人所称道。在中华传统文化里，忠于君国，孝于父母，两者相提并重。道德品质高尚的人，能尽忠与尽孝，因此特别受到敬重。朱子称"建之刘氏至忠显公始大"，就是指居住在崇安与建阳的东西两族刘氏自刘韐忠心报国而声望日隆。刘氏一门，三世同心，一贯相传，足称国家之栋梁、后世之榜样。

刘子羽父亲刘韐（1067—1127），字仲偃，是北宋名将。刘韐于元祐九年（1094）登进士第。宣和初（1119）年，带兵解甘肃震武之围，迫使西夏纳贡谢罪，从此边界安定下来。宣和二年，刘韐受命击败攻打越州城的方腊农民起义军。宣和四年，刘韐负责在河北抗金，招募"敢死士"，其中有岳飞得到刘韐的赏识应募从军，成为一代抗金名将。宣和五年，刘韐任建州知州，后又任福州知府，不久任荆南府（今湖北江陵市）知府。靖康元年（1126），刘韐官拜资政殿大学士，任河北、河东宣抚副使，后继任京城四壁守御使。靖康之变后，刘韐奉使至金营议事，金人以仆射（相当副宰相）之职利诱劝降，刘韐义正辞严地拒绝，并自缢身死，精忠褒节，卒年六十一岁。建炎元年（1127），追赠太师、魏国公，谥"忠显"。

刘子羽（1096—1146），字彦修，刘韐长子，禀赋刚毅，10岁精通经史，11岁随父亲过军旅生活。战乱频繁，他弃文习武，"盛暑严寒，必清晨着单衫，入教坊学射矢三百"，青年时代就通晓韬略，武艺超群。北宋政和五年（1115），刘子羽荫补为将仕郎（相当从九品），随军任安抚司书写机宜文字，协助治理州事。宣和二年（1120），睦州（今浙江淳安）方腊率众起义，攻越州。刘子羽参与越州保卫战获得胜利，被任命为太府簿，迁卫尉丞（相当从七品），擢升卫戍寺丞。

靖康初，金帅斡离不尽取燕山州县（今北京西南），劫掠相、婆二州（今河北临漳、诸叔），进攻黎阳（今浚县东南）。宋守军闻风丧胆，金兵长驱直入。刘韐调守真定（今河北正定），刘子羽随行。是年冬，金兵来犯，刘子羽坚守数月，击退金兵，遂以军功升朝请大夫。宋钦宗以他忠勇可嘉，调汴河（今河南荥阳西南索河）上游，扼制金兵南侵。金人乘真定调防，直陷京师。刘子羽父亲刘韐死于靖康之难，他扶柩将父亲归葬家乡，誓与金兵不共戴天。

南宋建炎三年（1129），刘子羽任直秘阁修撰兼知池州（今属安徽）。他上书言事："论天下兵势，当以秦陇（陕西、甘肃）为本。"改集英殿修撰知秦州。未到任，又改任行在建康御营使司参赞军事兼枢密机宜文字职。当时，推举张邦昌僭位的都巡检范琼拥兵自重，威胁朝廷，经张浚会同刘子羽共同计议，施计剪除范琼，改编范琼部。张浚任川陕宣抚制置使时，以刘子羽智勇双全，请他参议军事，命他到秦州总制五路兵马，建立兵将法规，军威大振。刘子羽统制所部，接连收复延安、晋宁、麟府以及鹿坊、巩县等州县失地，因军功卓著，晋升为徽猷阁待制。

建炎四年（1130），金兵南侵。张浚拟调五路大军40多万人马与金兵决战。刘子羽以宋军联合作战困难，坚持主张屯兵据守为上策。张浚坚持己见，分道出同、鹿二州，驱兵南下，行至富平（甘肃庆阳西南），两路宋军相遇，兵将互不协调。金兵乘机攻城略地，宣抚司退保兴州（今陕西略阳），民心涣散，有人主张退守夔州（今重庆奉节、巫溪一带），刘子羽衡量得失，力主坚壁固守，待机而动。张浚同意，刘子羽受命复至秦州，招集散兵十数万，派吴玠扼守大散关及和尚原，吴师古屯兵熙河（今甘肃临洮），孙渥、贾世方据守阶、成、凤三州，以堵截金兵来路。金兵遂不敢来犯。当时因连年战乱，汉中饥荒，刘子羽请调汉中。到任后他开关通商输粟，揖睦邻援，饬兵练卒，扼险待敌，深得军民拥戴。

绍兴元年（1131），金兵侵犯大散关。刘子羽率宋军三百，于潭毒山设防，死守三泉。金兵久攻不下，只得退师。随后，金将撒离喝移师攻打凤翔，但由于刘子羽早就部署坚壁清野，金兵面对空城，一无所获。金将撒离喝不甘撤军，又派使者10人向刘子羽劝降，被斩9人。刘子羽的抗金决心矢志不移，他联合吴玠，用游击战术对付金兵，金兵疲于奔命，只得下令撤军。宋兵追杀，金兵死伤无数，接连收复金、均、房三州。刘子羽镇守元府，奸臣朱胜非向宋帝进谗，诬告张浚统军失误，张师遂遭贬谪，刘子羽也降职到白州（今博白县），后经吴玠及众官员保举，刘子羽提举江州（今江西九江）太平观，复任徽猷阁待制，改知福建泉州。当时泉州是海外贸易的一个重要港口，政务繁重，刘子羽为政清廉，重视民风教化，致力兴学，把以前荒废的旧学馆修葺一新，"彻而新立，堂宇规模，略效太学，至今为闽中之观"。

崇安大桥朱子画廊浮雕：托孤五夫

绍兴十一年（1141），刘子羽为沿江安抚使、镇江知府。此时，金人毁约，扬言兴师南侵。他团结军民，致力抗金，坚壁清野，将淮东百姓迁居京口，军民杂处，秋毫无犯，边境安定。当时，金主派人沿江南下议和，大船上打出"江南抚谕"的旗帜，刘子羽对金使这种侮辱性的做法异常气愤，派兵把大旗拔掉，出镇江境后才允许还旗。此举招致投降派忌恨，先诏复他的待制职，后又罢官。刘子羽遂奉祠归里，时年45岁。

回到家乡五夫后，刘子羽从此淡泊功名，寄情山水。隐居五夫里时，兴办学馆，培养乡村弟子，收留朱熹并精心教育培养。刘子羽于绍兴十六年（1146）病逝，年仅50岁。

朱熹花了大量精力收集义父刘子羽的生平事迹，以酣畅的笔墨将义父刘子羽一生的功绩、刘氏祖孙三代英勇抗金的功勋、收教朱熹如子侄的事迹等都一一写在《少傅刘公神道碑》文中，并从外地精心挑选一块上好砚石，亲自书写碑文，函请宰相张浚之子、东南三贤之一的张栻篆书碑额。在刘子羽去世33年后，该碑终于立于刘子羽墓前，圆了义兄刘珙的遗愿，也让世人知道了一代名将刘子羽的丰功伟绩，让刘子羽永垂不朽。

刘公神道碑高 3.7 米，宽 1.45 米，碑文共 3725 字，现存 3200 多字。虽经历 800 多年的风霜雨雪、岁月磨砺，我们依然可以清晰看到碑上面的文字。朱熹手书的楷书，字体端庄清俊，笔画遒劲挺拔。该碑是迄今传世的朱熹手迹中字数最多的书法珍品，加上张栻的篆书碑额，这是两位大师精心合作的佳作，是我们研究宋史和宋代书法的重要资料，有极高的史料价值和艺术价值。

刘公神道碑原立于五夫蟹坑刘子羽墓前，因墓葬被毁，1981 年 5 月迁武夷宫三清殿珍藏。1985 年 10 月，福建省人民政府将其作为"武夷山市史迹"之一，列为福建省第二批文物保护单位。1999 年 4 月，该碑移至朱熹纪念馆（现为武夷春秋馆）内，成为镇馆之宝。

（本文作者为武夷山朱子文化研究中心研究员）

朱子与刘子翚

邱志娟

南宋绍兴十三年（1143），朱熹14岁的时候，父亲朱松病逝。朱熹遵父亲遗训，在五夫接受武夷三先生刘子翚、胡宪、刘勉之正规全面的儒学教育。三先生的学问思想各有传授渊源，对少年朱熹影响最深的老师当属刘子翚，他精粗纯杂、纷然并呈的理学教育，为朱熹集大成理学体系的建立奠定了丰厚的思想土壤。刘子翚接受老友朱松的嘱托，用心、严厉地教诲朱熹，清嘉庆《崇安县志》是这样描述这位学者的严谨学风的："每相见讲学之外，并无他言……"朱熹初到五夫时居住在刘家，刘子翚也就成了朱熹在五夫的第一位启蒙老师，授课的主要地点在刘子翚执教的刘氏家塾。刘氏家塾又称"六经堂"，后称"屏山书院"，位于五夫里屏山下、潭溪畔。朱熹在这里听刘子翚传授经史，学做程文和诗赋。刘子翚在教诲同乡仕子时，日渐发现了朱熹的聪颖，非凡夫俗子，于是更加严格督促少年朱熹读书。《朱子语录》有载："少年被病翁监着，他不许人看，要人读。其有议论好处，被他监读，煞吃工夫！"对他有着不一样的要求和期望。《晦庵先生朱文公文集》有载："而熹窃窥观，见其自为与所教人者若不相似,暇日僭有请焉。先生欣然嘉其有志,始为开示为学门户,朝夕诲诱,亹亹不倦。"刘子翚对朱熹有侧重点地选择教材,因材施教,对他的栽培不仅停留在科举考试的层面,而是有意于从道德修养、哲学涵养、理学濡养进行更深层次的培养。在恩师的悉心教诲下,朱熹学习儒家经典著述,熟读《论语》《孟子》《中庸》《易》等,从《小学》到《大学》,从临摹法帖到苦读经书,他一面为科举入仕攻习程文与词章之学,一面为入"圣贤之域"而潜研二程洛学。朱熹从14至18岁大部分时间追随刘子翚学习,朝夕于之侧,顿首受教。刘子翚在朱熹成长及其思想体系形成中,起了不可忽视的作用。

思想引领

刘子翚(1101—1147),字彦冲,自号病翁,谥文靖。南宋理学家、诗人、文学家。在屏山下专心做学问,学术界称其"屏山先生"。崇安五夫里(今武夷山市五夫镇)人。青年时代以父荫授承务郎,辟真定府幕属,后任兴化军(任所今福建莆田)通判。后因体质羸弱,辞归武夷山,主管冲佑观,讲学传道。刘子翚诲人不倦,扶掖后辈,其学生很多学有成就,如刘珙为名臣,朱熹为理学家。刘子翚精研佛道,精于《易》学,对诗文有较高造诣,著《屏山集》20卷。南宋高僧大慧宗杲禅师称其"财色功名,一刀两断。立地成佛,须是这汉"。

《宋史》有载:"初,熹父松且死,以熹托子翚。及熹请益,子翚告以《易》之'不远复'三言,俾佩之终身,熹后卒为儒宗。子翚少喜佛氏说,归而读《易》,即涣然有得。其说以为学《易》当先《复》,故以是告熹焉。"可见刘子翚对朱熹的思想引领使朱熹受益良多。

一、援佛入儒

刘子翚潜心研究佛学、《周易》,出入佛老门,与高僧交好,引领少年朱熹首次与佛老学说接触,开启了援佛入儒之路。15岁的朱熹在刘子翚处初见道谦。《朱子语类》载:"某年十五六时,亦尝留心于此(指禅学)。一日,在病翁(刘子翚)所会一僧,与之语。其僧(道谦)只相应和了说,也不说是不是,却与刘(刘子翚)说,'某也理会得个昭昭灵灵底禅'。刘后说与某,某遂疑此僧更有要妙处在,遂去扣问他,见他说得也煞好。"从此朱熹向道谦学禅,开启了他出入佛老十余年的道路。道谦以佛兼儒之学,教授朱熹援佛入儒之妙,朱熹颇得教益。朱熹一举乡贡高中,位居12名中榜者榜首,他考试时在《易》卷和《语》《孟》义中都援用了道谦的禅说,标奇立异,被考官所赏识,登进士第。《朱子语录》载:"戊辰年省试,出'刚中而应'。或云,此句凡七出。某将《象辞》暗地默数,只有五个,其人坚执,某又再诵再数,只与说记不得,只记得五出,且随某所记行文。已而出院检本,果五出耳。"朱子思想有着巨大的义理系统和哲学范畴,其中"理一分殊"揭示了事物的本质,是朱熹融汇佛家思想创新哲学范畴的典范,也是朱熹理学富有生命力的理论成果,贯穿了朱熹哲学思想的整个体系。由此可见,借鉴佛家的理论之长处,对朱熹以儒学为主干创立闽学,为建立完整的朱子理学思想体系起了一定的作用。

二、师为取字

刘子翚待朱熹如子侄。绍兴十五年(1145),朱熹16岁生日,刘子翚为他取表字"元晦",意为"木晦于根,春容晔敷;人晦于身,神明内腴",希望他成为一个外表不露、道德内蓄之人。"元晦"也成为他日后常用的署名,只是朱熹认为元者四德之首,万物之本,愧不敢当,把自己的表字定为"仲晦",后又字"晦庵",到了晚年,又字"晦翁"。"熹"释义为光明,"晦"释义幽暗,明暗两者意义相反,兼用则阴阳互补。刘子翚擅《易》学,为朱熹取字"元晦",意义深远。朱熹一生牢记启蒙老师的教诲,书房门前有对联"佩韦遵考训,晦木谨师传",上联取自父亲的号,遵照严父的教诲,慎独修身;下联谨记启蒙老师刘子翚的遗训,善自韬晦。老师为他赐的字他是欣然接受的,并把老师的教

崇安大桥朱子画廊浮雕：冠礼命字

导当成和父亲教诲一样的重要。朱熹对刘子翚是爱戴和敬仰的，因此"晦"字始终伴随着他，终生潜心研学，用广博的学问积累于身，韬光养晦。

三、道统心传

在学术思想上，对朱熹影响最大的当属刘子翚的"道统心传说"。刘子翚的"道统心传说"几乎为朱熹全盘所接受，并发展为在《中庸章句序》中所说"人心惟危，道心惟微，惟精惟一，允执厥中"的十六字心传。唐代韩愈是中国思想史上最早论述儒学道统传承的大儒，他在《原道》一文中认为，中国文化的根本传统是儒家传统。他认为中国传统为尧开其端，尧传舜，舜传禹，禹传汤，汤传文王、武王和周公，文、武、周公传孔子，孔子则传孟子。孟子死后，此道统中断，不得其传，史称"道统论"。刘子翚探幽析微，超越时流，在韩愈所列举的从尧到孟子的传承中，加入颜子、曾子和子思，从而否定了韩愈之后道统不传的说法，撰《圣传论》以倡新说，在南宋学坛独树一帜。他以儒学融合佛、老之学，而论述理学道统心传，以为"圣道"本身绝非固定不变，是往圣前哲多元智慧汇集沉淀的完美结晶，提出"密契圣心，如相授受"的"心传"之说，并且认为《书经》中"惟精惟一"乃是道统心传之"密旨"。刘子翚崇尚二程理学，对《论语》《孟子》《大学》《中庸》"四书"有独特的理论研究，日常引领着朱熹诵读"四书"，并把自己深入学习的心得和思考成果毫无保留地传授给了朱熹，在少年朱熹心中种下了毕生为之求索的"正心诚意"的根基。朱熹遵循着老师的圣传，与时俱进，重构中华民族的精神家园，在重建学术文化经典的过程中，继承了濂学周敦颐、洛学程颐程颢、关学张载的思想，将儒释道三者合一，产生新的义理系统和新学视域，构筑了博大精深的哲学新体系，"致广大，尽精微，综罗百代"。朱熹终生潜心研学、著述、讲学，到晚年开启疏浚中华文脉、重建中华文化的进程，完成了鸿篇巨著《四书章句集注》，使中华文化在传承发展中生生不息，这正是朱子对刘子翚道统心传说的继承和发展。

四、信守诺言

刘子翚对朱熹的关切犹如父亲般细致入微。"赤壁千寻晴拂雨，明珠万颗昼垂帘"的水帘洞是刘子翚时常带领学生寓教于游的地方，时常造访刘甫所创建的刘氏学堂，也是朱熹当年学习的天然学堂。刘甫，字岳卿，崇安人，抗金名将刘衡之子。遵父嘱终身不仕，隐居在水帘洞之侧，在洞内建有岳卿书室，以诗书自娱，读书著述终老。水帘洞距五夫里约百余里，步行需两天行程。为方便朱熹来往于五夫和武夷山之间，刘子翚专门在中途下梅购屋一间，以供途中歇息，名为"歇马庄"，买田200余亩，把田租充当讲学和其他费用。刘子翚视朱熹如子侄，置办这些田产给朱熹，以维持他和母亲的日用。刘子翚病故时，朱熹才18岁，尚未立命，何以安身，此时刘子翚侄刘玞把这些田产全部交给朱熹。老师刘子翚辞世后，朱熹时常思念着对自己恩重如山的老师，因此朱熹时常来到山北探望隐者刘甫，与这位不求功利的世外之人共同怀念恩师。待朱熹成名立身之后，立即将这些田产归还给刘家，但刘玞、刘玶兄弟都不接受，后把田产转赠给南峰寺（亦称南丰寺），作为寺产。曾有这样的记载：

朱子与刘子翚

初,屏山与朱子讲习武夷,去家颇远,时于中途建歇马庄,买田二百余亩,以供诸费,实与朱子共之。屏山既殁,忠肃公珙尽以畀朱子,资其养母。后朱子同安秩满归,以田还屏山子玶,玶不受,谋于忠肃,转畀南峰寺,至今犹存。

此美德故事一直在武夷山中流传,朱松与刘子翚以义相交,刘子翚一诺千金,不负朋友所托,重情重意,倾力教育朱熹。刘甫辞世后,隐室空虚,朱熹为了纪念老师、怀念朋友,把此屋改建为刘贤祠,设刘子翚、刘甫灵牌,亲书"百世如见"四字,并刻匾悬挂。朱熹去世后,乡人增奉朱子神位,改称"三贤祠"。刘子翚对朋友之托信守承诺,以身试教,此高尚品格潜移默化地影响着朱熹。诚信后成为朱熹伦理思想的重要范畴。《中庸》是我国古代儒家经典著作,被朱熹列为"四书"之一,关于诚信有这样的记载:"诚者,天之道也,诚之者,人之道也。"朱熹继承并进一步在《中庸集注》中注解说:"诚者,真实无妄之谓,天理之

五夫镇刘氏家祠(黄绿香 摄)

本然也。诚之者，未能真实无妄，而欲其真实无妄之谓，人事之当然也。"引申出对于天道的论述，"诚"与"诚之"分别寄予了"天道"与"人道"的特征，认为天道之"诚"在于"不二"，是纯而不杂，真实的事物本然状态，认为"诚"既是天所固有的"理"之本然，又是人的先天本性。

五、授"不远复"

"不远复"三个大字是刘子翚写给朱熹的遗训。绍兴十七年（1147），朱熹18岁时，刘子翚病重，朱熹持弟子礼日夜侍疾。刘子翚知道自己时日已不多，告诉朱熹从《易经》中得到入道的门径，并把"不远复"三字符作为生平绝学传授给朱熹：

> 吾少未闻道。官莆田时，以疾病始接佛老子之徒，闻其所谓清净寂灭者，而悦之，以为道在是矣。比归读吾书，而有契焉，然后知吾道之大，其体用之全乃如此。抑吾于《易》得入道之门焉。所谓"不远复"者，乃吾之三字符也，佩服周旋，罔敢失坠，于是尝作《复斋铭》《圣传论》，以见吾志，然吾忘吾言久矣！今乃相与言之，汝尚勉哉！

（《文集》卷九十《刘子翚墓表》）

"不远复"即迷途不远，必欲克己复礼之意。朱熹对"不远复"的意旨越是念念不忘，学识就越有长足的进步。他有诗《克己》长咏：

> 宝鉴当年照胆寒，向来埋没太无端。
> 只今垢尽明全见，还得当年宝鉴看。

朱熹谨遵师训，克己读书，追求"复"字的决心呼之欲出。刘子翚引领朱熹为学的方向，从此朱熹一直朝着道学真理之光前行，终成大业。

诗风引领

理学家创作的诗歌同样在宋史上绽放出鲜艳的花朵。刘子翚精通经学，是当时著名的爱国诗人，现存诗663首。他的诗歌造诣颇高，纪昀在《四库全书总目提要》称其"风格高秀，不袭陈因"。钱锺书先生曾这样评价刘子翚："刘子翚却是诗人里的一位道学家，并非只在道学家里充个诗人。他沾染'讲义语录'的习气最少，就是讲心理学伦理学的时候，也能够用鲜明的比喻，使抽象的东西有了形象。"刘子翚曾随父戎马征战，父亲刘韐死于靖康之难。刘子翚接到噩耗后痛不欲生，含着满腔悲愤，与兄长刘子羽扶父灵柩还乡，安葬于五夫里。刘子翚庐墓三年之后出任福建兴化军通判，屡有政绩，国恨家仇时常萦绕在怀，但奸臣当道报国无门，遂致忧愤成疾，自号病翁。绍兴二年（1132），以病辞归故里，以右宣教郎主管武夷山冲佑观，归隐五夫里屏山下，因纱帽山三峰耸立有如巨屏，刘子翚便取名"屏山"。从此，屏山先生在屏山下的屏山书院专事讲学和著述，广招弟子，刘家子弟、远近异姓的好学子弟皆就读于此。刘子翚年三十丧妻不再娶，无子嗣，以兄子刘玶为后，事继母吕氏，教育侄子，克尽孝友之道。朱熹的到来让他满心欢喜，对这一位聪慧的少年寄予了厚望，倾力教诲，师生感情日深，交往益笃。刘子翚诗作风格明朗豪爽，尤其是那些愤慨国事的作品，他的《汴京纪事》二十首是靖康之变后咏叹山河破碎的忧时爱国名作。"帝城王气杂妖氛，胡虏何知屡易君。犹有太平遗老在，时时洒泪向南云……"，前七首纪国都沦陷，后十三首忆往日繁华，以对比见感愤，殆若"诗史"广为传诵。少年朱熹读后深深地渗入心田，使他对国家之命运和黎庶之疾苦铭心镂骨，萌生了早日服膺华胄的决心，激发了济世忧民、坚决抗金、力挽衰世的忧患意识和爱国热忱，磨砺出明朗深邃的文思和诗才。朱熹还刻意学习刘子翚的诗风，对他的诗风产生了深远的影响。朱熹少年时即深受刘家爱国思想的熏陶，成年后痛感报国无门，有诗感叹《同林择之范伯崇归自湖南，袁州道中多奇峰秀木怪石清泉请人赋一篇》曰：

> 我行宜春野，四顾多奇山。攒峦不可数，峭绝谁能攀。
> 上有青葱木，下有清泠湾。更怜湾头石，一一神所剜。
> 众目共遗弃，千秋保坚顽。我独抱孤赏，喟然起长叹。

刘氏庄园坐落在五夫纱帽山下，枕山带水，清澈的潭溪从庄前流过，高下布置有悠然堂、海棠洲、醒心泉、怀新亭、宴坐岩、山馆、凉阴轩、橘林、莲池、南溪、早赋堂、横秋阁、万石亭、桂岩、百花台、荼蘼洞、意远亭，凡十七景，显示出刘家的富贵儒雅气派。刘子翚在山环水抱的屏山书院悉心教育学生，每有余空，教授学生吟诗作赋，借景抒情，寓教于乐，咏唱潭溪十七景，又集结成诗《潭溪十七咏》。朱熹为表达对老师的崇敬之情，把老师咏唱的《潭溪十七咏》手书刻石。《闽书》载，刘子翚曾每景题诗一首，朱熹为书刻潭溪石上。后有朱熹和张栻《城南杂咏二十首》的《奉同张敬夫城南二十咏》，全诗抒写景物，讴歌出尘脱俗的隐居生活，暗含怀才不遇之意。刘子翚擅长运用诗歌的手法借景抒怀、借物咏志，以山水通于理道，又有谁知道是否为朱熹《九曲棹歌》的诞生埋下伏笔呢？朱熹对严师独具特色的诗风是欣赏的，他在《屏山集跋》中评价说："先生文辞之伟，固足以惊一世之耳目，然其精微之学、静退之风，形于文墨，有足以发蒙蔽而销鄙吝之心者，尤览者所宜尽心也。"在恩师的指点下，一个十六七岁的少年已然成为老师形影相随的诗友及老友。刘子翚在一首《病中赏梅赠元晦老友》的诗中写道："梅边无与谈，赖有之子至。荒寒一点香，足以酬天地。天地亦无心，受之自人意。韬白任新和，风味要如此。"刘子翚把眼前这位有着鸿鹄之志的少年看成是"荒寒一点香"，寄托了无限的希望。

刘子翚深厚的民族情感和拳拳爱国之心及旅景骋怀、咏物遣怀的诗风对朱熹皆有所陶染。朱熹对现实政治表现出极大的愤懑，在《墨梅》

朱子与刘子翚

一诗中流露：

> 梦里清江醉墨香，蕊寒枝瘦凛冰霜。
> 如今白黑浑休问，且作人间时世装。

诗歌是对生命意识的捕捉，刘子翚感时忧时的爱国情怀、诗骨与诗风，润物无声却掷地有声。此外，刘子翚感时伤怀、咏史感怀、山水咏怀，热爱自然山水、传达哲理领悟的诗作诸多，不拘一格，令少年时的朱熹爱上了诗歌创作。

刘子翚与朱熹相处虽只有短短 4 年，却给予了朱熹无尽的思想源泉，他用尽全力引领着朱熹的成长、成才，毫无保留地授予他中华文化传承之根本。他是最早为朱熹开启理学思维和引导朱熹援佛入儒的启蒙者，他把儒释道三者合一的思想毫无保留地灌输给了少年朱熹，离世前还以《易经》中"不远复"三字符赠予朱熹，引导朱熹往后求知的方向。此外，刘子翚所著的《维民论》所折射出的固本安邦的经世维民思想，则成为朱熹以民为本治国平天下思想的根基。他的影响贯穿朱熹的政治主张、伦理思想、道德观念和教育原则。朱熹不负老师所望，将儒学发扬光大，成为理学大师、思想巨擘、教育名家，在宋代思想史中画上了浓重的一笔。正是老师"春蚕到死丝方尽，蜡炬成灰泪始干"的教育精神培育了朱熹。

（本文作者为武夷山朱子文化研究中心研究员）

朱子与刘勉之

范传忠

刘勉之（1091—1149），字致中，号白水，又号草堂，建州崇安县（即今武夷山市）人，居崇安五夫里白水村（今属上梅乡），时称聘君，学界称其白水先生。后迁居建阳萧屯，筑草堂，躬耕自给，终生不仕，常与胡宪、刘子翚等论道讲学。朱熹、魏掞之皆为其高足。娶妻连氏，生二女，长女刘清四嫁朱熹，次女嫁范念德。去世后，谥简肃。著有《草堂文集》传世。宋庆元四年（1198），朱熹作《聘士刘公先生墓表》，记述了刘勉之一生的主要事迹及其为人处世的高风亮节。

刘勉之

朱子是后人对朱熹的尊称。朱子在尤溪、政和、建瓯等地度过了他漂泊寓居的童年时光。14岁的时候，他的家庭又突然发生了一件十分不幸的变故。宋绍兴十三年（1143）三月二十四日，他的父亲朱松病逝于建州（今建瓯）的水南环溪精舍。朱松在弥留之际，将家事郑重地托付给挚友刘子羽；于病榻前，吃力地对朱子嘱道："籍溪胡原仲（宪）、白水刘致中（勉之）、屏山刘彦冲（子翚），此三者，吾友也。其学皆渊源，吾所敬畏。吾将死，汝往父事之，而唯其言之听，则吾死不恨矣！"籍溪、白水、屏山都是崇安五夫里的山水名称，朱松所提到的这个三人

朱子与刘勉之

长期卜居在那里，并都以此地山水为名号，世人称他们为"武夷三先生"。失怙之后的朱子，不久就带着母亲祝氏夫人（祝五娘）及妹妹朱心来到了崇安五夫里定居生活。在庐墓服丧期间，朱子谨记严父遗训，发愤读书，不稍懈怠。后来，据五夫里邑人传说，朱子经常挟书攻读于其父墓前的林荫道旁。另据《朱子文字在武夷》之《朱熹简明年谱》载，朱子遵父遗言，始受学于"武夷三先生"，入刘氏家塾，始读"二程"之学及张载《西铭》等。作为"武夷三先生"之一的刘勉之，是朱子初入崇安五夫里最重要的蒙学老师之一。后来，19岁的朱子，已是学业大进，欲赴京应考，刘勉之还将他的女儿刘清四许配给了朱子，恩师刘勉之因此又成为朱子的岳父。刘勉之对朱子的人生与学问有过重要的影响，他的一些学术观点被朱子收入其代表著作《四书集注》中。

为何刘勉之会对朱子如此厚爱呢，这还得从朱子的父亲朱松与刘勉之的渊源说起。据载，应诏入都下（指临安，即今杭州）的刘勉之，秉性率直，不事干谒。后来，坚持做人原则，不肯仰人鼻息的他，在离开都下前，去拜访了友人范如圭。在那里，他见到了与范如圭同馆的司勋员外郎朱松。朱松于绍兴八年（1138）三月十六日进京履职，"校书郎胡珵、朱松并为著作佐郎"。于四月二十七日改官，"秘书省著作佐郎朱松守尚书度支员外郎"。九月《重修哲宗皇帝实录》书成，朱松转奉议郎，于九月十一日除司勋员外郎，兼领史职。而随同父亲入京的朱子，常侍于父侧，朱子则是在那里第一次见到了被父亲称为"聘士"的刘勉之。此时的朱子，尚不足10岁。

刘勉之与胡宪、刘子翚，既是族亲姻党，又是道义诤友。他们彼此时常往来，切磋学养。他们同时也都是朱松的挚友，所以朱松才将儿子朱子托付给他们教育。刘勉之与朱松有北宋政和年间在京师太学读书的共同经历，自临安见面之后，又于绍兴十年（1140）夏在萧屯草堂相见，还一道同入五夫里访刘子翚等。虽是时间跨度较大，交往次数不多，但他们还是交情真切，忠贞不渝。朱松就曾多次向儿子朱子讲述其与刘勉之的不同寻常之关系。据《晦庵先生朱文公集》卷九十之《聘士刘公先生墓表》载,"熹之先君子,蚤与先生游相好,将没,深以后事为寄,且戒熹往学焉。"这里,朱子用"深"与"寄"来表达"白水先生是值得信赖的人",用"戒"与"学"来表示父亲要求自己师事白水先生。另外,朱子还叙述道,白水先生是"亲旧羁贫,收恤扶助,亦皆曲尽恩意","学子造门,随其材品,为说圣贤教学门户,以及前言往行之懿,终日娓娓无倦色,自壮至老,如一日也。"这表明刘勉之始终是把朱子如子侄一般地对待。

崇安大桥朱子画廊浮雕:振兴教育

作为朱子的重要老师之一的刘勉之,给朱子讲了张载及其《西铭》。张载是著名的北宋五子之一,理学支脉"关学"创始人;他对宇宙和人生都有深入的思考与论说,重考索,重著述,著有《正蒙》与《理窟》等;他提出的"为天地立心,为生民立命,为往圣继绝学,为万世开太平。"当代哲学家冯友兰先生将其称作"横渠四句"。由于其言简意赅,一直被后人传颂不衰。张载所著的《西铭》是一篇仅有 253 个字的短文,原是《正蒙·乾称篇》的一部分,张载曾经将其书写在学堂窗户的右侧,名为《订顽》,后被程颐改名为《西铭》。这篇短文含有"理一分殊""天人合一"的理学思想,备受推崇。程门后学刘勉之、刘子翚、李侗等都重视对《西铭》的解说与传授。所以,朱子说:"程门专以《西铭》开示学者。"晚年的朱子搜集整理白水先生遗文珍藏于家庙,其中就提到有"横渠《西铭》,实外舅草堂刘先生所授,首尾有先生手笔二十字"者。刘勉之将书帖相授,是以自己之见解去启发朱子,此举也引发了后来的朱子与李侗讨论《西铭》思想及其撰写《西铭解义》以阐明《西铭》之奥义。

刘勉之还向朱子讲解子思传道之书《中庸》,讲明"不偏之谓中,不易之谓庸。中者,天下之正道;庸者,天下之定理。"的含义,发挥心性之道。此外,刘勉之还给朱子谈到《中庸义》的版本问题等等。刘勉之与朱子所探讨的这些问题,对朱子后来的著述过程中重版本、重考据的文献学建设具有一定的启发作用。

《西铭》与《中庸义》是前儒解说性理的重要文献载体,经由业师刘勉之的教授讲解,令朱子对程氏、张氏两家之书发生极大兴趣。

朱子治学严谨,解经妥帖。他所作《论语集注》,是其数十年反复修改而成的代表著作《四书章句集注》中的一部作品,也是最有影响力的《论语》旧注本之一,引用前儒之合理解释的内容较多。其中,引用刘勉之解说有三例:

《论语·雍也篇》中宰我问曰:"仁者,虽告之曰'井有仁焉',其从之也?"朱子在《集注》中对"井有仁"之"仁"的解说,就引用刘勉之的说法。刘勉之认为,"有仁"之"仁"当作人;即,有人已经掉进井中,得到消息的人动了仁心,随着入井救人。这种见解,被朱子所采纳。

《论语·述而篇》中,子曰:"加我数年,五十以学《易》,可以无大过矣。"对"五十以学《易》"的解说,朱子在《集注》中写道"刘聘君见元城刘忠定公自言尝他《论》","加"作"假","五十"作"卒"。盖"加""假"声相近而误读,"卒"与"五十"字相似而误分也。朱子还加按语说,此章之言,《史记》作"假我数年,若是,我于《易》则彬彬矣。""加"正作"假",而无"五十"字。盖是时,孔子年已几七十矣,"五十"字误,无疑也。

《论语·乡党篇》中有"色斯举矣,翔而后集。曰:'山梁雌雉,时哉!时哉!'子路共之,三嗅而作。"朱子作注"色斯举矣,翔而后集。"解释为:"言鸟见人之颜色不善,则飞去,回翔审视而后下止。人之见几而作，审择所处，亦当如此。然此上下，必有阙文矣。"对'山梁雌雉，时哉！时哉！'子路共之，三嗅而作。"朱子作注为："共，九用反，又居勇反。嗅，许又反。"刘聘君曰："嗅，当作臭，古阒反。张两翅也。见《尔雅》。"

刘勉之精心地向朱子讲解《论语》，字义分析力求妥帖，学风严谨。这种认真的态度与治学风格，对朱子是有很深的影响。后来，朱子有"治经者必因先儒已成之说而推之"的做法，可以说是认真治学的经验之谈。朱子作《四书章句集注》，明确地将刘勉之的见解写进相应的注释中，既反映出刘勉之对朱子的影响，也反映出朱子对刘勉之注释《论语》意见的保留，这也使得刘勉之经学在朱子四书学中留下了不可磨灭的印迹。朱子从宋绍兴十三年（1143年）夏秋师从刘勉之开始，至宋绍兴十九年（1149年）二月十日刘勉之辞世，朱子数年里是"执经问道"，而刘勉之是"实告之以圣贤讲学门户"，引导朱子研读圣贤遗经，重视并探究《论语》之精义，使得朱子的学养获得长足进步。

又据载，刘勉之给朱子讲了许多逸事，尤其是"为说圣贤教学门户"，对朱子影响很大。如，刘勉之向朱子说到当时推行的"三舍法"之弊，希望朱子从日用生活中去体察义理，见贤思齐，见不贤而内自省；刘勉之曾向谯定学《易》，他对朱子说起自己师从谯定的经过，目的就是要朱子把握内在道德修养，持敬行事，合乎道德要求。此外，刘勉之还向朱子讲述起自己如何认识刘安世、杨时的事，故而就有"草堂先生及识元城、龟山"之说。朱子从老师刘勉之那里听到过众多北宋名流的智慧故事，包括司马光、张载、程颐、苏辙、谯定、刘安世、杨时、赵鼎等等前辈的"前言往行之懿"，引导为自己的学习榜样。

另据载，刘勉之是出自内五夫里之白水刘氏，祖上亦有"堂堂开府，德高七闽"之赞语，至其父亲一代则仅为一介布衣，只以明经励行传世，已然是家道中落。后来，刘勉之娶妻连氏，其岳父家境较富裕，且无男丁。这时的刘勉之未去接受岳父的财产，而是妥善地为岳父家处理好续接香火与处置家产等重大问题。故，朱子在《聘士刘公先生墓表》中说："先生学本为己，而才周世用。临事财处，不动声气。平居严谨自持，若不可犯，而接物之际，恂恂和悦，色笑可亲。其临财廉，一介不妄取。"刘勉之的这种重义轻财、不趋利忘义的义利观，赢得了极高的社会声誉。后来，朱子固穷，不以为意，应该也是深受刘勉之极大影响的。据载，朱子的另一位老师刘子翚，曾在五夫里至武夷山水帘洞讲学途中的吴齐构筑房屋作为中途歇脚之用，名为歇马庄，并买得田产二百余亩，把田租充当讲学和其他费用。刘子翚去世后，刘珙将这些田产全部交给朱子，帮助他赡养母亲和补贴家用。此时朱子家贫，尚未能独立门户，这为他的家庭解决了生计问题。但当朱子成名立身之后，决定将这些田产归还给刘家，而刘珙、刘玶两兄弟都不愿接受，最后双方礼让不下，便将田产转赠给歇马庄附近的南峰寺（也称南丰寺）作为寺产。朱子和刘家歇马庄义让田产的故事，充分体现了朱子受刘勉之义利观的影响，也使得这段佳话至今一直在武夷山当地流传。

1988 年 6 月，武夷山朱熹研究中心成立。当时，与会的当代著名学者蔡尚思先生曾赋诗一首："东周出孔丘，南宋有朱熹。中国古文化，泰山与武夷。"由此可见朱子的伟大。纵观朱子的一生，他基本上都是在武夷山从学、著述、传教，朱子理学也在武夷山萌芽、发展、传播。其后，朱子因此成为"从祀"孔庙并配享先圣，成为继"孔门十哲"之后的重要历史人物。朱子能有如此成就，得益于自少年时期便有好老师的精心教诲。作为他老师兼岳父的刘勉之，无疑是其中十分重要的一位。

（本文作者为武夷山朱子文化研究中心研究员）

参考文献

[1] 陈国代《朱子诸师考释》，厦门大学出版社，2022 年。
[2] 范传忠《朱子文字在武夷》，海峡文艺出版社，2020 年。

朱子与胡宪

邱志娟

胡宪

风雨飘摇的年代,朱熹来到了武夷山,在风景秀丽、儒风兴盛的五夫里(今武夷山上梅乡与五夫镇一带)安家求学,自此开启了他的成才成长之路。在崇安五夫里,朱熹的三位恩师刘子翚、刘勉之、胡宪在生活中给予了朱熹无微不至的关怀与照顾,学业上给予了春风化雨般的熏陶与教育,思想品性上给予了浸润无声的言传与身教,促成了朱熹集理学之大成。朱松在建安县病危时,嘱其子朱熹受业于胡宪、刘子翚和刘勉之。刘子翚开启朱熹理学思维和援佛入儒之路,把儒释道三者合一的思想授予少年朱熹,并以《易经》中"不远复"三字符赠予朱熹,引导朱熹往后求知的方向。刘勉之最早向朱熹传授了北宋理学家张载(1020—1077,字子厚,世称横渠先生,尊称张子)所写的训辞《西铭》。《西铭》被奉为理学圣经。刘勉之在经学方面也给朱熹留下不可磨灭的印迹,朱熹许多自然哲学的重要观点深受其影响,并将女儿刘清四许配给朱熹。绍兴十七年(1147)、绍兴十九年(1149),刘子翚、刘勉之先后去世,朱熹主要受学于胡宪的籍溪文定书堂。由此,胡宪成为武夷三先生中教授朱熹时间最长的老师。从绍兴十三年(1143)父亲亡故，朱熹从师五夫，到绍兴三十二年（1162）胡宪去世，前后近20年，因而胡宪对朱熹的影响比二刘要深远得多。朱熹曾说："从三君子游，事籍溪先生最久。"

山居求学

胡宪（1085—1162），字原仲，崇安县籍溪（今属武夷山市上梅乡）人，南宋理学家、教育家，学界称之为籍溪先生。他是北宋末、南宋初的大学者胡安国之侄，稍长跟随叔父受业，家学渊源深远。胡宪于绍兴中以乡贡入太学，当时查禁伊洛之学，他与好友刘勉之暗地传抄背诵张载《西铭》，后为供养父母，返回崇安籍溪，以耕作卖药为生，品德传闻朝野。绍兴六年（1136），诏赐进士出身，授左迪功郎、建州教授。胡宪以敢上疏首倡起用被罢免抗金主战的元臣宿将张浚、刘锜而名震朝野，被列为"胡氏五贤"（胡安国、胡宏、胡宪、胡寅、胡宁）之一，四方传颂。后以亲老请准回乡，奉祠南岳庙。胡宪诲人不倦，朱熹、吕祖谦、魏掞之、熊克、曾逢等名儒都是他的学生，著有《论语合议》《南华真经解》。

胡宪性格正直沉稳，不苟言笑，实干诚谨。《崇安县新志》载："宪生而沉静端悫，不妄言笑。"朱松将唯一的儿子托付给好友刘子羽，将儿子的文化教育交由武夷三先生："籍溪胡原仲、白水刘致中、屏山刘彦冲，此三人者，吾友也。其学皆渊源，吾所敬畏，吾即死，汝往父事之，而唯其言之听，则吾死不恨矣！"朱熹为老师胡宪写的《祭籍溪胡先生文》云："矿息之言，属以其孤。公亦见哀，不鄙其愚。卜兆使藏，卜邻使居，择术使由，求田使铺。"朱熹在五夫居所位置的选择、房屋的构建、生活用品的配备，胡宪皆亲力亲为做了深入的思考和细致的安排，"于绯溪得屋五间，器用完备。又于七仓前得地，可以树，有圃可蔬，有池可鱼"。安顿朱熹在五夫生活、安葬朱松的主要操办者皆是胡宪，也许是因为在武夷三先生中胡宪最精《礼》学，对传统家礼、婚礼、丧葬礼、占卜之术皆有深入的研究，朱熹经常向他问礼，朱熹曾说:"某自十四岁而孤,十六而免丧。是时祭祀只依家中旧礼,礼文虽未备,却甚齐整,先妣执祭事甚虔。及某年十七、八,方考订得诸家礼,礼文稍备。"(《语类》卷九十)胡宪在晚年每与朱熹论学,重心主要转向传授《礼》学,将他所经历和知道的礼仪之事,全盘教授给朱熹。他在与朱熹谈论墓葬礼时是这样说的:"顷尝见籍溪先生说,尝见用灰葬者。后因迁葬,则见灰已化为石矣。"故朱熹在迁葬父亲朱松墓时"见灰已化为石"。良师出高徒,厚积薄发,朱熹生平第一部礼学著作就是在胡宪的指导下完成的,为朱熹后来作的《祭仪》《家礼》和《古今家祭礼》提供了最原始的底稿,朱熹礼学研究的成就巨大,对现世日常生活礼仪的构建打下了良好的基石。

崇安大桥朱子画廊浮雕:培根教育

胡宪的故宅在籍溪胡坊,门上有匾名为"山居",山居即后来的文定书堂。胡宪籍溪文定书堂原为胡安国故居。胡安国始终眷恋着故乡,牵挂着子侄,故居年久失修,破败不堪,他把自己的俸禄寄回故乡,让侄儿胡宪修缮故居,修祖庙祖坟,帮助同族的亲属,并交待胡宪,争取让宗族的后辈得到良好的教育。胡寅《斐然集》载:"公常念故乡宗族,贫不能自给,逮受此赐,即付犹子宪,买田于先庐,岁时修祀,曾高丘垄，施及亲属，以疏戚为差。"嘉靖《建宁府志》载："胡安国宅，在从籍里胡坊，旧名籍溪。安国尝以朝廷所赐金令从子原仲（宪）因旧基重建，后人称为文定书堂。"刘子翚、刘勉之卒后，朱熹主要受学于胡宪，胡宪的讲学授徒地点在籍溪山居，即胡安国的故居"文定书堂"。

　　胡宪善于钻研，躬藉教学多年，对理学思想的研究有其独特的造诣，是学术水平和道德修养兼优的老师，按《论语·卫灵公》中所言"躬自厚而薄责于人"为人行事。绍兴六年（1136），胡宪的德才得到了同乡刘子羽的肯定，得知他科举失意没有机会为国效力，实属可惜，经刘子羽帮助，多位名臣举荐胡宪，胡宪得以为国效忠。陈国代《朱子诸师考释》载"绍兴六年九月二十四日，建州布衣胡宪特赐进士出身，添差建州学教授"，使得五十一岁的胡宪被赐予左迪功郎。他性格温和，宽厚待人，以德才经史训导诸生，开启了他7年的太学教学生涯，尽心尽力，获得赞誉。绍兴十二年（1142），胡宪母亲年事已高，万事"孝"为先，他想回乡里陪伴奉养母亲，因此请求解除教职，由建州教授任上奉祠归居，靠耕田卖药为生，不求功名利禄，在文定书堂为学生授业解惑，让学生学会安身立命的本领。胡宪接受过荆门官学与京都太学的正规教育，又有在建州官学教授学生的丰富经验，有其独特的授课方式。"籍溪教诸生于功课余暇，以片纸书古人懿行，或诗文铭箴之有补于人者，粘置壁间，俾往来诵之，咸令精熟。"胡宪把难懂的诗文铭箴粘贴在显眼的位置，让学生反复诵读，以达到熟能生巧的目的。朱熹正是在这样的学习氛围中掌握了学习的方法，养成了反复钻研的精神。胡宪的孝亲行为感化着朱熹，通过每日与老师的相处，对老师的言行举止了然于心，润物无声地影响着朱熹。朱熹成为家喻户晓的大孝子，无论是外出任职，还是在家研究学问，他始终将母亲带在身旁，陪伴左右。胡宪不求功名，躬耕德业的处世原则，恬淡的山居生活，铸造了朱熹清高淡泊、难进易退，终身以读书著述为乐的处世性格。

家学传授

胡宪的思想渊源，主要来自谯定（1023—?，自号涪陵先生，人称谯夫子）和从父胡安国（1074—1138，字康侯，学者称武夷先生，后世称胡文定公）。谯定是程颐的虔诚弟子，胡宪是程颐的再传弟子，他成了程氏理学与湖湘学沟通的桥梁。胡宪曾问学谯定，得承象数《易》学，后授于朱熹，在朱熹心中播种下了最初的象数《易》学种子，同时胡宪承续了胡安国的家学渊源，以《论语》为入道之要，是湖湘学派的传人。周必大（1126—1204，南宋宰相，自号省斋居士）为胡宪做的《墓表》中这样记载他与胡宪的往事："绍兴庚辰，某同为秘书正字。原仲年长过倍，予敬而亲之。原仲万相爱，每同舍退，往往留语竟日。原仲自言，少从其从叔文定公，传《论语》学。时时为予诵说，以为入道之要也。"周必大与胡宪曾在朝同为秘书省正字，交情颇深。此时周必大因事被罢为观文殿大学士、判潭州。胡宪孙胡亲仁特赶往潭州，带着朱熹所作《行状》，恳请周必大为胡宪做《墓表》。从此处可知，胡宪传胡安国《论语》学，且以《论语》为入道之要，并向周必大推荐《论语》。

胡宪在从叔父胡安国处学得的《论语》学的基础上，搜集当时数十家《论语》之说，以二程（程颐、程颢）之说为底本，摘抄精要，附以自己的见解，辑成专著《论语会义》。胡宪将他的《论语会义》传授给朱熹，从编纂体例到思想内容都为朱熹早年的《论语》学提供了范本，成为朱熹学习《论语》的入门书，所以，胡宪传授给朱熹的《论语》学便是带有明显胡氏家学特点的《论语》学。朱熹在隆兴元年（1163）编纂的《论语要义》一书，就是以胡宪的《论语会义》为蓝本编辑而成的，此二书也是后来朱熹辑纂《论语集注》的材料来源之一。宋时的编纂条件有限，《论语会义》也有其局限性，但朱熹正是站在前人的肩膀上，取其要义，去其繁杂，而成就了他后来的《四书集注》。

刘子翚、刘勉之两位老师相继去世后，朱熹在五夫里独事胡宪为师，其间也师从延平李侗，学术思想交叉重叠。胡宪把在逃禅归儒后困学彷徨的朱熹引领到了湖湘派的大门口，通过《论语》学和张载学直接把朱熹从佛老之途引到湖湘学派的道路上，胡宪由此成为朱熹沟通湖湘学派的桥梁。胡安国"以主敬为持养"的思想，通过影响胡宪、胡宏、张栻，从而影响到朱熹。乾道三年（1167）八月，朱熹偕弟子范念德、林用中特地前往湖南长沙予以求证，与张栻论讲三日而不能合，由此"朱张会讲"开启了书院会讲之先河。胡宪从学于叔父胡安国，他教授家学于朱熹，朱熹再研读二程学说，义理思想得以升华，从"主静"转向"主敬"，受益终身。

某日，朱熹从老师胡宪处得到一部《上蔡语录》（又称《上蔡先生语录》）。《上蔡语录》最初是由曾恬、胡安国记录其师谢良佐的日常教导话语而编成的语录体写本。朱熹如获至宝，如饥似渴地认真研读。朱熹曾自述道："某少时为学，十六岁便好理学，十七岁便有如今学者见识。后得谢显道《论语》，甚喜，乃熟读。熹少时妄意为学，即赖先生（指谢良佐）之言以发其趣。"由此，朱熹的孔孟、程氏学问更加长进。

谢良佐（1050—1103），字显道，号上蔡，上蔡学派创始人，与游酢、杨时、吕大临并称"程门四子"。胡安国曾从其学，录有所授《论语》学的《谢子雅言》一书。胡宪曾将此家传秘本传授给朱熹，此即朱熹在绍兴二十九年（1159）所编《上蔡先生语录》的底本之一。朱熹在《上蔡先生语录后序》中写道："最后得胡文定公家写本二篇于公从子籍溪先生，题曰《谢子雅言》。凡书四篇，以相参校。胡氏上篇五十五章，记文定公问答，皆他书所无有。而提纲挈领，指示学者用力处，亦卓然非他书所及。"

朱熹所编的《上蔡先生语录》是朱熹与胡宪讨论《论语》学，共同认识到理一分殊的产物。选择底本、校勘和内容的删定，都经过与胡宪讨论商量，得到胡宪的极大帮助和指导。特别是朱熹在编修《上蔡先生语录》时，第一次删订该书，以括苍人吴任写本一篇（题曰《上蔡先生语录》）、江苏吴中印本一篇（题曰《逍遥先生语录》）与胡安国写本两篇

（题曰《谢子雅言》），相互参校，定为两篇。后读到有五十余章诋毁程氏，以助佛学的内容，朱熹当时就产生了怀疑，也有好善者提醒朱熹，也许这是杂糅了他人的著作。朱熹果断地删除了百余章与谢良佐思想相去甚远的内容，后来胡宪请辞秘书省正字，离朝归家，带回了学生吕祖谦赠予他的一本江公望（生卒年不详，字民表）著的《辨道录》，将其送给了朱熹。乾道戊子年（1168），朱熹第二次编定《上蔡先生语录》，将《辨道录》与第一次所校定的《上蔡先生语录》做了比对，发现当年删除的内容与江民表所著的《辨道录》一字不差，从而证实了所删除内容并非《上蔡语录》，当初是有人将江民表和谢良佐的语录合并成一册，才造成后来的误会。朱熹编订的《上蔡先生语录》删除了不属于原版本的内容，补录别书所载谢良佐与胡安国的几篇亲笔书信，终付梓面世。胡宪特为《上蔡先生语录》作跋，跋中写道："宪因读朱元晦所定著《上蔡先生语录》三卷，得以详观，其是正精审，去取不苟，可传信于久远。"谢良佐认为："圣门学者大要以克己为本，克己复礼，无私心，则天矣！"谢良佐所阐扬的"克己复礼"，与朱熹的启蒙老师刘子翚所反复教诲的三字座右铭"不远复"同出一辙，为朱熹奠定了发展闽学的厚实基础，所以朱熹在《上蔡先生语录》后序中，阐发了他的师承观点，这是朱熹闻道伊洛之学后的一篇重要文章，是他跨入而立之年后学业日臻成熟的表现。

躬行践履

绍兴二十九年（1159），宋、金关系日趋紧张，国家安危时刻牵动着朱熹的爱国之心。八月十四日，朱熹写信给老师胡宪论及国家形势："熹窃谓天下形势如前所云者，亦当路所不可不知也。救之之术，独在救其本要而已。若随其变而一一应之，则其变无穷，岂可胜救也哉？而所谓救其本根之术，不过视天下人望之所属者，举而用之。使其举措用舍必当于人心，则天下之心翕然聚于朝廷之上，其气力易以鼓动……"时值秦桧当权，朝廷主战派将领遭到冷落，于是朱熹主张起用有勇有谋

朱子与胡宪

的主战派将领。这封来信深深地触动了胡宪。绍兴三十年（1160），秦桧死后，朝廷召他为秘书省正字，这时他已75岁，本无复出之念，只想在家乡潜心研究理学。但胡宪生性忠诚敦厚，认为朝廷会重新招用他，肯定有招用他的原因，就必然要遵从朝廷的旨意，这是做人的基本原则。他牢记孔子"臣事君以忠"的为臣之道，"忠孝"常萦于心，毅然抱病入都任职。对于老师胡宪高龄离家宦游，学生朱熹是明白老师的良苦用心的，对他此次进都难免有所忧虑，朱熹送师远行时，他写诗赠之：

祖饯衣冠满道周，此行谁与话端由？
心知不作功名计，只为苍生未敢休。

执我仇仇讵我知，漫将行止验天机。
猿惊鹤怨浑闲事，只恐先生袖手归。

在诗中，朱熹表达了很多人不理解老师此行的真正原因，甚至有人认为胡宪留恋官场，有谁知道他是为了国之大业而奋不顾身，拖着羸弱的身躯进都上疏呢？朱熹对老师放弃与猿鹤为伴的隐居清淡生活感到惋惜，知道老师的忧时之心，明白老师此行是将爱国忧国之心付诸实践，同时又担心此去朝廷未必会采纳老师的政见，难以施展老师的抱负，恐怕先生要空手失望而归。不久，朱熹又写了一首抒志诗远呈胡宪老师。诗云：

先生去上芸香阁，阁老新峨豸角冠。
留取幽人卧空谷，一川风月要人看。
瓮牖前头翠作屏，晚来相对静仪型。
浮云一任闲舒卷，万古青山只么青。

在诗中，朱熹祝贺恩师升迁，学生在屏山下励志研学，以求造福于苍生。诗中写的是自己闲适的山居生活，与老师胡宪在朝政的混沌的状态形成鲜明的对比。朱熹此时对著述讲学有浓厚的兴趣，而对仕途却颇为淡薄。从这里看出，朱熹自从同安主簿归来后，在五夫只专注于研究学问，而没有把所学用在实处，没有物化于外，缺乏践履精神。

绍兴三十年（1160）十二月，胡宪承继了湖湘学派的践履精神，把理论付诸实践，大胆向朝廷上疏："虏人大治流汴京宫室，势必败盟。今元臣宿将惟张浚、刘锜在，而中外有识皆谓虏果南牧，非此两人莫能当。惟陛下亟起而用之，臣死不恨矣。"建议朝廷起用主战派将领张浚、刘锜。在此之前没有人敢正面向当朝者提出起用他们的建议，很多人心里这么想，但没有人敢直言上荐，唯独胡宪一人直言不讳地上书，而且单刀直入地说明起用他们的原因，也因此震惊朝野。绍兴三十一年（1161），六月高宗召刘锜、十月召张浚以退金师。高宗皇帝采纳了胡宪的建议，没有责难他，还劝他留下来做官。胡宪此次进京远途奔波就是为了国家命运，觉得自己的使命已经完成，上疏后即请求去官离京回乡，可以安心做自己想做的事了，朝廷留不住他，诏命他为左宣教郎，主管崇道观，使回乡以后可以享受俸禄。

胡宪入都上疏，深深触动了朱熹。他所倡导的将性理哲学与经世之学相结合、经世致用的湖湘学风，也潜移默化地影响着朱熹。他曾发出这样的喟叹："知行常相须，如目无足行，足无目不见。论先后，知为先；论轻重，行为重。"（《朱子语类》卷九）主张致知、力行互相促进，两者不可偏废。在随后的岁月里，他屡次入都上奏，为国为民笃行致远。隆兴元年（1163）八月，朱熹经举荐奉召入朝，传承了胡宪爱国忧时，知行互发，开启了他的践履生涯。十月，朱熹入都成行，立为国家奉献之志，对宋孝宗赵昚面奏三札，提出了对当前国家形势的判断和建议，力求主战进行抗争，反对议和。但通过多方努力，在主和派占优势的局势下，朱熹失望地离开了临安。乾道元年（1165）四月，奉召赴临安供武学博士，同主和派宰辅钱端礼、洪适激烈论争，力挽国家之颓势。淳熙五年（1178）七月，朱熹在南康军任知军，南康大旱，上奏札于延和殿，欲蠲免南康赋税，使灾民得以生活。淳熙九年（1182）七月，提举浙东常平茶盐公事，经台州发生饥荒，民不聊生，遇台州灾民控诉台州知州唐仲友,向百姓征收苛捐重税。为了拯救灾民、伸张正义,朱熹向朝廷禀报实情,奏劾台州知州唐仲友贪污不法,朱熹连上六疏弹劾唐仲友,终朱熹辞官,唐仲友被免职,促使了朝廷实施庆元党禁。这场弹劾虽无法有胜败之论,朱熹在惩贪的行动中遭遇挫折,但他不畏强权,以铮铮忠臣形象彪炳于史。而立之年后,朱熹不再是一心只读圣贤书的儒生,成为在国家命运和人民利益受到侵害时,敢于上疏、敢于为民请愿的斗士,把学术研究与实际工作结合起来,知行互发,"知之愈明,则行之愈笃;行之愈笃,则知之益明"(《朱子语类》卷十四)。

　　胡宪对朱熹影响最大的是《礼》学和《论语》学,但胡宪的《论语》学对朱熹更具有特殊的意义,成为朱熹由出入老佛到弃佛崇儒并进而走向湖湘派的思想通道,并在胡宪教授下攻读胡安国的《春秋传》,为朱熹集胡安国"湖湘学"和杨时"程门闽学"两大洛学之大成打下坚实的基础。中华民族五千年的文化传承,正是因为有着谦谦君子们,卑以自牧,无私传承,得以继往开来,薪火相传。

　　　　　　　　　　(本文作者为武夷山朱子文化研究中心研究员)

朱子与韩元吉

彭小斌

在众多朱子武夷师友中,韩元吉的名字出现得不多,但《武夷精舍记》这篇文章却不得不提,全文如下:

  武夷在闽粤直北,其山势雄深磅礴。自汉以来见于祀事。闽之诸山皆后出也。其峰之最大者,丰上而敛下,肖然若巨人之戴弁;缘隙磴道可登,世传避秦而仙者蜕骨在焉。溪出其下,绝壁高峻,皆数十丈,岸侧巨石林立,磊落奇秀。好事者一日不能尽,则卧小舟抗溪而上,号为九曲,以左右顾视。至其地或平衍,景物环会,必为之停舟,曳杖徙倚而不忍去。

  山故多王孙。鸟则白鹇、鹧鸪,闻人声,或磔磔集崖上,散漫飞走,而无惊惧之态。水流有声,其深处可泳。竹柏丛蔚,草木四时敷华。道士即溪之穷,仅为一庐,以待游者之食息,往往酌酒未半,已迫曛暮而不可留矣。

  山距驿道才一二里许,逆旅遥望,不惮仆夫马足之劳,幸而至于老氏之宫宿焉,明日始能裹饭命舟。而溪之长复倍驿道之远,促促而来,遽遽而归,前后踵相属也。予旧家闽中,两官于建安,盖亦遽归之一耳。

　　吾友朱元晦居于五夫里，去武夷一舍而近，若其后圃，暇则游焉。与其门生弟子挟书而诵，取古诗三百篇及楚人之词，哦而歌之，潇洒啸咏，留必数日，盖山中之乐，悉为元晦之私也，予每愧焉。

　　淳熙十年，元晦既辞使节于江东，遂赋祠官之禄，则又曰："吾今营其地，果尽有山中之乐矣。"盖其游益数，而于其溪之五折，负大石屏规之，以为精舍，取道士之庐犹半也。诛锄茅草，仅得数亩。面势幽清，奇石佳木，拱挥映带，若阴相而遗我者；使弟子辈具畚锸、集瓦竹，相率成之。元晦躬画其处，中以为堂，旁以为斋，高以为亭，密以为室，讲书、肄业、琴歌、酒赋，莫不在是。予闻之，恍然如寐而醒，曲折隐隐，犹记其地之美也。且曰：其为我记。

　　夫元晦，儒者也。方以学行其乡，善其徒。非若畸人隐士遁藏山谷，服气茹芝，以慕夫道家者流也。然秦汉以来道之不明久矣，吾夫子所谓志于道亦何事哉？夫子，圣人也，其步与趋莫不有则，至于登泰山之巅而诵言于舞雩之下，未尝不游，胸中盖自有地，而一时弟子鼓瑟锵然。春服既成之对，乃独为圣人所予，古之君子息焉、游焉，岂以是拘拘乎？元晦既有以识之，试以告夫来学者，相与酬酢于精舍之下，俾咸自得其视慢亭之风，抑以为何如也。

这篇文章是朱熹在武夷精舍落成后请好友韩元吉写的一篇"记"。韩元吉在收到邀请后欣然命笔，写下了这篇千古传诵的《武夷精舍记》。

淳熙十年（1183），朱熹在武夷山九曲溪五曲创建武夷精舍，五曲属九曲溪中心位置，背靠大隐屏峰。作为理学家、教育家，朱熹非常重视书院建设，一生中创建和修复的书院很多，但于他而言，武夷精舍不仅是他亲创，更因为武夷山独特的地理位置，符合朱熹"吾今营其地，果尽有山中之乐矣"天人合一的理想要求，他自以为能在此一展教育宏图了，所以，在武夷精舍落成之际，朱熹一口气写了《精舍杂咏十二首》，记其盛况,并邀请好友写文同记。韩元吉是第一个写《武夷精舍记》以记其胜的。第二年,朱熹写《九曲棹歌》,韩元吉又是第一个和歌,和歌本有十首,今仅存一首。诗云:"宛宛溪流九曲湾,山猿时下鸟关关。钓矶茶灶山中乐,大隐苍屏日月闲。"可见韩元吉与朱熹关系非同一般。

《武夷精舍记》收录在清代董天工著的《武夷山志》里,作为九曲溪五曲开篇第一文,可见该文章的分量。从文中我们可以看出韩元吉称朱熹为"吾友",并对武夷精舍的创建给予高度评价,将朱子"幔亭之风"教育与孔子"舞雩之风"教育相比,对朱子教育予以高度肯定。

武夷学院兰宗荣教授曾就韩元吉"幔亭之风"有过论述。他说,"曾点气象"学界耳熟能详,"幔亭之风"却知者寥寥。"幔亭之风"是对"曾点气象"的理性超越,其美育实质即以践履为基础的圣贤人格的情感教育。韩元吉认为朱熹在武夷精舍的讲学生活可以看作"幔亭之风",以示与"舞雩之风"有相似性又有区别。

淳熙五年(1178)初秋,朱熹与妹夫刘彦集、隐士刘甫共游武夷时,只见九曲溪旋绕曲折,隐屏峰下云气流动,顿觉耳目一新,因而萌发出"眷焉此家山"的建屋初念。淳熙十年,朱熹浙东归来,武夷精舍开始动工,当年就初见规模。直至绍熙元年(1190),朱熹赴漳州任前这八年时间,幔亭峰就成了朱熹与门生、士友讲学、游览武夷山时经常观瞻和登临的地方。据宋代祝穆《武夷山记》所载:"幔亭峰在大王峰后,古记云,'秦始皇二年八月十五日,武夷君与皇太姥、魏王子骞辈置酒会乡人于峰顶'。"因在平阔的幔亭峰设彩屋幔亭数百间,以各种音乐助兴,大宴乡人,于是有了"幔亭招宴"及宴毕"虹桥飞断"的传说。武夷君"至汉武帝列在望秩,史称祀以乾鱼,始筑坛璇"。在幔亭峰半腰有一浑然方正,上大下小,约莫可坐数十人的巨石,即汉祀坛所在。朱熹曾写诗云:"一曲溪边上钓船,幔亭峰影蘸晴川。"又云,"幔亭欢举酒,江阁快论心。"友人辛弃疾曾赠朱熹诗云:"蓬莱枉觅瑶池路,不道人间有幔亭。"可见,朱熹与门生、士友们具有非常深厚的"幔亭"情结。而朱熹在武夷精舍的著书讲学与审美活动由此形成了

"幔亭之风"，它已对"曾点气象"缺乏实干精神方面进行了克服。

韩元吉（1118—1187），字无咎，号南涧，许昌（今属河南）人，寓居信州（今江西上饶）。绍兴年间，历官南剑州主簿，建康令，迁知剑州。兴办学校有政绩。孝宗朝，累官吏部尚书，龙图阁学士。主张恢复失地，统一国家。他是著名词人，词多悲怀家国，风格略近辛弃疾，有词集《南涧诗余》。

韩元吉自幼承家训，政治、文学皆有建树。作为一个官员，他关心朝政，关心民生疾苦，主张收复失地，而这正是朱熹等当时正直爱国士人的共同心声。

韩元吉在《武夷精舍记》文中写道"予旧家闽中，两官于建安"，说明他曾两度到建安（今建瓯市）任职，并住在那里。据记载韩元吉两任时间为：第一次，绍兴二十七年（1157），尝应词科，后除知建安县，绍兴二十九年八月任满日赴行在，本次任期前后共3年左右；第二次，淳熙元年（1174）十二月，诏知建宁府，淳熙二年闰九月，诏转官，为朝奉大夫，本次任期不到一年。

建宁府是由建州升格之后的府名，府治设在建安（今称建瓯）。建宁府管辖建安、瓯宁、建阳、崇安、浦城、松溪、政和七个县，是闽北的活动中心，联络赣浙，自汉代设置会稽南部都尉以来，历经魏晋南北朝隋唐五代以至南宋，时逾千年，尚无志书记事。韩元吉到任后，细察山川形势，户口繁耗，以及政教得失，撰写《建宁府志》，共48卷。其后庆元重修，明代弘治、嘉靖、万历再修，以至清代康熙纂辑建安、瓯宁二志，都以此本为底稿。民国十八年（1929），《建瓯县志》又根据建安、瓯宁二志重修，故"建瓯有志始自元吉"。

宋咸平元年（998），朝廷在建州建丰国监铸钱，引北岗涧水入监，供铸钱用。绍兴二十六年（1156）停铸，水道淤塞，水池干涸。韩元吉到任后，在北岗种树1.5万株。在府署后开辟北园，疏导涧水入大池，池边建亭，取"幔亭紫霞洲溽"之义，又建了一座五仙堂，其地在今紫芝街。韩元吉调走后，"民甚怀之"。

作为一个诗人,韩元吉并不将眼光局限于个人生活的小圈子里。他的诗歌反映的生活面很广,战争、朝政、友情、亲情、山水风光乃至亭台草木,几乎无所不包,而且他的诗歌风格也是多样的,平和醇正、雄健、清丽、闲淡自然、诙谐等,有时多种风格还交融在一起。

著名的诗评家方回,在《瀛奎律髓》中论韩元吉时称:"韩尚书南涧本桐木派,有《甲乙集》……当是时,巨儒文士甚盛称无咎与茶山。"方回还认为在江西诗派流行的当日,韩元吉诗不落流行,自成一家,实为难得。

朱熹称赞道:"韩无咎诗,做著尽和平,有中原之旧,无南方啁哳之音。"陆游也高度评价韩元吉的文章说:"文方日衰,荡为狂澜。组织纤弱,各自谓贤。士睨莫救,公勇而前……诵书鼓琴,志操益坚。落笔天成,不事雕镂。如先秦书,气充力全。"

韩元吉的诗文岁久散佚,到清代,《四库全书》编者才从《永乐大典》中辑录到 22 卷,即今存于《四库全书》中的《南涧甲乙稿》中立一补传。继方回之后,《四库》馆臣对元吉的评价是符合历史事实且最为重要的。《提要》云:"统观全集,诗体文格均有欧苏之遗,不在南宋诸人下,而湮没不传,殆不可解。然沉晦数百年,忽出于世,炳然发翰墨之光,岂非精神光彩终有不可磨灭者,故灵物拱诃,得以复显于今欤?"

朱熹比韩元吉小十二岁,给吕祖谦信中称"韩丈",表示敬重。据载元吉"与朱子最善,尝举以自代,其状今载集中。故其学问渊源,颇为醇正"。两人在政治、学术上多有交往。

朱熹在对金态度上,坚决反对议和,孝宗即位后,上书孝宗提出三项建议中明确提出要罢黜和议,鲜明地表达了他的反和主张。"隆兴元年,复召。入对,……时相汤思退方倡和议,除熹武学博士。"这时韩元吉有诗相送,诗云:

前年恨君不肯来,今年惜君不肯住。
朝廷多事四十年,愚智由来各千虑。

朱子与韩元吉

君来正值求言日，三策直前真谏疏。
诋诃百事推圣学，请复国雠施一怒。
天高听远语不酬，袖手翩然寻故步。
我知君是谏诤才，主上聪明得无悮。
一纸底用教鹖冠，百战应当启戎辂。
江山千里正风雪，岁月峥嵘倏将暮。
有田可耕屋盖头，君计未疏吾亦去。
君归为谢武夷君，白马摇鞭定何处。

这首诗前半部分是在陈述朱熹为武学博士的经过，诗的后半部分，"君计未疏吾亦去"，则体现出政治上两人的观点是一样的，都希望朝廷"开纳谏诤、黜远邪佞、杜塞倖门、安固邦本"，同时也希望朱熹能够早日重返朝廷，为国效力。

崇安大桥朱子画廊浮雕：怒斥和议

乾道九年（1173），韩元吉除吏部侍郎，上《举朱熹自代状》，曰"气质端方，议论通亮，安贫守道，力学能文，虽累有召命，而熹以禄不及亲，未肯出仕。方今奔竞成俗，熹之廉退，所宜奖擢。臣实不如，举以自代"。可见，韩元吉对朱熹在为人、为官方面都是极为肯定的，但朱熹不肯出山，推荐并没有成功。

自隆兴和议以来，朱熹对朝廷屡诏不应。淳熙三年（1176），除朱熹为秘书郎，朱熹因受流言困扰，辞不赴诏。据《宋史》记载："上欲奖用廉退，以励风俗，龚茂良行丞相事，以熹名进，除秘书郎，力辞，且以手书遗茂良，言一时权幸。群小乘间谗毁，乃因熹再辞，即从其请，主管武夷山冲佑观。"韩元吉两次致书，希望他赴召，为朝廷效力，朱熹认为："今若不辞而冒受，则宾主之间，异同之论，必有所不能免者，无益于治，而适所以为群小嘲笑之资。……又况今日一出，而前日所以斟酌辞受而不敢苟然之意，亦且黯暗而不能自明。……且士大夫之辞受出处，又非独其身之事而已，其所处之得失，乃关风俗之盛衰，故尤不可以不审也。……近世以来，风颓俗靡，士大夫倚托欺谩以取爵位者，不可胜数。……实不忍以身蒙此辱，使天下后世持清议者得以唾骂而嗤鄙之也。"

韩元吉则以长辈的身份，回书责备朱熹凡事过于注重表面，食古不化，在回书中说："至谓无用于世，非复士大夫流，不知元晦平日所学何事，愿深考圣贤用心处，不应如此忿激，恐敢怒于人也。与世推移，盖自有道，要不失已，但人与道不熟，便觉处之费力耳，如何如何。"

可见，朱熹特别重视士大夫的名节，受理学影响非常之深。理学之士大夫多喜欢修身养性，很少涉及时政，多注重普及理学。而韩元吉则认为士大夫应当把平日所学用到实际行动中，为朝廷效力，为百姓谋福。而且朱熹性格过于偏激，疾恶如仇，坚决不与那些"倚托欺谩以取爵位者"的士大夫同流合污。韩元吉则指责他说"人与道不熟，便觉处这费力耳"，劝说他应多与人交流，"不应如此偏激"。

虽然韩元吉与朱熹在政见及为人处事上观点并不一致，但两人性格都秉直善良，洁身自好，从而建立了深厚的友谊。

学术方面，韩元吉作为尹焞的弟子，虽然没有成为理学大家，但也经常与朱熹在道学上有一些探讨。乾道五年（1169），在《答朱元晦书》中谈到对儒释的看法，韩元吉认为："圣人妙处在合，故一以贯之；释氏之弊在分，而余不足论也。"朱熹在《答韩无咎》中认为："诲谕儒释之异，在乎分合之间，既闻命矣。顷见苏子由、张子韶书，皆以佛学有得于形而上者，而不可治世，尝窃笑之。是岂知天命之性，而叙、秩、命、讨已粲然无所不具于其学乎？彼其所以分者，是亦未尝真有得于斯耳。不审高明以为如何？"另外，韩元吉在《答朱元晦书》谈到读伊川先生著作问题，提出："盖云所以令诸君只读《易传》者，《易传》所自作也，《语录》他人作也，岂能尽记其意！"朱熹则答曰："《论语》者，亦是七十子之门人纂录成书，今未有以为非孔子自作而弃之不读者，此皆语录不可废之验，幸更深察之。"故元吉六十一岁时，撰经学著作《系辞解》，偏重伊川自作《易传》而兼取门徒的听课笔记。

韩元吉"两官于建安"时，建安与朱熹所居之地崇安五夫里仅建阳一县之隔，这使韩元吉与朱熹有更多的见面机会。他常和朱熹一同讨论《祭仪》《吕氏乡约》等学术问题。淳熙二年（1175）九月九日重阳节，韩元吉寄诗赠酒与朱熹，诗云："平生爱酒陶元亮，曾绕东篱望白衣。底事秋来犹止酒，重阳须插菊花归。"又云，"老大相望寄一州，故人鄙我倦追游。应知命驾无千里，惆怅山堂暮雨秋。"淳熙三年二月，韩元吉调离建宁，入都复为吏部尚书，途经崇安，再会朱熹，两人相谈甚欢。

晚年，韩元吉寓居上饶，与朱熹仍有较为频繁的交往。淳熙九年（1182），朱熹从浙江归福建，途经江西上饶，住在韩元吉家。第二天，韩元吉约了当地的诗人徐安国（字衡仲）一道陪朱熹游南岩一滴泉，辛弃疾知道后亦赶来相会，这便是上饶文化史上著名的南岩四老之会。

关于南岩之会的盛况，韩元吉之子韩淲作《访南岩一滴泉》，追忆当时其父与众友人的欢聚场面："忆昨淳熙秋，诸老所闲燕。晦庵持节归，行李自畿甸。来访吾翁庐，翁出成饮饯。因约徐衡仲，西风过游衍。辛帅倏然至，载酒具肴膳。四人语笑处，识者知叹羡。"朱子与韩元吉把酒言欢的场景令人羡慕不已，他们之间深情厚谊让人感动不已！

（本文作者为武夷山朱子文化研究中心研究员）

朱子与刘珙

邱志娟

"八闽上郡先贤地,千古忠良宰相家",这是朱熹为五夫刘氏家族书写的一副对联,表达了朱熹对刘氏家族的褒扬。刘氏家族一门忠义,历经千百年后,他们的忠厚勤勉、廉洁奉公的浩然正气流芳百世。诗句中提到的宰相是谁呢?正是与朱熹从小共读的义兄、挚友刘珙。

刘珙(1122—1178),字共父,崇安人(今武夷山市),南宋大臣。为北宋抗金将领刘韐之孙、南宋抗金名将刘子羽之子。少年拜叔父刘子翚为师,受学于五夫里屏山书院,后来官至参知政事,相当于副宰相,卒,谥忠肃,赠光禄大夫,与祖父刘韐(谥忠显)、父亲刘子羽(谥忠定)、叔叔刘子翚(谥文靖)荣膺"三忠一文"的美谥。著有《癯翁文集》48卷、《奏议》10卷、《内外制》20卷等。刘氏一族,兴于斯文,闻于忠义,一脉相承。刘珙性情沉稳,才华横溢,在治国安民、整顿地方吏治、兴办教育、革除弊政、赈灾救民等方面均取得了优良政绩,孝宗皇帝曾发出如此慨叹"不妄忠言,而才又非他人所及"。刘珙与朱熹亦兄亦友,同朝为官,政见相投,二人相知相敬。朱熹为刘珙写的行状中这样写道:"相长大,知公(刘珙)为详,而公晚岁相予亦益笃。"朱熹与刘珙一起长大，共读同学中传递着亲情，为学为官时传递着友情，两人的感情甚是深厚。

学贵得师　亦贵得友

绍兴十三年（1143），在五夫潭溪碧水之上，纱帽山下传来了朗朗的读书声，众多的士子在刘氏庄园旁的屏山书院诵读先贤古训。这年，朱熹的父亲朱松病故，去世前把家事托付给崇安五夫里奉祠居家的刘子羽，刘子羽视朱熹为子侄。朱松去世后，刘子羽不负好友重托，将朱松遗孤一家三口接到五夫居住，为他们新建紫阳楼，作为朱熹及其母亲、妹妹起居修学之所，给他们提供衣食无忧的生活条件。刘子羽在给刘勉之的信中说道："于绯溪得屋五间，器用完备，又于七仓前得地可以树，有圃可蔬，有池可鱼，朱家人口不多，可以居。"后来刘珙与朱熹的好朋友理学家张栻在为刘子羽作的《墓志铭》中说道："吏部郎朱松疾病，以家事托，公筑室买田，居之舍旁，教其子熹与己子均，卒以道义成立。"朱松临终前要朱熹拜好友"武夷三先生"为师，郑重地说："籍溪胡原仲、白水刘致中、屏山刘彦冲，此三人者，吾友也。其学皆有渊源，吾所敬畏。吾即死，汝往父事之，而惟其言之听，则吾死不恨矣。"朱熹在五夫居住的紫阳楼与刘氏家宅及屏山书院相对而望。朱熹晚年回忆在五夫居住的生活这样写道："忆住潭溪四十年，好峰无数列窗前。虽非水抱山环地，却是冬暖夏凉天。绕舍扶疏千个竹，傍崖寒冽一泓泉。谁教失计东迁谬，惫卧西窗日满川。"可见朱熹在五夫生活的时光是安逸美好的，他对在五夫生活的居住条件也是满意的。朱熹在五夫有清幽寂静的山居生活、有温暖的家、有对他恩重如山的刘氏家族、有对他教导有方学识渊博的"武夷三先生"以及同窗好友、义兄刘珙……正是有这样天时地利人和的理想环境，能使他专注地研读圣贤著作，为他学术研究和理学思想的形成起到了重要的作用。

哲人的成长之路与生活地域的联系是十分密切的，在居住地域范围内所接触的人文环境以及在朱熹的学术背景之中活跃着一批名臣、名儒的身影，好学精思的文化氛围孕育着一位理学家破土而出。刘子羽对朱熹视如己出，安顿好朱熹在五夫的生活后，又安排他与刘珙、刘玶一同在屏山书院受教于刘子翚。《刘珙行状》中写道："少长，从屏山先生受书，知刻苦自励，属文敏有思致。"武夷山中书院林立，"智者乐水，仁者乐山"，历朝历代诸多热爱山水的文人墨客们在武夷山水胜境中筑室读书、讲学、著述。刘珙从小酷爱读书，绍兴十二年（1142）举进士第，已脱颖于山清水秀的五夫故乡，监绍兴府都税务。刘珙此时志在继先祖未竟之志，匡扶社稷，报国雪耻，光复中原，因此想找一块安静之地发奋读书，论道修身，以期一展鸿图之志。他曾对隐居武夷山的蔡元定说："言天下事，当先立大节，今日之事所谓复仇者也！"（民国《崇安县新志》卷十八）因此他自愿免职任祠官，以便有闲散时间专攻经书，遂在武夷山五曲晚对峰下筑室名"仰高堂"，寓"追思孔圣，仰之弥高"之意。时武夷山名流荟萃，刘子翚、胡宪、胡寅、刘勉之、朱熹等人相携出入，过往甚密，在仰高堂中谈中庸之道、孔孟之学。朱熹在青少年时期与义兄刘珙一起同窗共读，读经受学的时间最长，他们朝夕相伴、讲道论学，他们在风景秀丽的武夷山中共泛舟九曲溪，从大自然中得到感悟，汲取自然之精髓，时常陶然于山水之中，吟诗唱和，在同频共振中思想相互交融，友情日渐加深，为彼此的成长和人生路上相互扶持、相互欣赏埋下伏笔。彼时，少年朱熹远离故土，父亲早逝，难免有着少年的惆怅和迷惘，每当此时他都会找长他几岁的义兄刘珙诉说心事。朱熹谈到他童年和刘珙相处时说："我以孤童，来托公家。公不鄙我，劝导有加。公姿鸾鹄，我性麋鹿。岂无异同，卒莫疵瑕。"可见刘珙对朱熹照顾有加，朱熹也从心底里感念刘珙，朱熹与刘珙心神相契，相知相慕，相伴彼此成长。

志同道合　道义之交

朱熹的父亲朱松与刘子羽是同年生人，他们都出生于北宋绍圣四年

(1097)。刘子羽与朱松两人在朝为官时，都主张抗金，反对议和，都曾因忤逆奸臣秦桧而遭政治打压。他们有着相似的人生境遇，而成了同道中人，直至成了可以交付重托的挚友。这种挚诚之交一直延袭至他们的儿子刘珙和朱熹。朱熹于绍兴十八年（1148）考中王佐榜第五甲第九十名，准敕赐同进士出身。绍兴二十四年，刘珙被召进京，其后历任秘书省校勘、礼部郎官、中书舍人、知州、翰林学士、参知政事等，官至观文殿大学士。刘珙论事坚决，刚正不阿，不事权贵。刘珙年长朱熹8岁，其出仕后，亦多有提携举荐朱熹，朱熹对刘珙在政见上也有所支持，相携共进，交相辉映。刘珙从小都有着家国情怀，有着忠贞爱国、济时救世、中兴儒学的思想和人生目标，这对朱熹的从政为学思想有着深远的影响。《刘珙行状》中，朱熹这样评价刘珙："在朝廷危言正色，直前无所避，其忠义奋发，不以死生动心，盖得乎家世之传。"

绍兴三十一年（1161），刘珙在临安为官，官职为中书舍人。九月，金主完颜亮撕毁宋金和约，率军百万，大举南下，直逼两淮。淮西防务弃城仓皇南遁，金军顺利渡淮，京城临安文武百官携眷惊慌出城逃亡。苟且偷生的南宋皇帝赵构也准备逃亡，宰相陈康伯力阻颓势，独主抗金，并说服皇帝下诏"亲征"，才阻止了宋军兵败如山倒的形势。此时任祠官之职的朱熹在崇安五夫潜心研学，但时刻心系于前方战事。十一月金主完颜亮死于叛军之手，十二月金兵北退，朱熹接到师兄刘珙的驰函报捷，在欣喜之余，感时忧国之情也油然而生。胜局虽定，但朝廷仍须重用良臣，摈退主和派的佞臣，才能保持胜势，直到恢复中原。朱熹对当时朝廷倾向有着深刻的洞察，朱熹作感事书怀诗寄给刘珙《感事书怀十六韵》，希望在国家旦夕危亡之际，师兄能为国多谏良言献良策：

胡虏何年盛，神州遂陆沉。翠华栖浙右，紫塞仅淮阴。
志士忧虞切，朝家预备深。一朝颁细札，三捷便闻音。
授钺无遗算，沈机识圣心。东西兵合势，南北怨重寻。
小却奇还胜，穷凶祸所临。游裘方舞雪，血刃已披襟。

残类随煨烬，遗黎脱斧砧。戴商仍凤昔，思汉剧讴吟。
共惜山河固，同嗟岁月侵。泉著久憔翠，陵柏幸萧椮。
正尔资群策，何妨试盍簪？折冲须旧衮，出牧仗南金。
众志非难徇，天休讵可谌？故人司献纳，早晚奉良箴。

（《朱文公文集》卷二）

绍兴三十二年（1162）六月，高宗皇帝赵构退位，禅位给儿子赵昚，史称孝宗，改年号为隆兴。隆兴元年（1163）八月，朱熹经举荐奉召入朝。这正是一个众人畏祸皆退的时期，朝中笼罩着一片失败主义的低潮情绪，朱熹受到"经略西事"不如"且在朝廷"思想的影响，偏在北伐符离溃败后举朝一片主和喧嚣声中，明知大厦将倾非一木能支，他在国家最危难的关头毅然决定入都，抗争一番。九月，他向左相陈康伯上了一道言词尖锐的书札，批评他主和的"自治"之说。在给刘玶的信中，朱熹提到这封致陈康伯书说："与陈（康伯）书谩写去，只可呈大兄（刘珙）一读而焚之，勿留也。"可见其时，朱熹对于入朝的决心，他把自己即将入都奏事的事由与想法告诉义兄，体现对义兄刘珙的无比信任。十月，朱熹入都成行，向孝宗面奏三札，提出了对当前国家形势的判断和建议，但当奏到第二札时赵昚已无心听取，朱熹没有因为置国家安危为己任连奏三札而受到宋孝宗的重用，反而被除武学博士，意味着朝廷请他离朝，不得再干预朝政。左相兼枢密使汤思退大力倡导议和，朝廷派使往金议和，整个朝廷几乎全转向主和派。朝臣中挺身出来反对的只有中书舍人刘珙和殿中侍御周操，朱熹仍为力求主战作着抗争，为反对议和而抗争。此年也是他与张栻第一次在临安见面相识，并与他讨论主战用兵之事。十二月，张浚入都升任右相兼枢密使兼江淮东西路宣抚使。十二月九日，朱熹面见张栻的父亲张浚，力争让其向孝宗皇帝进献分兵进取中原之计，体现了他逆境进取的道学性格。但在主和派占优势的局势下，张浚也力不从心，回答朱熹："某只受一方之命，此事恐不能主之。"十二月十二日，朱熹做主战努力的最后一点希望也破灭了。这时,老师李侗的死讯传来,他怀着沉重的心情离开了让他伤心的临安城,刚因奏劾中贵人李珂得罪孝宗准备出知泉州的义兄刘珙前来送别,他深知朱熹此行的失望之情,感慨于世态炎凉、知音难觅,写下了《送元晦》:

翩翩双黄鹤,结巢相因依。一为天风便,矫翮西风飞。岁华及晼晚,霜露侵征衣。

此行亦良苦,千里以来期。堂上玄发亲,荣禄当及兹。人生会有役,不复情凄洏。

徘徊都门道,欲语行且迟。念子抱孤桐,窈窕弦古词。清商奋逸响,激烈有余悲。

不辞弹者劳,正恐知音稀。知音何足贵,我顾不可追。

(《宋诗纪事》卷四十七)

隆兴元年(1163),刘珙除集英殿修撰知泉州。隆兴二年,刘珙由知泉州改知衢州。此年二十万金兵果然渡淮大规模南侵,战火再起,迫近长江,宋廷最终决定与金重新议和,这是屈辱的不平等和议,史称"隆兴和议"。

乾道元年(1165)三月,刘珙以敷文阁待制身份除知潭州、荆湖南路安抚使,响应湘人请愿,动工重修岳麓书院,次年重建完成,刘珙聘张栻主管岳麓书院教事。据张栻所撰《岳麓书院记》:"自绍兴辛亥更兵革灰烬,什一仅存,间有留意,则不过袭陋仍弊,而又重以撤废,鞠为荒榛,过者叹息。"曾经闻名天下的岳麓书院却因绍兴元年(1131)的战火惨遭破坏,三十年犹未恢复。刘珙的兴学之举,加之张栻在此苦心经营三年,使书院闻名遐迩,从学者达数千人,初步奠定了湖湘学派规模。

乾道二年(1166),刘珙时任湖南安抚使,善学精思的朱熹是其义弟、好友,学理探究又重经世致用的张栻是其好友,岳麓书院在其主持下重修再兴，由此生发出力邀朱熹与张栻来此麓山论剑。刘珙原把朱熹与张栻的学术交流安排在此年，但因朱熹母亲身体欠佳，朱熹一直在五夫家中陪伴照顾老母亲。后随着气候变热，朱母祝夫人的身体慢慢恢复，刘珙再遣人迎接朱熹赴潭州相会时，天气已十分炎热，不适合远行，而未能成行。《朱文公文集》中是这样叙述的："后来刘帅（刘珙）遣到人时已热，遂辍行。"（《朱文公文集》卷三十九）历史总是伏脉千里，此年朱熹虽未能实现长沙岳麓之行，但这年秋天他在五夫紫阳楼写出了让世人如今都为之争论不休的哲理诗《观书有感》，朱熹与张栻的相见仍然延至次年如愿。十月，朱熹与张栻、刘珙讨论校正《二程先生文集》，朱熹写信给刘珙说道："若此书是文定所著，即须依文定本为正，今此乃是二先生集，但彼中本偶出文定家，文定当时亦只是据所传录之本，虽文定盖不能保其无一字之讹也！""此间所用二本，固不能尽善，亦有灼然却是此间本误者。"朱熹认为张栻以胡文定（湖湘学派奠基人胡安国）家传本为底本不可靠，而且错误的地方较多，因此另外搜集了善本，互相参校，遂用多种刻本自校订重新刊印《二程先生文集》，可见朱熹在校勘书籍时的严谨态度，以及与刘珙交流探讨的广泛性。

乾道三年（1167）六月，朱熹听说刘珙即将离任潭州，应召入朝，除翰林学士、知制诰兼侍读。此时朝廷两位佞臣龙大渊调任浙东总管、曾觌调任福建总管，朱熹忧虑朝廷不好的风气尚未消除，恐又产生新的势力，此时孝宗用大量的钱财命王琪修筑扬州城，群臣进谏忠言皆听不进去，附会赞成的佞臣反而得到重用和升迁，独断专行，这样下去永稷根基将不久于安宁。此时如有有见识的人用巧妙的方式向宋孝宗进言，让孝宗看清当前的形势，从根本上消除朝廷治理存在的病根，把不好的风气消除干净。好的风气自然会因为宋孝宗用好的方法治理国家，而风清气正，国家才有希望。正是出于这样的忧虑，朱熹在刘珙应召入都前写信给刘珙，鼓动其入都应以"独断"之说奏论，批评孝宗独断专权之习。朱熹与刘珙书云："二奸（龙大渊、曾觌）虽去，气象全未迥，盖上心犹以向来所为为是，未有敢乘此痛言其非者。昨天告邦彦（陈良翰）以所当论者，惟'独断'二字以颇为然，又未果能发之否？间读陆宣公奏议，一一切中今日之病，试取一读，从容前席，为上一一谈之，当有助耳。"刘珙收到朱熹的来信后，非常赞同朱熹的看法和建议，在《观文殿学士刘珙神道碑》中记载："三年，召还。见上，首论'独断虽英主之能事，然必合众智，而质之以至公，然后有以合乎天理人心之正，而事无不成。若弃佥谋，徇私见，而有独御区宇之心焉，则适所以蔽其四达之明，而左右私昵之臣将有乘之，以干天下之公议者矣'。"可见，刘珙上朝见孝宗时确以朱熹"独断"之说奏论。

崇安大桥朱子画廊浮雕：遭劾请归

乾道三年（1167）九月八日，张栻任岳麓书院山长，朱熹启程入湘。"是次赴潭，乃由湖南帅张孝祥遣人来迎。"在刘珙再次的精心安排之下，交代接任潭州知州的张孝祥接待安排朱熹等一行的衣食住行，朱熹从福建崇安（今武夷山市）到湖南的岳麓书院与张栻切磋学问、讲学辩论，留住潭州两个月，与张栻进行学术交流，论"太极"《中庸》的问题及已发未发、心性关系、为学之道等诸多理学重要问题，刘珙促成了张栻与朱熹的学术论辩，也是湘学与闽学的一次碰撞，留下"朱张会讲"的千古佳话。刘珙在朝中虽日理万机，但对于义弟朱熹的仕途还是时刻关心着的。乾道三年十二月，刘珙推荐朱熹为枢密院编修官。乾道四年（1168），刘珙兼任参知政事（相当于副宰相）；乾道五年（1169），除资政殿学士、知荆南兼湖北路安抚使。

乾道八年（1172），刘珙被任命为潭州知州、湖南安抚使。任职期间，刘珙注重教育，培养人才，把潭州的岳麓书院再次整修一新，聘请知识渊博、德高望重的学者主持书院，并亲自嘱咐好友、四川广汉人张栻来书院讲学。刘珙因政绩显著，晋职资政殿学士。朱熹在《委教授措置岳麓书院牒》中记载："故前帅枢密忠肃刘公，特因旧基，复刷新馆，延请故本司侍讲张公（栻）往来其间，使四方来学之士，得以传道授业解惑焉。此意甚远，非世俗常见所到也。"朱熹对义兄的为人、行事是佩服和欣赏的，也许是因为刘珙，朱熹对岳麓书院是有深厚感情的，以致他上任潭州知府做的第一件事就是兴学岳麓，刚赴任便在《潭州到任谢表》中提出"学兼岳麓，修明远自前贤，而壤达洞庭"，表示"假之师帅之职，责以治教之功"。绍熙四年（1193），朱熹出任潭州荆湖南路安抚使。在任期间，朱熹除"降武备，戢奸吏，抑豪民"外，把兴学作为从政的大事，在"本州州学之外，复置岳麓"。

淳熙二年（1175），刘珙改任建康知府、江南东路安抚使，封为彭城侯。次年，刘珙重建了建康府学（学庙合一的府级官办教育机构），并在学宫大成殿东设立"明道先生祠"，"明道先生"就是北宋著名理学家程颢。为了让建康的明道先生祠更加广为人知，使更多人了解程颢的思想和功绩，刘珙写信给当时正在婺源祭扫祖墓的朱熹，邀请他为明道先生祠撰写"祠记"。朱熹是程颢、程颐兄弟三传弟子李侗的学生，作为"二程"的四传弟子，朱熹欣然答应了刘珙的请求。四月二十一日，朱熹为刘珙作《建康府学明道先生祠记》。这篇《祠记》，后由他的好友黄铢书写，刻成石碑，陈列在明道先生祠中。十二月，朱熹、张栻共作《四家礼范》五卷，集司马、程、张、吕氏诸家，由刘珙刻于建康。刘珙每到一处为官都会修缮书院，都会让朱熹参与其中，分嵌在岳麓书院院训"忠孝廉节"碑文由朱熹所写，每字一碑，至今分嵌在讲堂左右两侧。朱熹与刘珙的情谊可窥见一斑，他们政见相谋、志同道合，自然成了莫逆之交。

朱子与刘玮

生死相托　手足情深

淳熙五年（1178），建康知府刘玮病重，上书孝宗请求告老。临终前，还上奏章，希望朝廷坚持抗金，任用贤臣，斥远小人，并推荐贤良陈俊卿、张栻，希望孝宗予以重用。七月，刘玮在官邸去世。刘玮临终前遗书朱熹："玮不孝，先父之墓木大拱，而碑未克立，盖犹有待也。今家国之仇未报，而玮衔恨死矣，以是累子，何如？"委托好友朱熹为他已故33年的父亲抗金名将刘子羽撰写神道碑文。早在绍兴十六年（1146），刘子羽含恨去世，葬于五夫里蟹坑，终年50岁。由于当时刘子羽得罪于权相秦桧，名在罪籍，所以卒时丧仪简约，身后萧条，既没有谥号，也未建立神道碑（后孝宗感刘子羽为官正直，封其为右朝议大夫充徽猷阁待制少傅，谥"忠定"）。对此，刘子羽长子刘玮深感内疚，临终前把立碑的夙愿托付给好友朱熹。朱熹知道刘玮去世的消息，并受义兄好友信任的委托，多少往事涌上心头，伤心地流下眼泪，说道："呜呼！共父乃遽至此耶？且吾早失吾父，少傅公实收教之。共父之责乃吾责也。"八月，朱熹出紫溪，亲自前往弋阳哭迎刘玮灵柩回崇安五夫。随后写了三篇祭文悼之：《祭刘共父枢密文》《又祭刘共父枢密文》《又祭刘共父枢密文》，并命次子朱埜及门人林允中敬备酒肴前往祭奠。淳熙六年，刘玮安葬于建宁府瓯宁县丰乐里新历之源，朱熹为其撰写《观文殿学士刘公神道碑》。同年冬十月，朱熹按照刘玮临终所托，为其义父刘子羽撰写《宋故右朝议大夫充徽猷阁待制赠少傅刘公神道碑》墓碑，碑文长达3725字，恰巧此时张栻被召为右文殿修撰，提举武夷山冲佑观，朱熹请好友张栻为《刘子羽神道碑》题写碑额，聘名匠精心镌刻，并立于五夫镇蟹坑刘子羽墓前。刘玮临终时对朱熹的拜托，如同当年朱松临终时对刘子羽的托付，情深义重，此为朱熹对好友、义兄刘玮信守诺言的真实写照和见证。朱熹在刘玮死后连发三篇祭文并为其撰写神道碑，可见朱熹对义兄的情意真切。

淳熙八年（1181）七月初，在刘珙去世三周年祭日，朱熹前往建宁拜祭刘珙墓。淳熙十年四月，朱熹在隐屏峰下构建武夷精舍，与刘珙于绍兴十二年至绍兴二十四年间在晚对峰东麓建的仰高堂相互对望，并赋诗《仰高堂追怀刘共父》：

> 面势来空翠，哦诗独好仁。
> 怀人今已矣，谁遣栋梁新。
> （〔清〕董天工《武夷山志》卷十一）

诗里行间流露出朱熹对自己失去一位值得敬仰的友人，也为国家失去了一位难得的栋梁之才而不胜惋惜，追思之情跃然诗中。武夷山主景区晚对峰名字的由来更加真切地诠释了朱熹与刘珙的兄弟情深。朱熹时常在武夷精舍中讲说、授徒、著述，每仰头看向对岸的晚对峰，对义兄刘珙的怀念之情便涌上心头。因而朱熹在武夷精舍旁又构筑了晚对亭，表达他对已故义兄、学友的不尽怀念之情。清代董天工曾有《步〈精舍杂咏韵〉十二首》，其中《晚对亭》诗曰：

> 紫屏矗九霄，亘亘与谁对？
> 一自紫阳识，只今生晚对。
> （〔清〕董天工《武夷山志》卷之十）

诗中叙述了晚对峰石色凝紫、绿荫如屏，故原名"紫石屏"，朱熹构筑晚对亭后，紫石屏从而易名晚对峰，此乃武夷山中的友谊之峰，为武夷山三十六名峰之一。

如今在晚对峰刘珙所筑书院"仰高堂"遗址附近的岩壁上仍然有一幅清晰可辨的摩崖题刻，此题刻为淳熙十一年（1184）朱熹所写的《九曲棹歌·五曲》：

朱子与刘玶

> 五曲山高云气深，长时烟雨暗平林。
> 林间有客无人识，欸乃声中万古心。
>
> （〔清〕董天工《武夷山志》卷之四）

这首诗既是朱熹借写五曲胜景作自我描画、抒怀，又有对义兄刘玶的怀念之情。"五曲山高云气深，长时烟雨暗平林。"此句能感受到朱熹对五曲与隐屏峰风光和气象的赞美。五曲的高山间时常有烟雾缭绕，烟雨无时暗琐平林渡，如同人间仙境，意境特别美，这种美的感受也许在他少年时去往仰高堂的路上就已萌生，或在那时就已经下定决心。"林间有客无人识"这一句中的"客"也许是指朱熹自己，但当时朱熹已在学术界有很高的地位，各方弟子慕名纷至沓来，湖湘学派的代表人物张栻在当袁州太守时曾感叹"当今道在武夷"，山中这个"客"如果是朱熹自己，不可能无人识。因此这个"客"更大的可能是指刘玶。"林间有客无人识，欸乃声中万古心。"如今没有人知道武夷精舍对岸晚对峰曾有一位他敬仰的兄长，现在已经不在了，他对兄长的无尽怀念就像每天九曲溪中船工划动竹竿的声音，不绝于耳，声声不息。当年朱熹请工匠将这首诗镌刻在晚对峰的"仰高堂"之侧，更说明了这首诗当年是为刘玶而作，更可证实朱熹当时建武夷精舍选址之考虑，对刘玶的情谊应该也是其选址的考量因素之一。

一纸托付、一场送别、一首诗、一个亭、一所书院、一座山……刘玶与朱熹的手足情深见证了朱熹在其哲学思辨中所蕴藏着的重情重义的细腻情感。"落地为兄弟，何必骨肉亲。"刘玶与朱熹不是骨肉同胞，却胜似兄弟。

（本文作者为武夷山朱子文化研究中心研究员）

朱子与刘玶

范传忠

刘玶（1138—1185），字平父、平甫，号七者翁，建宁府崇安（今武夷山市）人。据载，刘子翚膝下无子女，朱熹的《少傅刘公神道碑》中说，刘子羽丧妻后娶卓氏，生子刘玶，便将其过继给弟弟刘子翚为后，即"次玶，从事郎，亦以公命为屏山先生后"。作为刘子翚嗣子的刘玶，以荫补官，为从事郎，监潭州南岳庙，历邵武军司户参军，后辞官归隐。著有诗集10卷，已佚。

刘子翚是著名的"武夷三先生"之一，也是宋代理学之集大成者朱熹最为重要的严师之一。朱子和刘玶本就是好友，又一同师承刘子翚，感情甚笃，他曾为刘平甫即崇安五夫里（今五夫镇）刘氏家族的刘玶题写了《题刘平甫定庵五咏》组诗。现录示如下：

《题刘平甫定庵五咏》
宋·朱熹

《定庵》（其一）
风生长林悲，云起空谷暝。下有不死人，一室常在定。

《巢云》（其二）
入山何所见？云树春濛濛。安知巢居子，避世于其中。

《山台》（其三）
林居厌栖迷，山顶幸清旷。无事一登临，却愁心浩荡。

朱子与刘玶

《井泉》（其四）
开山昔何人？凿此寒泉井。独夜潄琼瑶，泠然发深省。

《寿穴》（其五）
百年不可期，一壑当预卜。自怜木偶人，空羡王官谷。

依据四川大学郭齐教授笺注的《朱熹诗词编年笺注》编年考证，认为该组诗的写作时间应当是宋乾道五年至宋淳熙十二年（1169—1185）这段时期。依据《朱子文字在武夷》"朱熹简明年谱"，还检索出，这一时期的朱子，正值中壮年，学养深厚，人情练达，著述丰富，门人众多。又依据江西省社会科学院胡迎建教授著《朱熹诗词研究》认为，朱子年少时就开始创作诗歌，终其一生未曾辍诗。朱子一生诗文创作期长达50多年，现存诗1200多首，词18首。作为一个著述宏富的一代哲人，其创作诗歌的数量在理学家中居于第二位，仅次于时为"北宋五子"之一的理学家邵雍，邵雍有诗1600余首。由此可知，朱子诗词创作的丰富性、多元性。

从《题刘平甫定庵五咏》组诗可以寻迹朱子与刘玶的关系渊源，他们先期一起就学于六经堂〔后于宋淳祐二年（即1242年）钦建为屏山

崇安大桥朱子画廊浮雕：治家格言

书院]是为同窗,而后刘玶又问学于朱子,还是亦师亦友的关系,两人多有诗词文字唱和往来。宋淳熙二年(1175)四月,刘玶与吕叔敬、徐周宾等人陪同朱子游建阳的百丈山;宋淳熙八年(1181)七月八日,刘玶又与朱子等人登崇安五夫里的仙洲山,游密庵,并作诗酬唱。另据《晦庵集》卷九二之朱子撰写的《从事郎监潭州南岳庙刘君墓志铭》载:"予初尝受学于平甫先君子之门,因得与平甫长大。其后,平甫诸兄游宦四方,平甫多家居不从。以故予与平甫又独得久相与,于今四十有余年矣。"而后又说"然予长平甫八九岁……顾与平甫游最久,而知之深莫如予者"。以朱子此言推断,便完全可知悉其与刘玶感情确实是情真意切,绝非通常人的泛泛之交。又据载,宋隆兴元年(1163)九月底,朱子给刘玶写信,在《朱子大全集》所收集的《答刘平甫》一文中如是说,"比日读何书?讲论切磋之益,想不但文字间也。上蔡帖中儒异于禅一节,道间省记,颇觉有警。试相与究之,见日面论也。"这显然是朱子对其时正属于年少气盛贪玩且尚不够勤勉学习的刘玶予以晓之以理的劝学之言,勉励刘玶应罢堕笃学。朱子的这种拳拳赤子之心,家国情怀,就当下而言,对我们应如何更好地学习弘扬中华优秀传统文化,贯彻推进"两个结合",引导当代的年轻学子们如何从善如流,勤学奋进,意义十分重大且深远。

此后,苗壮成长起来的青年俊秀刘玶,娶范如圭之次女为妻,他的六个儿子刘学古、刘学博、刘学圃、刘学正、刘学箕、刘学稼都先后师从朱子。这些的后辈才俊们,后来大多也成为理学贤才或从教者。又依据朱子的《答刘平甫》载,宋绍兴二十九年(1159)范如圭知泉州,去赴任时是由其子范念德与新添为范家女婿的刘玶等护送的。此时的刘玶年仅22岁,由于他从小就过继给刘子翚,缺乏与长辈相处的经验。因此,已是而立之年的朱子则肩负起兄长的责任,在刘玶临行前特地写信给他,要求他从日常与人交往的言行中体会、省思,检束自己,使自己的言行举止合乎规矩。在信中,朱子是这么说的:"夫子云'不学《诗》,无以言',先儒以为心平气和则能言;《易·系辞》曰'易其心然后语',

谓平易其心而后语也；明道先生曰'凡为人言者，理胜则事明，气忿则招拂'，告子曰'不得于言，勿求于心'，孟子以为不可。《记》曰'子事父母，父母有过，下气怡色，柔声以谏。'适以此意奉闻大略，然此等事更留意体察，勤加镌治为妙。此别须有旬月之期，怀不能已，聊复言之。他日相见，只此可验进学功夫，更不须问疑难也。在彼凡事存此意，善处为佳。途中望宽怀自爱。"朱子这种强调"立德树人"的思想，极好地教育了年轻的刘玶，同时，对当下我们的家庭教化引导乃至学校教育等方面，具有十分积极的意义。

后来，事母以孝闻名于乡野的刘玶，最后辞官隐居在武夷山下，并构筑七者之寮，以种地躬耕自给自足，自号"七者翁"。同时，秉承了崇安五夫里刘氏家族之遗风遗训的刘玶，后来还将其父刘子翚的遗文轶事汇编成《屏山集》20卷。朱熹被刘玶此举感动，也感念恩师刘子翚对自己的教授之恩，欣然为《屏山集》作序。序中，朱熹对刘玶汇集刘子翚遗文遗诗表示肯定，又表达了"先生文辞之伟，固足以惊一世之耳目。然其精微之学、静退之风，形于文墨，有足以发蒙蔽而销鄙吝之心者，尤览者所宜尽心也"。《四库全书总目提要》称朱子此篇序文是"集中谈理之文，辨析明快，曲折尽意，无南宋人语录之习。"

宋乾道七年（1171年），勤于惠民善政的朱子在崇安五夫里籍溪坊的凤凰巷内创建了五夫社仓（后人为纪念朱子又称为"朱子社仓"），竣工之后，朱子举荐崇安五夫里中较有德望的刘复、刘德舆、刘琦、刘玶等四人共同负责管理，并制定《仓规》，使五夫社仓的做法很快在全国成功"破圈"，并在全国推广。五夫社仓存续时间长达800多年，因开创乡村救荒先河，被后世誉为"先儒经济盛迹"，是我国古代社会保障制度的新发展。而具体负责管理工作的刘玶等，可说是同样功不可没。

1185年，年仅47岁的刘玶终老于林泉，朱熹获知此信息后，十分悲痛，为刘玶写下墓志铭。在《晦庵集》卷九二《从事郎监潭州南岳庙刘君墓志铭》的最后，他如此写道："呜呼！平甫！宁其材之不信而不忍其志之诎也！宁其躬之不燕而不忘其乡之恤也！"这正是朱子对刘玶一生最好的评价。

（本文作者为武夷山朱子文化研究中心研究员）

参考文献

[1] 陈国代《朱子诸师考释》，厦门大学出版社，2022年。

[2] 郭齐《朱熹诗词编年笺注》，巴蜀书社，2000年。

[3] 范传忠《朱子文字在武夷》，海峡文艺出版社，2020年。

[4] 胡迎建《朱熹诗词研究》，中山大学出版社，2011年。

朱子与张栻

姚进生

朱熹（1130—1200）是南宋中期闽学的代表人物，亦是宋代理学的集大成者，而张栻（1133—1180）则是湖湘学派创立者胡宏最得意的弟子，实即胡宏之后湖湘学派的代表，朱、张二人与婺学的开创者吕祖谦（1137—1181），被称为"东南三贤"。三人为友乃是儒林佳话，也是南宋理学得以成立发展的关键。他们年岁相差不大。三人的师承渊源都出自"二程"，均为南宋中期著名的理学家、学术领袖。张栻曾以"当今道在武夷"称赞朱熹，对朱熹的理学思想给予高度的评价，字里行间也透露出他对朱熹长期栖息之地——武夷山的心驰神往，成为自古以来将朱熹与武夷山紧密联系在一起的最具有深刻内涵与想象空间的一句千古绝唱。张栻于淳熙七年（1180）二月英年早逝，逝世时才48岁，朱熹接到讣告，罢宴恸哭，并在相当一段时间内心悲痛难抑。因为朱熹与张栻的深厚友谊和双方的学术同调关系，张栻的弟弟张杓护送张栻之柩归葬湖南后，写信请朱熹为其兄写碑铭，并

张栻

在信中说:"知吾兄者多矣,然最深者莫如子。"①可见,朱熹是全天下了解张栻最深的人,张构的这一说法是符合历史的真实的。朱熹与张栻的武夷情缘,他们之间的论学辩难,穷理致知,他们的学术交往及相互影响,将理学思辨达于精密细致的程度,从而使理学思想更加丰富而深刻。

一、"当今道在武夷"语出何处?

"当今道在武夷"语出《宋史·道学传》卷一百五十四《王阮传》,原文为:"王阮,字南卿,江州人。曾祖韶,神宗时,开熙河,擒木征;祖厚,继辟湟、鄯;父彦傅,靖康勤王皆有功。阮少好学,尚气节,常自称将种,辞辩奋发,四坐莫能屈。尝谒袁州太守张栻。谓曰,'当今道在武夷,子盍往求之?'阮见朱熹于考亭,熹与语,大说之。"②说是王阮前往拜见袁州太守张栻,欲拜师求道于张栻,张栻对他说,现在的道学在武夷山,你为什么不前往朱熹那里去求教于他呢?于是,王阮去拜朱熹为师。朱熹和他交谈,非常高兴。后来王阮在朱熹知南康军时又从学朱熹,这是后话了。从《宋史》的记载中,我们也可以看出,张栻对朱熹的理学(道学)思想是大为肯定的,直接把朱熹评价为当时学术第一人,并赞之曰"当今道在武夷"。

后人则把"道在武夷"作为评价朱子"致广大、尽精微、综罗百代"的理学思想文化的一个代名词,亦是对朱子在传承和发展闽中早期理学家杨时(1053—1135)、游酢(1053—1123)、胡安国(1074—1138)等在武夷山结庐讲学、聚徒传道所开辟的武夷山的儒学文化传统所作的巨大贡献的充分肯定。如果我们将"程门立雪""吾道南矣""道南理窟""道在武夷"这几个理学历史典故联系起来考察,那么一条源

---

① 朱熹《朱熹集》卷八十九《右文殿修撰张公神道碑》,四川教育出版社,1996,第4544页。

② 《宋史·王阮传》,中华书局,1977。

于"二程"洛学,由杨时、游酢而南传并在武夷山朱熹集大成的朱子理学的传道脉络就会一目了然地呈现在面前。其中"道在武夷"则是这条理学发展脉络中的关键,宋代理学因有了朱熹的集大成而取得了官学地位,成为南宋以降元明清等中国近古社会的主流意识形态。

据史料考证,在张栻逝世前,朱熹与张栻交往达17年之久,平生见过3次面,其余时间则以书信形式进行学术交流。《朱文公文集》中收录朱熹寄予张栻的书信49封。笔者曾见有人撰文说张栻在辞世前一年,即淳熙六年(1179),他被诏为右文殿修撰,提举武夷山冲佑观时,抱病不畏关山阻隔,千里迢迢从岳麓山前来武夷山会友。朱熹这时正在知南康军任上,闻讯亦赶回武夷山与之见面,且共同为建造朱熹义父、抗金名将刘子羽的神道碑而竭尽全力。朱熹与张栻二位老友在距上次见面阔别了十二年之后终于在武夷山重聚了。笔者查遍有关史料和朱熹的相关的文集,均未见有此次武夷相会的记载。真实的情况是:张栻人生的最后三年,是在湖北江陵度过的。淳熙五年,46岁的张栻被诏特转承事郎、进直宝文阁,寻除秘阁修撰、荆湖北路转运副使,改知江陵府,安抚本路(荆湖北路);后以病请祠,于淳熙七年二月六日,改授右文殿修撰、提举武夷山冲佑观,闲差以养病。诏书未到,张栻却先于二月二日病卒于江陵府舍。说张栻在提举武夷山冲佑观时来到过武夷山并与朱熹会面,这也许是人们对朱、张共有的武夷情缘的一种美好的愿望与想象罢了!事实是张栻对朱熹长期栖息之地以及其师长胡宏的祖籍地——武夷山,虽然心驰神往,但也从未到达过武夷山。张栻以"当今道在武夷"评价朱熹更不是在武夷山时说的。

二、朱熹、张栻的师承关系和人生经历

要厘清朱熹与张栻的师承关系,必须从大小两条学术师承关系入手。从大的学术师承关系来看,他们都是二程洛学的四传弟子。真德秀曾描述了二程洛学南传的两条线索:一是杨时——罗从彦——李侗——朱熹;二是谢良佐——胡安国——胡宏——张栻。真德秀说:"二程之

学，龟山（杨时）得之而南，传之豫章罗氏（罗从彦），罗氏传之延平李氏（李侗），李氏传之考亭朱氏（朱熹），此一派也。上蔡（谢良佐）传之武夷山胡氏（胡安国），胡氏传其子五峰（胡宏），五峰传之南轩张栻（张栻），此又一派也。"① 两条线索分别形成了朱子学派（闽学）和湖湘学派，两派在同出一源的同时，在传承的过程中又相互融合。其两派在传承过程中又相互交杂，如胡宏曾师事杨时和程门的另一弟子候师圣，朱熹既有得于谢良佐，又通过胡宏曾为胡安国的再传弟子。从小的或更细致的学术师承关系来看，朱熹早年师事武夷刘子翚、刘勉之、胡宪三先生。胡宪为胡安国侄子，又是学生，与胡宏为堂兄弟，深得家学真传。而胡宪对朱熹影响最大的是礼学、论语学和史学。朱熹在胡宪的指导下研究礼学，写成生平第一部礼学著作《诸家礼考编》，这成为他后来作《祭礼》《家礼》和《古今家祭礼》的原始稿本。胡宪对《论语》有很深的研究和独到见解，并将其以二程的论述为底本，汇集数十家对《论语》解说而成的《论语会义》一书传授给朱熹。该书为后来朱熹以《论语》为核心的"四书"学奠定了根基，坚定了朱熹毕生从事四书研究的信念。朱熹还从胡宪那里接受了胡安国的《春秋》史学，确定了"著书立言，格君垂后，所以明天理，正人心，扶三纲"②的义理正当的史学观。朱熹曾说："从三君子游，事籍溪先生最久。"此外，《宋史·胡宪传》中记载了一段胡宪上疏朝廷起用张栻的父亲张浚的事情："秦桧方用事，诸贤零落，宪家居不出。桧死，以大理司直召，未行，改秘书正字。既至，次当奏事，而病不能朝，乃草疏言，'金人大治汴京宫室，势必败盟，今老臣、宿将唯张浚、刘锜在，识者皆谓金人南牧，非此两人莫能当，愿亟起之，臣死不恨。'时两人皆为积毁所伤，未有敢显言

---

① 真德秀《西山读书记》卷十一，《四库全书》第706册，上海古籍出版社，1987，第106页。

② 朱熹《朱子全书·晦庵先生朱文公文集》，上海古籍出版社、安徽教育出版社，2010，第3708页。

其当用者，宪独首言之。疏入，即求去。上嘉其忠，诏改秩与祠归。"可见，在当时，张浚被很多的毁谤伤害，没有人敢说明他应当受重用时，唯独胡宪是第一个向朝廷推荐张浚，要求朝廷对他委以重任的人。胡宪是朱熹的恩师，又是敢于直言，力排众议向朝廷推荐重用张浚的恩人，因胡宪之于朱、张二人的这层关系，是否也为二人的亲密关系增添了人情的温度呢？

早在绍兴十三年（1143）三月，朱松不幸病逝于建安环溪精舍。临逝前，朱松手书崇安五夫刘子羽，以家事相托，并令朱熹前往五夫，从学于武夷三先生。其中，刘子翚为刘子羽的胞弟，长于《易学》，亦是著名学者、研治《春秋》学的大家胡安国的高弟。少年朱熹在刘氏家塾六经堂中，在刘子翚的教导下，受到了比较全面和正规的儒家系统教育。与朱熹同窗的还有刘子羽长子刘珙（1122—1178），朱熹与刘珙师出同门，实为异姓兄弟，情同手足。后来，乾道元年（1165），刘珙任湖南安抚使知潭州，在一片废墟里重建了岳麓书院，并聘张栻主教岳麓书院，渐使书院闻名遐迩，从学者达数千人，初步奠定了湖湘学派规模，湖南的学术中心也自衡山转移到了长沙。从朱熹、刘珙师出同门，而刘珙对岳麓书院的贡献及对张栻及湖湘学派的扶持上看，朱熹与张栻也可谓是同道中人，皆受到武夷五夫刘子羽、刘子翚刘氏一脉的扶持。刘珙也成为促进朱熹与张栻在岳麓书院的"朱张会讲"的重要人物。

再就张栻而言，少传其父张浚之学，又从胡宏问学，胡宏则传其父胡安国之学，胡安国与程颐之弟子杨时亦师亦友，张栻与朱熹之理学思想渊源均与杨时有关。而从闽学与湖湘学的师从传承的地理性传播渊源来看，闽籍建宁崇安（武夷山）的武夷先生胡安国，及其子侄胡宏、胡宪就成为贯通朱熹闽学与张栻湖湘学的枢纽和重要的通道之一，武夷山可以说是闽学与湖湘学的重要思想发祥地之一。

从人生和思想经历看，朱熹与张栻都是"忠君爱国的理学家"，都力主抗金，反对与金人和议，也都在地方担任官职。朱熹从绍兴十八年（1148）考取进士起，到庆元五年（1199）致仕，"五十年间历事四朝，仕于外者仅九考，立于朝者四十日，道之难行也如此"。① 在任同安主簿、南康军知军、提举两浙东路常平茶盐公事、知漳州、知潭州兼湖南路安抚使、焕章阁待制兼侍讲的任上，兴教化、戢吏奸、恤民隐、行荒政、劝农事是其为官的日常和政绩体现，而复兴儒学、正君心、主抗金更是其政治主张的重中之重。张栻曾历官严州太守、礼部侍郎兼侍讲、知江陵府兼湖北路安抚使等，他直言善谏，匡正扶君，革除弊政，造福百姓，整顿吏治，伸张正义，兴办教育，传道济民，力主抗金，反对和议，其从政经历和思想主张与朱熹高度一致，他们之间的友谊是建立在坚实的志同道合的基础之上的。

三、朱熹与张栻的学术交往及相互影响

朱熹与张栻平生见过三次面，其余时间则是以书信形式进行学术交流。他们的第一次见面在隆兴元年（1163），朱熹奉旨入都奏事，当时张栻之父张浚为当朝宰相，张栻也深得宋孝宗器重，频繁出入宫廷。这时张栻年方31岁。而朱熹既没有担任高官的父辈，自己也仅做过一任偏远地区的泉州同安县主簿，时年朱熹34岁，但朱张二人一见如故，十分投机，谈论的话题主要是张浚入朝为相及北征等现实军政之事。朱熹认为张浚若要想有所作为，必须请旨罢退与其并列为相的走秦桧老路的汤思退，否则将一事无成。

朱张的第二次会面是隆兴二年（1164）九月，亦即二人在都城第一次见面的次年，张浚去世。朱熹闻报，从五夫千里迢迢赶到豫章，登舟哭祭张浚亡灵，然后从豫章护送灵柩到丰城，同张栻畅谈三天。正是这次会面，张栻向朱熹介绍了胡宏的学说，并将新刻的数本胡宏《知言》送给朱熹。这从朱熹写给他的同学罗博文的信中可以证实这次与张栻相见的情况："九月廿日至豫章，及魏公之舟而哭之。……自豫章送之丰城，舟中与钦夫得三日之款。……胡仁仲所著《知言》一册内呈，其语

---

① 黄榦《勉斋集》卷三十四《朱子文公行状》。

道极精切,有实用处……大抵衡山之学只就日用处操存辨察,本末一致,尤见其功。"[①]这次见面,朱熹从张栻处得到了胡宏的《知言》,并通过张栻的介绍,了解了湖湘学派胡宏的学术观点。这次朱张相见,朱熹本是带着已发未发的中和说来向张栻了解衡山学对这一问题的认识的。他肯定了湖湘学"只就日用处操存辨察"的思想,显然因为他感到这一思想同李侗的"于日用处体认""就事上体认"相通,这为朱熹在逃禅归儒漫长道路上由李侗的"主静"向二程的"主敬"的发展,奠定了一个好的开端。正是在张栻的"启发"和引导下,朱熹完成了中和旧说。正如他在乾道八年(1172)作的《中和旧说序》中详细回顾道:"余早从延平李先生受《中庸》之书,求教喜怒哀乐未发之旨未达,而先生没,余窃自悼其不敏,若穷人之无归。闻张钦夫得衡山胡氏学,则往从而问焉。"这显然是指隆兴二年(1164)九月的这次往豫章丰城见张栻并带着已发未发的中和说求问张栻的。张栻向朱熹介绍的主要是湖湘学派"先察识后涵养"的观点以及张栻本人对未发已发的看法。正是在此基础上,朱熹通过思考而于乾道二年(1166)丙戌得中和旧悟,张栻对朱熹中和旧悟的影响是巨大而不容置疑的。

朱熹与张栻的第三次见面在乾道三年(1167)八月,朱熹从武夷山来到湖南岳麓书院,与张栻会面讲论,史称"朱张会讲",开了中国书院史上不同学派之间开展学术讨论的先河。朱张会讲,讨论的问题极其广泛,主要有"太极"、"仁"、《论语》、《中庸》、《孟子》以及胡宏的《知言》。"太极"作为儒家关于宇宙自然的始基观念,自周敦颐首次将其作为自己学说的基本范畴加以阐发后,亦是理学的理论基础。朱、张二人分别在其老师李侗与胡宏的指导和影响下,对周敦颐的著作及其《太极图说》均有深入领会。这次相见,两人的讨论就是以太极之理展开的,然后谈论到《论语》和《孟子》,两人都已著有《论语》与《孟子》方面的著作,讨论自然就十分深入细致了。再者就是谈《中庸》,

---

① 朱熹《朱熹集》续集卷五《答罗参议》,四川教育出版社,1996,第5237页。

崇安大桥朱子画廊浮雕：岳麓讲学

他们"谈论《中庸》之义，三日夜而不能合"，争辩场面相当激烈，引起了轰动。会讲中有湖南及邻近省份上千位学者旁听，可谓是盛况空前。朱熹的这次长沙之行，还将自己苦思所得的于乾道二年完成的中和之悟（中和旧悟）与张栻进行深入的交流，二人的见解大体是相一致的。这次会讲，由于在岳麓书院又有了朱熹作为会讲的主宾，从而大大扩大了湖湘学派的影响力，湖湘学派通过朱张会讲又大大提高了岳麓书院在学界的影响。朱熹与张栻相聚长达两个月，并与湖湘学者进行了广泛接触和讲论唱酬，最后联袂登游南岳衡山。

朱、张除了三次见面外，更多是通过书信进行学术交流的，他们之间关于理学基本观念——太极、理道、原性、中庸、知行的反复论学辩难，将理学思辨达于精深细密的程度，体现了中国传统文化的高度智慧，为理学成为中国封建社会后期的统治思想作出了杰出的贡献。

总之，朱、张的几次会面尤其是他们之间的学术交往对双方的相互影响和帮助是很大的。朱熹与张栻的思想发展和成熟都经历了一个过程。其间，朱熹经历了中和旧说及中和新说的曲折反复，而张栻亦有早、晚期的思想变化，在他们的思想发展过程中，两人都给予对方以关键性的影响。总体看，朱熹的中和旧说主要是在张栻"启发"和引导下获得的，而到朱熹独立思考得到中和新悟而推翻了旧悟后，朱熹又立即写信给张栻等人，张栻很快就认同了朱熹的中和新悟。可见，张栻的晚期思想又受到朱熹的深刻影响。

四、何以说"当今道在武夷"

上述分析我们可以看出，朱熹与张栻有着相同的濂洛之学的学术渊源和人生经历，两人有着长期的学术交流并在学术上相互影响，故两人对彼此的了解也最为深刻。张栻说"当今道在武夷"，既是对朱熹作为宋代理学集大成者重新树立起中华民族传统的主体意识——儒家思想的正统地位的充分肯定，也是因为朱熹与武夷山可谓有不解之缘。自张栻说"当今道在武夷"之后，将武夷山与朱熹连在一起进行颂扬的赞美之词可谓多矣，如宋末元初的学问家熊禾曾以联作论："宇宙间三十六名山，地未有如武夷之胜；孔孟后千五百余载，道未有如文公之尊。"通俗地说就是，武夷山成就了朱熹，朱熹辉耀了武夷山。

武夷山是朱熹的成长地、成就地。在朱熹71年生涯中，近50年是在武夷山下度过的。朱熹14岁时，其父朱松身染重病而溘然长逝。弥留之际，朱松郑重地将家事托付给五夫里的好友刘子羽，并要朱熹拜五夫三先生胡宪、刘勉之、刘子翚为师。绍兴二十八年（1158）春，朱熹正式受学于李侗，可以说是武夷三先生和李侗共同奠定了朱熹一生理学的思想基础。朱熹一生除先后在江西、浙江、湖南、安徽逗留3年多外，余下60多年皆足不出福建。其中，有近50年是在武夷山下度过的，剩余时间亦未离周边。朱熹在武夷山五夫刻苦学习，18岁便去参加建州府贡院乡试一举高中，第二年正月，朱熹与老师之爱女刘清四结婚。婚后不久，又赴临安参加科考，获得第五甲第九十名，赐同进士出身，22岁朱熹再赴朝廷参加铨试，被授予左迪功郎并差遣任泉州同安县主簿，从此走上仕途。

朱熹出仕后，"仕宦九载，立朝四十六天"，虽为官清正有为，但任期都很短，其一生大部分时间都隐居在武夷山五夫里，办学授徒，著书立说，取得了惊世的文化成就，朱熹的理学著作主要是在五夫里及武夷精舍完成的或打下基础的。作为教育家的朱熹，不论是赋闲家居，还是为官从政，都十分重视教育。武夷山及周边地区也是朱熹书院讲学、教书育人的兴盛之地。朱熹早年就读于崇安屏山书院、文定书堂，长成后亦讲学于二书院，中年在建阳创办了寒泉精舍、云谷晦庵草堂，53岁时在武夷山中的九曲溪畔，创建了武夷精舍。朱熹在武夷精舍讲学，是他成为教育家历程的重要转折点，他在武夷精舍办学沿用了其知南康军复兴白鹿洞书院时的学规（《白鹿洞书院揭示》）和学制，除了系统地进行以儒学为重点的教学之外，还着重于教人如何读书、如何做人。他教育学生"学者大要立志"，"为人之学，当如救火追亡，犹恐不及"。[①]当时一些著名学者如蔡元定、刘爚、黄榦、詹体仁等，都曾就学于武夷精舍。之后，亦相继有一批朱熹门人与后学在武夷山中和九曲溪畔择地筑室，读书讲学，故清代史饴直在《武夷山志序》中说："朱子开紫阳书院（即武夷精舍），诸大儒云从星拱，风流相继，迄元明以至今，而闽学集濂、洛、关之大成，则皆讲学此山者，而山之名遂以甲于天下。"朱熹晚年又在建阳考亭创办了沧州精舍（后称考亭书院）。考亭沧州精舍建成后，曾先后就学于寒泉、云谷、武夷的蔡元定、刘爚、黄榦、林择之、詹体仁、廖德明等一大批门人弟子，又聚集考亭。根据方彦寿考证，至今仍有姓名、生平仕履可考的考亭朱门弟子尚可查证到215人。朱熹与门人弟子在考亭研经读史，抨击时弊，寻求济世良方，穷究理学奥秘，建构了武夷山下的文化大观。中国哲学史上著名的"考亭学派"在此最后形成，并走向成熟。道在武夷，名副其实。

朱熹是继孔子之后中国近古思想文化史上最伟大的思想家、哲学家、教育家。对于朱熹在中国思想文化史上的地位及其对后世的影响，我们既要从历史的视域，也要从现实的角度加以认识。从历史上看，朱熹是宋代理学的集大成者，朱子理学是对中国传统文化的总结和创新。以孔孟儒学为代表的中华民族主体文化思想，到了东汉，一直占据重要的地位。魏晋玄学用老庄释《易》，以无为本，无与空相通，招致两汉

[①] 黎靖德《朱子语类》卷一二一，中华书局，1986，第2624页。

之际传入中国的主空佛教盛行。到了隋唐，佛道思想倾国信奉，几成正宗，而主体儒学却奄奄一息。宋初，佛道思想更是冲击人文道德，汉唐章句训诂之学面对社会变迁难以提出新思想，导致儒学更加衰微。尤其是北宋末至南宋，宋金政权对垒，民族矛盾、阶级矛盾尖锐，道德价值体系几乎崩溃，以致产生了理论危机和社会危机，朱熹以弘扬儒家及儒家圣人之道为己任，以孔孟思想为主干，发扬开放和超越精神，批判地吸收佛道思想中的积极有价值的成分，广泛综合诸家思想并吸取了大量自然科学成果，构建了一个广大而缜密的理学思想体系，以维护封建社会秩序和中华一统。朱熹哲学逻辑的最高范畴是"理"，亦称"天理"，在理一元论哲学的前提下，他将儒家的伦理与宇宙的本体统一于"天理"，认为"天理"不仅是宇宙万物的本体，而且是人类社会的最高道德原则，这就使道德伦理观念有了本体论的依据，从而构建了道德伦理的形而上学。朱熹在天理论、心性论、格物致知论及道德修养功夫论等方面把宋代理学乃至整个古代哲学推向了新的阶段，大大提升了古代哲学内涵的思辨水平，标志着中国古代社会意识形态臻至成熟和完备。朱熹遍注群经，用毕生之功注释"四书"，其《四书章句集注》成为封建王朝科举取士和学校教育的教科书。政治上朱熹主张以民为本，养民恤民，"革弊政""黜邪佞"，以德治国，针对南宋统治的各种弊端，提出"正君心""主抗金""守法理"等政治主张，并在其为官从政的实践中，身体力行，体现了朱熹作为一代大儒知行合一、爱国爱民、廉洁奉公的高尚品格。朱子理学自南宋末就取得了官学的历史地位，成为我国近古社会的主流意识形态。朱子理学于十三世纪传播到朝鲜与日本等地，并曾在相当一段时间在这些地方获得"国学"和"官学"等地位，亦是近古东亚文明的重要组成部分，至今仍然对这些国家和地区产生着影响。对朱熹及其朱子理学思想的评价，无论古代还是近代，在肯定与赞扬上都是高度一致的。如宋理宗绍定三年（1230），朝廷改封朱熹为徽国公，诰词云："……具位熹传孔孟之学，抱伊傅之才。讲道以致知格物为先，历万世而无弊；著书以抑邪与正为本，关百圣而不惭。"① 清康熙帝在《御制朱子全书序》中称赞朱夫子"集大成而绪千百年绝传之学，开愚蒙而立亿万世一定之归"。现代国学大师钱穆先生评价朱熹说："在中国历史上，前古有孔子，近古有朱子，此两人，皆在中国学术思想史及中国文化史上发出莫大声光。纵观全史，恐无第三人堪与伦比。……自有朱子，而后孔子以下之儒学，乃重获新生机，发挥新精神，直迄于今。"蔡尚思先生亦诗云："东周出孔丘，南宋有朱熹。中国古文化，泰山与武夷。"中国社科院副院长、当代中国研究所所长姜辉在2022年首届考亭论坛讲话中指出："在孔子之后，朱子开辟了中华文化新时代。正是以朱子学为标志，中华文明进入了一个新的千年发展期。"有"后孔子主义"之称的朱子文化，是人类共有的文化遗产。1999年12月1日，联合国世界遗产委员会在摩洛哥马拉喀什召开第23届世界文化遗产大会，会议决定将中国的武夷山列入"世界文化与自然遗产名录"，其中武夷山文化遗产的重要组成部分，就是驰名古今、享誉中外的朱子理学文化。道在武夷，实乃名人与名山齐名，古今、中外共识。

"道在武夷"，昭示着武夷文化发展的新动力、新格局。2021年3月，习近平总书记到朱熹园武夷精舍考察时指出："如果没有中华五千年文明，哪里有什么中国特色？""我们要特别重视挖掘中华五千年文明中的精华，把弘扬优秀传统文化同马克思主义立场观点方法结合起来，坚定不移走中国特色社会主义道路。"武夷山是朱子故里，朱子理学思想的发祥地，亦是研究和传承朱子文化的重镇，要让张栻说的"当今道在武夷"的论断在当下的武夷重光，武夷人任重道远，吾辈必须努力。

（本文作者为武夷山朱子文化研究中心顾问）

---

① 〔明〕李默《紫阳文公先生年谱·历代褒典》。

忽然半夜一聲雷,萬戶千門次第開。若識無心含有象,許君親見伏羲來。

朱熹答袁機仲論啟蒙 乙巳初夏 馮濤

书法撰写：冯涛

朱子与吕祖谦

张品端

朱熹与吕祖谦都是南宋时期著名的理学家。朱熹（1130—1200）为宋代理学的集大成者。吕祖谦（1137—1181）的学术成就和影响虽比不上朱熹，然而各有特色。吕氏有深厚的家学渊源，注重历史和文献的研究，同时注意汲取当世不同学派的思想资料，创立了以史学见长、杂博著称的"吕学"。朱熹与吕祖谦的学术思想有同有异，反映了当时重要的社会学术思潮的特点。

吕祖谦

一、朱熹与吕祖谦的师承渊源与交往

朱熹、吕祖谦两人的师承渊源，可谓同出于一条根脉。两人曾先后师承武夷山五夫胡宪（1086—1162）。胡宪是南宋著名学者胡安国的从子。他少从学胡安国，后又师事二程传人谢良佐（号谯定）。朱熹在五夫师事胡宪时不久，吕祖谦亦同学于胡宪。就这一点而言，朱、吕还有同出师门之谊。由此可见，朱熹与吕祖谦均为程门后学。但他们对二程思想的承续各有偏重，且又作了各自的发挥，于是两人之异就显示出来了。

朱熹的气质与程颐相似，其对二程理学的继承和发展为吕祖谦所不及。后来，学界程朱并称，程朱理学成为正宗理学。而吕祖谦，情况则显得更复杂些，据《吕东莱先生本传》说："先生之学以涵养性情为主，

朱子与吕祖谦

大概有志于程伯子（颢）之为人；然明道本源了彻，精言粗语，皆为第一义谛，先生尚隔一间，惜乎无年，需以岁月，岂不足以入室乎？"可见，吕祖谦的性格与程颢相似，为人随和，受程颢心学观点影响较深。由于程颢去世过早，吕祖谦尚未来得及对心学进行系统发挥，也没有像程颢那样把"心"与"理"熔铸一炉，因此说他尚未"入室"也不无道理。

另外，吕祖谦的理学思想素来学无常师，并还接受了一些永嘉学派功利观点。正如朱熹所说："其学合陈君举（陈傅良）、陈同甫（陈亮）二人之学问而一之。"[1] 吕祖谦主观上想对心学、理学甚至功利之学委曲调护，"未尝倚一偏而主一说"，而客观上导致了其理论体系上的矛盾。这应该说明的是，朱熹与吕祖谦尽管在学术观点上不太一致，然而他们从来没有因为学术观点上某些分歧影响私人感情。相反，他们过从甚密，经常相聚长论，或书信往来，交换心得，切磋学问，彼此结下了深厚的友谊，留为佳话。

朱熹与吕祖谦在学术研究上的合作也是较为密切的，早在乾道年间（1165—1173）就开始了。如乾道九年（1173），朱熹"欲作《渊源录》一书，尽载周、程以来诸君子行实文字"。他写信征求吕祖谦意见，并委托其帮助留意"搜访"资料。吕祖谦赞同朱熹这一计划，详尽地谈了自己对编《伊洛渊源录》的设想。对吕祖谦这种积极合作的态度，朱熹大为高兴。该书编成后，共十四卷：卷一为周敦颐，以理学奠基人濂溪先生为首卷，旨在章明二程学术的师承所自；卷二、卷三为程颢，卷四为程颐，此三卷表明二程倡明道学之功，确立程氏兄弟承接孔孟儒学统绪的正宗地位；卷五为邵雍，卷六为张载、张戬，邵氏、张氏在道学中，各自成一家之学；卷七为吕希哲、范祖禹、杨国宝、朱光廷，用程颐的话来说，叫作"同志共学之人"；卷八为刘绚、李籲、吕大忠、吕大钧、吕大临，为程门弟子；卷九为苏昞、谢良佐、游酢，为程门弟

---

[1] 黄宗羲《宋元学案》卷五十一，《东莱学案·附录》，中华书局，1986，第1676页。

子;卷十为杨时、杨迪父子,为程门弟子;卷十一、十二分载尹焞、张绎,及程颐晚年门人刘安节、马伸、侯仲良、王蘋;卷十三为胡安国,宋室南渡之后,以朝廷大臣而护卫程氏道学最力者,首推胡安国,故朱熹专取胡安国为一卷;卷十四为附录,所录22人,为"程氏门人无记述文字者",实为待访名录。

《伊洛渊源录》成书后,吕祖谦为之作序,朱熹非常满意,并认为"甚善"。

淳熙二年(1175),吕祖谦从浙江金华来福建武夷山与朱熹相会。他们在建阳朱熹母亲祝氏夫人墓旁的"寒泉精舍",一起阅读和研究北宋四子(周敦颐、程颢、程颐、张载)的理学著作。两人都一致认为四子之说"广大宏博,若无津涯",对于初学者来说,很难一下子掌握其中精义。因此,他们为方便初学者起见,决定"掇取其关于大体而切于日用者"编为《近思录》,作为初学者学习理学的入门教材。全书凡622条,分十四卷:(一)道体;(二)为学大要;(三)格物穷理;(四)存养;(五)改过迁善,克己复礼;(六)齐家之道;(七)出处、进退、辞受之义;(八)治国、平天下之道;(九)制度;(十)君子处

崇安大桥朱子画廊浮雕:宣明教化

事之方;(十一)教学之道;(十二)改过及人心疵病;(十三)异端之学;(十四)圣贤气象。《近思录》成书之后,由朱熹署名传世,实际上应看作是朱、吕二人的共同著作。

淳熙六年(1179)初,朱熹被朝廷任命知南康军。十月,朱熹在庐山唐代李勃隐居的地方复建"白鹿洞书院",并亲自作白鹿洞赋、白鹿洞牒,并邀请吕祖谦作《白鹿洞书院记》,叙述白鹿洞书院创建变迁历史始末。

朱、吕二人在频繁的交往中,彼此推崇。吕祖谦对朱熹学术成就的评价"殊不可量",朱熹则称赞吕祖谦治学精密"为古今未有"。双方这种推崇反映了彼此在学术上的尊重和他们之间真挚的友谊。尽管他们各自学术有所偏重,并有所分歧,但毕竟基本倾向是一致的,经过相互切磋琢磨,对宋代理学的发展,分别作出自己的贡献。

二、朱熹与吕祖谦的天理观和理欲观之异同

众所周知,理学之所以得名,乃因以天理为哲学最高范畴。正如程颢所说:"吾学虽有所授受,天理二字却是自家体贴出来。"[①] 作为二程的后学,朱熹和吕祖谦都赞成以天理(理)作为世界本体,即世界产生的本源。如朱熹所说:"未有天地之先,毕竟也只是理,有此理便有此天地,若无此理,便亦无天地,无人无物。""且如万一山河大地都陷了,毕竟理却只在这里。"[②]"天地之间,有理有气,理也者,形而上之道也,生物之本也;气也者,形而下之器也,生物之具也。"[③] 吕祖谦在《东莱博议》中亦说:"理之在天下,犹元气之在万物也,一气之春,播之品物,根之枝叶,……名虽千万而理未尝不一也。"

[①] 程颢、程颐《二程集》(上),中华书局,1981,第424页。
[②] 黎靖德编《朱子语类》卷一,中华书局,1986,第1—4页。
[③] 朱熹《晦庵先生朱文公文集》卷五十八,《答黄道夫书》朱杰人等主编《朱子全书》(第23册),上海古籍出版社,2010,第2755页。

这里，关于"理"是世界本质的问题，朱、吕两人都作了相似的回答。他们认为理存在于物质之先，物质世界由理派生并支配，有理才有物，无理便无物，世界上其他事物有生有灭，有始有终，惟有"理常在"，即使世上物质荡然无存，理还是永存的。他们和二程相一致，都把封建等级制度和伦理纲常抽象为世界本原。朱熹说："宇宙之间，一理而已，……其张之为三纲，其纪之为五常，盖皆此理之流行，无所适而不在。"①吕祖谦在其《易说》中亦说："君尊臣卑，夫倡而妇和，上天下地，理之常也。"朱熹和吕祖谦都坚持认为封建品名和伦理纲常就是天理的具体体现。

在讨论本体论的时候，朱熹与吕祖谦显然都注意到了周敦颐《太极图说》提出的观点，引进了"太极"这一范畴。"太极"是周敦颐的基本哲学范畴，二程则很少提及。在这一点上，朱吕二人与二程稍有区别。首先，朱熹赋予太极以理的内涵，认为太极是理的最高境界和全体，他说："极是道理之极至。""总天地万物之理，便是太极。"②太极具有理的一切性质，它为天地万物的总根源。"原'极'之所以得名，盖取枢纽之义，圣人谓之'太极'者，所以指夫天地万物之根也。"③朱熹认为，太极和具体事物的关系是体用关系，它产生万物，又不脱离万物。他说："自其本而之末，则一理之实而万物分之以为体，故万物之中各有一太极。""统体是太极，然又一物各具一太极。"④朱熹的这些观点实际上是对二程"理一分殊"观点的进一步发挥，同时也是对周敦颐和二程哲学的综合创新。

---

① 朱熹《读大纪》《晦庵先生朱文公文集》卷七十，朱杰人等主编《朱子全书》（第23册），上海古籍出版社，2010，第3376页。

② 黎靖德编《朱子语类》卷九十四，中华书局，1986，第2375页。

③ 朱熹《答杨子直》《晦庵先生朱文公文集》卷四十五，朱杰人等主编《朱子全书》（第22册），上海古籍出版社，2010，第2071页。

④ 黎靖德编《朱子语类》卷九十四，中华书局，1986，第2409页。

与朱熹相比，吕祖谦则从太极推衍"理一分殊"之理论。他在《易说·乾》中说："乃有太极，是生两仪，非谓两仪生后无太极也。卦卦有太极，事事物物皆有太极。乾元者，乾之太极也；坤元者，坤之太极也。"这里说的"两仪"，是指阴阳二气。他认为太极产生阴阳以至事事物物，而阴阳以至事事物物都有统一的太极，这一观点是对二程"理一分殊"的补充。

由上所述，我们认为朱熹和吕祖谦都是融合"太极"与"天理"为一体，并以此作为哲学的最高范畴。如果仅就这一点而言，朱熹与吕祖谦二人是没有什么分歧和不同的看法的。但是，在本体论上，二人也有不一致的地方。朱熹是全面继承和发挥二程天理观的第一人，他在论述世界本体过程中，始终坚持一理贯之的观点，即所谓"宇宙之间，一理而已"，在讨论性、天、命与理的关系时，发挥了程颐"性即理"的思想，认为"伊川'性即理也'四字，颠扑不破"[1]。他说："心也，性也，天也，一理也。"[2]"理也，性也，命也，初非二物。"[3]这就是说心、性、天和理属于同一性质。朱熹的门人陈淳在《北溪字义》中说得更明白："何以不谓之理而谓之性？曰盖理，是泛言天地间人物公共之理。性，是在我之理，只这道理，受于天而为我所有，故谓之性。性字从生从心，是人生来具是理于心，方名之曰性。"陈淳这一观点来自朱熹，这是说性是人身上的体现。这样，朱熹就以理包罗了天、性、命。可见，在世界本原问题上，朱熹始终坚持天理之一元论。

在世界观问题上，和朱熹相比，吕祖谦的思想体系显得杂博些。吕祖谦主张心理并重。在发挥天理观时，他提出了"气听命于心"和"以心御气"的命题。他在《东莱博议》中说："圣人之心，万物皆备不见

---

[1] 黎靖德编《朱子语类》卷五十九，中华书局，1986，第1387页。
[2] 朱熹《孟子集注·尽心上》《四书集注》，岳麓书社，1987，第499页。
[3] 朱熹《论语或问》卷二，《四书或问》，朱杰人等主编《朱子全书》（第6册），上海古籍出版社，2010，第641页。

其外也,史、心史,记、心记也。"这实际上是说宇宙万物包括人类社会历史都是由"心"派生的。"心"囊括了整个宇宙——"天",这一观点与陆九渊说的"宇宙便是吾心,吾心即是宇宙"的心学命题如出一辙。吕祖谦企图调和朱熹和陆九渊,即理学派与心学派的观点,使之"会归于一",于是把天理和人心融于一体。他在《东莱博议》中说:"人言之发,即天理之发也;人心之悔,即天意之悔也。"此外,吕氏在某些地方还接受了永嘉学派的观点。如在理气关系上,他在《东莱博议》中明确指出:"然物得气之偏,故其理亦偏,人得气之全,故其理亦全。"这就是说,理之偏全由气决定,这种观点显然与其世界观体系是矛盾的。

在对待天理、人欲问题上,朱熹与吕祖谦基本上都拥护二程关于"存天理,灭人欲"的思想,但他们对此命题的理解亦存在细微之差。朱熹认为"发挥天理,遏止人欲"是"拨乱反正之大纲",强调"天理人欲,不容并立",要"革尽人欲,复尽天理"。虽然,他也承认理与欲存在着某种同一性,如说"天理人欲同体""人欲便也是天理里面做出来"[①],但更多的是主张理欲对立。

吕祖谦没有像朱熹那样将天理和人欲尖锐对立起来。他就朱熹"天理人欲,同行异情"命题,曾写信给朱熹,认为天理人欲"实未尝相离",理、欲是同一事物的不同方面,各有其作用。关键在于人们如何去正确把握天理与人欲间的分寸。吕祖谦在《东莱博议》中说:"天理在人欲中,未尝须臾离也。"他的这一观点与永嘉功利学派的观点是相通的。

三、朱熹与吕祖谦在治学观上的异同

朱熹与吕祖谦都是治学严谨的学者,他们的治学态度和治学方法有不少相似之处。朱熹的学生曾概括朱熹的治学经验为六句话:循序渐进、熟读精思、虚心涵泳、切己体察、着紧用力、居敬持志、这一概括

---

① 黎靖德编《朱子语类》卷十三,中华书局,1986,第 224—225 页。

也同样适用于吕祖谦。吕祖谦治学亦有不少过人之处，尤重对历史的学习和研究，认为以往的历史著作和经书一样重要，要求学者经史并重，把学经和学史有机结合起来。他说："观史先自书（《尚书》）始，然后次及左氏（《左传》）、通鉴。"① 他甚至一反儒家传统的观点，把史官和孔子等量齐观。他在《东莱博议》中说："仲尼之圣未生，是数百年间中国所以不沦丧，皆史官扶持之力也。"对此，朱熹很不满意。可见，吕祖谦的治学态度和朱熹是基本一致的，但也有看法上之不同。朱熹认为学习历史，如果离开"天理之正"的准则，那么"看史只如看人相打，相打有甚好看处"。他不承认史学本身是一门科学，凡专治史的人都是一些见识短浅的人，"史甚么学，只是见得浅"②。

朱熹和吕祖谦在史学上的分歧，还表现在对历史的具体学习和研究的方法上。吕祖谦认为，研究历史必须从具体的实际出发。他在《史说》中言："当如身在其中，见事事利害，时时祸害，必掩卷自思，使我遇此等事，当如何处之。如此观史，学问可以进，知识亦可以高，方可有益。"其所谓观史"当如身在其中"，即从当时当地的具体历史环境来分析和考察问题，总结历史经验，锻炼自己处世应变之能力。

朱熹认为研究历史，必须从抽象的天理出发，以天理作为评说历史事件的最高标准，所谓"陶熔历代之偏驳，会归一理之纯粹"。他认为学习历史的唯一目的就是"合乎天理之正，而即乎人心之安"。③ 基于这一观点，他对吕祖谦的史学务实学风有所讥评，他说："问东莱之学，曰，伯恭于史分外仔细，于经却不甚理会。"④ 这种评论不符合吕祖谦治学的实际情况，因为吕祖谦于经学也有较高的造诣，吕祖谦史学的研究，

---

① 吕祖谦《东莱文集》卷四。

② 黎靖德编《朱子语类》卷一二二，中华书局，1986。

③ 朱熹《论语集注·述而》《四书集注》，岳麓书社，1987，第138页。

④ 黎靖德编《朱子语类》卷一二二，中华书局，1986，第2951页。

实开当时一代之风。但朱熹颇不以为然,说这"全然不是孔孟规模"[①]。

对于朱熹和吕祖谦这种史学分歧。朱吕的好友张栻当时没有直接表态,不过,从他对史学的议论中,可以看出,张栻是倾向吕祖谦的。他认为学习历史可以助于经世致用。他在《西汉蒙求跋》文中说:"读史之法,要当知其兴坏治乱之故,可夫一时人才期行已之得失,必有权变则不差也。"又在《答胡季随》书中说:"观史工夫,要当知其治乱兴坏之所以然,察其人之是非邪正。"张栻的这些论述和吕祖谦观史之法相契合,而有别于朱熹提倡的"陶熔历代之偏驳,会归一理之纯粹"的史学观。

应该指出,朱熹毕竟是杰出的学者,他虽然不同意吕祖谦的史学观,但对其史学成就还是加以肯定的。吕祖谦生前曾编《大事记》,所采用的方法是在编年体的基础上,参考《左传》和《资治通鉴》的写法,"自成一家之言"。对此,朱熹十分钦佩,认为《大事记》"其精密为古今未有",表现了一位学者应有的见识和胸襟。

我们对朱熹与吕祖谦的思想异同进行了一番粗略的比较,是件有意义的事,正如朱熹所说"凡看文字,诸家说有异同处,最可观"[②]。这也就是今天所说的思想比较研究。首先,从朱熹和吕祖谦两人的理学思想的异同比较中,可以看出南宋思想界粗略的概念,也曲折地反映了具有不同倾向的思想汇合而成的南宋社会思潮。这正说明了任何时候都不会有孤立的纯之又纯的思想的存在,惟有在"诸家"思想相互补充、渗透、融合的情况下,才有思想的活力,才能形成具有时代代表性而又占优势地位的哲学思想。朱熹之所以成为理学的集大成者,诚然得益于吕祖谦颇多,但同时两人思想中的瑕疵,也在辩论中互见,这对我们再深一层了解南宋理学的内容和实质是有帮助的。

[①] 朱熹《与刘子澄》《晦庵先生朱文公文集》卷三十五,朱杰人等主编《朱子全书》(第21册),上海古籍出版社,2010,第1546页。

[②] 黎靖德编《朱子语类》卷十一,中华书局,1986,第192页。

其次，从朱熹与吕祖谦的思想异同中，我们认识到比较研究方法是研究中国哲学史的重要方法之一，既可弄清某一时代社会思想的共性，又可明了具体哲学家的个性，这有助于哲学史研究的进一步深入。

再次，朱熹与吕祖谦切磋学问，增进学术友谊、求同存异、取长补短的优良学风是其获得学术成功的重要条件，值得今人学习并发扬。

（本文作者为武夷学院朱子学院研究中心主任、武夷山朱子文化研究中心顾问）

朱子与袁枢

黄胜科

袁枢（1131—1205），字机仲，建安（今建瓯市）人，隆兴元年（1163）进士，历任温州判官、严州教授、太府丞兼国史院编修、大理少卿、工部侍郎兼国学祭酒、右文殿修撰、江陵知府等职。他晚年喜《易》，著有《易学索引》《周易辩异》等书，以编撰我国最早的纪传本末体史书——《通鉴纪事本末》而知名于世，是我国杰出的史学家。朱熹与袁枢由于地缘、文缘和人缘的关系，相近相亲，密切交往，前后延续了数十年之久。朱熹以理学著称，照亮南宋思想界的天空；袁枢以史学见长，得到当时学界的广泛关注。两人都生活在闽北，仅相差一岁，因而被称为南宋中期福建大地上同时升起的两颗文化巨星。

袁 枢

据束景南《朱熹年谱长编》考证，朱熹和袁枢的交往，约始于南宋淳熙初。袁枢自幼喜读司马光的《资治通鉴》，但苦于其卷帙浩瀚，繁博难通。乾道九年（1173），袁枢在严州（今浙江桐庐一带）教授任上，以司马光《资治通鉴》为蓝本，自出新意，摘举《资治通鉴》中的239件重要史实，分类编纂，每事立一标题，独立成篇，将纪传、编年贯通为一，辑录成《通鉴纪事本末》。《通鉴纪事本末》共42卷，239目（篇），凡230万字，始于《三家分晋》，终于《周世宗之征淮南》，分战国至秦、两汉、魏晋南北朝和隋唐五代四个部分，概括我国自战国至五代共1362年的历史，更为集中地突出历代治乱兴衰之变故，成为一部完整、独立的著作，并由此形成了纪事本末新体裁，成为我国古代第一部纪事本末体史书。淳熙二年（1175）八月，袁枢将书稿寄给朱熹，并请作跋。此时朱熹的《资治通鉴纲目》也已编出初稿，也是以司马光《资治通鉴》为主要蓝本，"别为义例，增损隐括"（《朱文公文集》卷七十五《资治通鉴纲目序》）而成。朱熹将其所主张的道德观和正统观贯穿其中，其意在于用春秋笔法，辨名分，正纲常，从而达到变史学著作为理学教材、维护和巩固封建统治服务的目的。该书以大字提要称纲，小字叙事为目，每事有一提纲，从而创立了编年纲目体，成为我国最早的纲目体史书。朱熹《资治通鉴纲目》体例与袁枢《通鉴纪事本末》以历史事件为中心的纪事本末体在形式上完全不同，用意与目的也不尽一致。但朱熹丝毫没有封建社会文人相轻的劣习，应请写下《跋通鉴纪事本末》，高度赞扬袁枢的《通鉴纪事本末》，纠正《资治通鉴》原书"一事之首尾，或散出于数十百年之间，不相缀属，读者病之"（《朱文公文集》卷八十一）的偏颇，甚方便学者阅读，对袁枢《通鉴纪事本末》的主要历史功绩作出了正确的评价，体现了一个儒者的胸怀。

淳熙四年（1177）九月，袁枢因参知政事龚茂良将其《通鉴纪事本末》上奏于朝，被任命为大宗正簿，应召入对，从建安入都经武夷拜访朱熹。适逢著作郎傅伯寿（字景仁）罢归泉州，经武夷见朱熹，邵武吴英（字茂实）、梁琢（字文叔）也来相会。朱熹与弟子陪同袁枢、傅伯寿等共游武夷，泛舟九曲，周览岩壑，喝茶对诗。众人游到武夷宫冲佑观时，朱熹与众弟子讲解《大学》"正心诚意"。朱熹作《奉陪机仲宗正景仁太史期会武夷而文叔茂实二友适自昭武来集相与泛舟九曲周览岩壑之胜而还机仲景仁唱酬迭作谓仆亦不可以无言也衰病懒废那复有此勉出数语以塞嘉贶不足为外人道也》，以纪此行：

此山名自西京传，丹台紫府天中天。
似闻云鹤时降集，应笑磨蚁空回旋。
我来适此秋景晏，青枫叶赤摇寒烟。
九还七返不易得，千岩万壑渠能专。
同游幸有二三子，天畀此段非徒然。
梁郎季子山泽癯，傅伯爱盎瀛洲仙。
相逢相得要强附，却恨马腹劳长鞭。
黄华未和白雪句，画舸且共清泠川。
回船罢酒三太息，百岁谁复来通泉？
盈虚有数岂终极，为君出此穷愁篇。

袁枢喜好仙道炼丹，视武夷山为道家仙境。因而和韵作《寄朱晦翁山中丹砂》：

丹砂九转世莫传，羽衣婀娜飞朝天。
凄然风露洗尘世，星斗一天随转旋。
空余丹鼎在岩际，夜夜虹光腾雾烟。
天遣紫阳弭绛节，点石成玉公须专。
朝来金锁开洞府，丹火已灰当复燃。
离龙坎虎玄又玄，不须人间询谪仙。
黄熊跑号青兕舞，争欲舐鼎严答鞭。
岩头风高卷衣袂，嘶断玉龙云满川。
怡然上池漱琼液，鼓枻下濯丹溪泉。
云间双鹤傥未下，招隐为我歌长篇。

（〔清〕董天工《武夷山志》卷二十二）

诗中"天遣紫阳弭绛节，点石成玉公须专"，把山中隐居的朱熹比为紫阳真人；"云间双鹤傥未下，招隐为我歌长篇"，则希望朱熹出山与他们共歌相酬，抵足唱和。分别之际，朱熹又作《用前韵别仲机》：

君家道素几叶传？只今用舍悬诸天。
屹然砥柱战河曲，肯似落叶随风旋。
奋髯忽作猬毛磔，浩气勃若霄中烟。
隐忧尚喜遗直在，壮烈未许前人专。
武夷连日听奇语，令我两腋风冷然。
初如茫茫出太极，稍似冉冉随群仙。
安能局促夜起舞，下与祖逖争雄鞭。
终怜贤屈惜往日，亦念圣孔悲徂川。
愿君尽此一杯酒，预浇舌本如悬泉。
沃心泽物吾有望，勒移忍继钟山篇。

（〔清〕董天工《武夷山志》卷二十二）

武夷之会时，朱熹所著《资治通鉴纲目》已成书，《诗集传》也近完成，两人会晤时论及这两部书。因而分别后，朱熹又和韵作《读机仲、景仁别后诗语因及〈诗传〉〈纲目〉复用前韵》诗云：

道有默识无言传，向来误矣空谈天。
只今断简窥蠹蚀，似向追蠡看虫旋。
始知古人有妙处，未遽秦谷随飞烟。
终然世累苦妨夺，下帷发愤那容专。
一心正尔思鹄至，两手欲救惊头然。
书空且复罢咄咄，屡舞岂暇陪仙仙。
功名况乃身外事，我马虺隤甘回鞭。
解颐果值得水井，鉴古亦会朝宗川。
两公知我不罪我，便可筑室分林泉。
十年灯下一夜语，闲日共赋春容篇。

（《朱文公文集》卷四）

诗中对袁枢勤奋刻苦，撰成史学巨帙的精神和毅力表示钦佩，对照自己十余年出入佛老"空谈天"的不足，决心从此"下帷发愤"苦读儒家文化典籍遗存，从中总结出能指导社会人生的学说来。另外，还作《读通鉴纪事本末用武夷唱和元韵寄机仲》诗：

> 先生谏疏莫与传，忠愤激烈号旻天。
> 却怜广文官舍冷，只与文字相周旋。
> 上书乞得聊自屏，清坐日对铜炉烟。
> 功名驰骛往莫悔，铅椠职业今当专。
> 要将报答陛下圣，矫首北阙还潸然。
> 属词比事有深意，凭愚护短惊群仙。
> □言未秉太史笔，自幸已执留台鞭。
> 果然敕遣六丁取，香罗漆匣浮桐川。
> 阴凝有戒竦皇鉴，阳剥欲尽生玄泉。
> 明年定对白虎殿，更诵大学中庸篇。

（《朱文公文集》卷四）

崇安大桥朱子画廊浮雕：史事启迪

其时，袁枢被任命为大宗正簿。朱熹也正好在与弟子反复讲解《大学》"正心诚意"的理论，故在诗末，对袁枢有"明年定对白虎殿（指宫殿），更诵大学中庸篇"的期待。朱熹希望袁枢在上殿廷对之时，能对宋孝宗讲解"正君心"的"正心诚意"之说，而不是仅仅停留在史学的传授上。此后，朱熹与袁枢一直保持着书信往来，赋诗酬唱，讨论学问。

淳熙十年（1183）正月，朝廷在朱熹多次辞免请祠下，下诏同意请祠，差朱熹主管台州崇道观。于是，朱熹在武夷山五曲溪北隐屏峰下筹划创办武夷精舍，开始他隐居山中讲学著述的生活。四月十六日，武夷精舍初成，学友门人应朱熹之约会于武夷山。五曲溪畔，隐屏峰麓，吟哦诗歌的抑扬顿挫之声悠长动听，一阵阵的欢声笑语更是令人心旷神怡。正在外地为宦的道友袁枢闻讯，也寄来《武夷精舍杂咏》组诗十首，以示庆贺。其中《观善斋》诗云：

出处绍前哲，典型资后生。虚堂悬青镜，视者心自明。
古人不难到，功用在力行。缅怀朋簪盍，耿耿中夜情。

《隐求斋》诗云：

本是山中人，归来山中友。岂同荷蓧老，永结躬耕耦。
浮云忽出岫，肤寸弥九有。此志未可量，见之千载后。

（〔清〕董天工《武夷山志》卷十）

诗中对朱熹创建书院，上"绍前哲"（继承前代贤哲），下"资后生"（资本后生）对儒学发展承前启后之功予以充分肯定，也表达了作者愿意追随朱熹在山中，共创伟业的志向。

淳熙十二年（1185），朱熹的《易》学代表作《易学启蒙》草成，经与高徒蔡元定商讨修改，于淳熙十三年二月十六日序定。《易学启蒙》书成后，朱熹分别寄给袁枢等《易》学家进行论辩。袁枢曾著有《易学索隐》《易传解义》《周易辨异》《易童子问》《河图洛书说》等五部易学专著，对《易》学有较深研究。他与朱熹在政治上虽是志同道合的好朋友，但在《易》学观点上却不一致。朱熹撰《易学启蒙》，坚持邵雍的先天八卦生成说，而袁枢则认为邵雍之说不可信。袁枢看了朱熹的《易学启蒙》之后，感到在河图洛书之真伪、两仪四象乾坤之含义、太极与八卦、先天与后天、象数爻名、仁礼属阳义智属阴等许多问题上与朱熹都有不同的意见。于是，两人就此展开长期论辩，往来书信不断。《朱文公文集》中有《答袁机仲》书十一封，内容均为《易》学论辩。之后，朱熹作《答袁机仲论启蒙》诗，作为两人《易》学论战的最好总结：

忽然半夜一声雷，万户千门次第开。

若识无心含有象，许君亲见伏羲来。

(《朱文公文集》卷九)

诗中前两句阐明《易》学对明理的重要性，后两句则以幽默情调提出与袁枢辨疑中的关键问题。

但学术观点上的不同，并不影响两人的友谊。淳熙十四年（1187）七月，在右丞相周必大和诗人杨万里的推荐下，朱熹被任命为江西路提点刑狱，并允许他入都奏事。第二年六月七日，朱熹怀抱着匡正君心和大修军政的《戊申奏札》，奏事延和殿。但孝宗对朱熹"正心诚意"的说教早就听腻了，延和殿奏事的第二天，将朱熹从江西提刑之职改为兵部郎官。因兵部侍郎林栗作难，六月十一日，又改授朱熹江西提点刑狱，一纸逐令将朱熹赶出了朝廷。朱熹的政敌又趁机大肆攻击。朱熹被逐出朝廷引起强烈反响，道学派人物太常博士叶适、左补阙薛叔似、侍御史胡晋臣等纷纷上状奏援朱熹。

这年十月，周必大想借道学魁首朱熹的声望罗致道学人士于自己周围，以培植自己的相党势力，稳固自己的地位，在朝中刮起一阵荐士旋风。时任权工部侍郎的袁枢作为朱熹好友积极响应，与叶适、詹体仁、罗点、冯震武等先后上章，举荐朱熹等数十名道学名士和清望名流。但荐举之风刮得过于猛烈，结果事与愿违，引起孝宗皇帝的疑忌。袁枢因在朝中荐举朱熹，被反道学的监察御史陈贾诬为"徇私"，被贬官二级罢归。

朱子与袁枢

淳熙十六年（1189）二月下旬，袁枢遭劾罢职返回建安，三月初路经武夷山与朱熹相会。两人追抚往昔，议论朝政，感到仕途险恶，不禁感慨万千。袁枢作词抒怀，不轻易作词的朱熹也以袁枢之韵作《水调歌头·次袁仲机韵》一首：

> 长记与君别，丹凤九重城。归来故里愁思，怅望渺难平。今夕不知何夕，得共寒潭烟艇，一笑俯空明。有酒径须醉，无事莫关情。
>
> 寻梅去，疏竹外，一枝横。与君吟风弄月，端不负平生。何处车尘不到？有个江天如许，争肯换浮名！只恐买山隐，却要炼丹成。
>
> （《朱文公文集》卷十）

绍熙五年（1194）七月五日，光宗皇帝赵惇以"历事岁久，念欲退闲"为由，内禅给太子赵扩，是为宁宗，改元庆元。十一日，经参知政事赵汝愚举荐，召朱熹入朝奏事。八月五日，又召朱熹入朝任焕章阁待制兼侍讲。从十月十四日至闰十月十九日，在不到四十天时间里，朱熹除了连续进讲七次，内引留身奏事两次、面对一次、赐食一次外，还不停地上札奏事，其基本精神就是要宁宗皇帝收放心，正君德，纳忠言，远近习，行治道。各种奏札连珠炮似的砸向赵扩，使宁宗忍无可忍，降出"内批"一纸，实乃驱逐出御前经筵，朱熹仅在朝做了46天的帝王之师。十一月二十日，朱熹回到建阳考亭新居，将绍熙三年建于考亭居所之东龙舌洲上的精舍进行扩建，匾曰"沧州精舍"，决心息影考亭，做传道民间的学术素王，以讲学授徒、读书著述打发晚年。在沧州精舍授徒著述期间，朱熹仍与袁枢、陆游等众多学者保持着书信联系，议论国事，讨论学问。

庆元元年（1195）一月，袁枢过武夷，曾访朱熹。两人"相与仰德，不能忘怀也"（《朱文公文集·别集》卷一《答刘德修》书六）。

庆元二年（1196），因韩侂胄当权，排斥道学，朱熹理学被定为"伪学"。时任知江陵府（今荆州）的袁枢受到牵连，被劾罢职，提举太平兴国宫。袁枢回到老家，却也悠然自得，过隐居生活。其间，仍与朱熹保持着书信往来，谈论时政，交流学术。

庆元三年（1197）七月，朱熹修订《周易参同契考异》成，此时收到袁枢的校订本。中旬，朱熹女婿黄榦的母亲去世，自庐陵护丧归闽，约于二十日，朱熹起身赶往顺昌吊唁。八月七日，朱熹至顺昌，宿箕笃铺。夜晚，朱熹读袁枢《周易参同契》校订本，感慨良多，随手在书后书写自己的情怀：

予顷年经行顺昌，憩箕笃铺，见有题"煌煌灵芝，一年三秀，予独何为，有志不就"之语于壁间者，三复其词而悲之。不知题者何人，适与予意会也。庆元丁巳八月七日再过其地，旧题固不复见，而屈指岁月，忽忽余四十年，此志真不就矣！道间偶读此书，并感前事，戏题绝句："鼎鼎百年能几时，灵芝三秀欲何为？金丹岁晚无消息，重叹箕笃壁上诗。"晦翁。

（《朱文公文集》卷八十四，《题袁机仲所校〈参同契〉后》）

随后，朱熹即托人将自己的写本与袁枢校订本、济本送蔡渊（字伯静），请蔡渊"逐一对过，有合改处，并贴出子，细批注寄来，容再看修定，方可写白刊行"。（《朱文公文集·续集》卷三《答蔡伯静》书五）至年底，修订的《周易参同契考异》刊刻。

"从朱熹、袁枢二人的交往经历看，他们是相互唱和的诗友、相互砥砺的文友、相互促进的学友、相互论难的辩友。二人的文字之缘，从中年延续到晚年，前后将近三十年之久。"（方彦寿《朱熹与袁枢的文字之缘》）庆元六年（1200）、开禧元年（1205），闽北两位文化巨星相继陨落，但两人的不解之缘却载入史册，传为佳话。

（本文作者为武夷山朱子文化研究中心研究员）

朱子与辛弃疾

姜东成

辛弃疾，原字坦夫，后改字幼安，号稼轩，山东东路济南府历城县（今济南市历城区遥墙镇四凤闸村）人。南宋豪放派词人、将领，有"词中之龙"之称。与苏轼合称"苏辛"，与李清照并称"济南二安"。北宋被金人颠覆，山东被金国占领。辛弃疾出生于金国占领区，二十一岁参加抗金义军并南来归宋，曾任江西安抚使、福建安抚使等职。开禧三年（1207）秋，辛弃疾逝世，年68岁，追赠少师，谥忠敏。有词集《稼轩长短句》，现存词600多首，强烈的爱国主义思想和战斗精神是他词的基本思想内容。

辛弃疾画像

辛弃疾出生在南宋绍兴十年（1140年），比朱子小10岁，一个是桀骜不驯的文武全才，一个是皓首穷经的鸿儒，性格上两人虽有很大差别，却是一对意气相投的好朋友。他们之间友谊的基础首先是具有反对乞和、恢复失地的爱国共识，在没有见面之前，二人对双方事迹是各有所闻的。

淳熙二年（1175），辛弃疾任江西提点刑狱，曾镇压赖文政领导的茶商起义。淳熙五年（1178）七月，由朝臣转为湖北转运副使，先归上饶。八月，与从崇安来迎接刘珙灵柩的朱子见面于上饶。君子识君子，从此，两位胸怀天下社稷的鸿儒开始了长达二十余年推心置腹的交往。

淳熙七年（1180），辛弃疾在湖南安抚使任上，为整顿乡社，创建飞虎军。同年年底差除江西安抚使，与南康知军朱子共同修举荒政。辛弃疾担负起救荒使命，在大街上贴出赈济榜文，只用八字："劫禾者斩，闭粜者配！"朱子赞扬他，说这是为民担当并表示钦佩。在此后的任职上，两人在救济赈灾中相互配合，同舟共济。

后来发生了一件有趣的事，淳熙八年（1181），辛弃疾任江西安抚使，不知什么缘故用商船贩运牛皮，路经南康军被截获，经执法官员查问通关手续并不合理，货物被扣押。朱子《与黄商伯书》记载了这个尴尬的场面："辛帅（辛弃疾）之客舟贩牛皮过此，挂江西安抚占牌，以幕蒙蔽船窗甚密，而守卒仅三数辈。初不肯令搜检。既得此物，则持帅引来，云发赴浙东总所。见其不成行径，已令拘没入官。昨得辛书，却云军中收买。势不为已甚，当给还之，然亦殊不便也。"（《朱文公大全集·别集》）

虽然辛弃疾亲自写信来解释，朱子还是公事公办地没能放行手续不全的货船，但他们两人的友谊依然完好。

淳熙十四年（1187），陈亮写信给辛弃疾和朱子，相约到铅山紫溪商讨统一大计。但后来，朱子因故推辞了这次铅山之会，双方都倍感遗憾。

后来辛弃疾赴任福建提刑，专门拜访朱子请教论政。朱子赠他三句话："临民以宽，待士以礼，驭吏以严。"希望他要仁刑兼施，政教并化，宽严齐用。（《朱文公文集》卷八五）《答辛幼安》："光奉宸纶，起持宪节。昔愚民犯法，既申震聋之威；今圣上选贤，更作安全之计。先声攸暨，庆誉交兴。伏惟某官，卓荦奇才，疏通远识。经纶事业，有股肱王室之心；游戏文章，亦脍炙士林之口。韬车每出，必著能名；制阃一临，便收显绩。兹久真庭之逸，爰深正宁之思。当季康患盗之时，岂张敞处闲之日？果致眷渥，特畀重权。歌皇华之诗，既喻示君臣之好；称直指之使，想潜消郡国之奸。第恐赐环，不容暖席。熹苟安祠禄，获托部封。属闻斧绣之来，尝致鼎祔之问。尚烦缛礼，过委骈缄。虽双南金，恐未酬于郑重；况一本蕰，亦奚助于高明？但晤对之有期，为感欣而无已。"

崇安大桥朱子画廊浮雕：诗词唱和

绍熙三年（1192），辛弃疾退居十载后重新出仕，在赴闽途中到崇安拜访了武夷山下的朱子，朱子热情接待了他，陪他同游武夷风光。先前，朱子在武夷山曾作脍炙人口《九曲棹歌》十首，辛弃疾此次游武夷也诗兴大发，作《游武夷作棹歌呈晦翁十首》：

一水奔流叠嶂开，溪头千步响如雷。
扁舟费尽篙师力，咫尺平澜上不来。

山上风吹笙鹤声，山前人望翠云屏。
蓬莱枉觅瑶池路，不道人间有幔亭。

玉女峰前一棹歌，烟鬟雾髻动清波。
游人去后枫林夜，月满空山可奈何。

见说仙人此避秦，爱随流水一溪云。
花开花落无寻处，仿佛吹箫月夜闻。

千丈挽天翠壁高，定谁狡狯插遗樵。
神仙万里乘风去，更度槎丫个样桥。

山头有路接无尘，欲觅王孙试问津。
瞥向苍崖高处见，三三两两看游人。

巨石亭亭缺啮多，悬知千古也消磨。
人间正觅擎天柱，无奈风吹雨打何。

自有山来几许年，千奇万怪只依然。
试从精舍先生问，定在包牺八卦前。

山中有客帝王师，日日吟诗坐钓矶。
费尽烟霞供不足，几时西伯载将归？

行尽桑麻九曲天，更寻佳处可留连。
如今归棹如掤箭，不似来时上水船。

诗中将朱子比作"帝王师"和"姜子牙"，盼望朱子早日重新出仕，受到朝廷重用，足见辛弃疾对朱子的高度评价和推崇。

《宋史·辛弃疾传》中提到："弃疾尝同朱熹游武夷山，赋《九曲棹歌》，熹书'克己复礼，夙兴夜寐'题其二斋室。"

辛弃疾唯一传世真迹《去国帖》，此帖书法中锋用笔，点画尽合法度，书写流畅自如，浑厚沉婉，笔意略显苏黄遗规。虽无豪纵恣肆之态，亦不失方正挺拔之气，为辛弃疾仅见的墨迹珍品。原文：

弃疾自秋初去国，悠忽见冬，詹咏之诚，朝夕不替。第缘驱驰到官，即专意督捕，日从事于兵车羽檄间，坐是倥偬，略无少暇。

起居之问，缺然不讲，非敢懈怠，当蒙情亮也。指吴会云间，未龟合并。心旌所向，坐以神驰。右谨具呈。宣教郎新除秘阁修撰，权江南西路提点刑狱公事，辛弃疾札子。

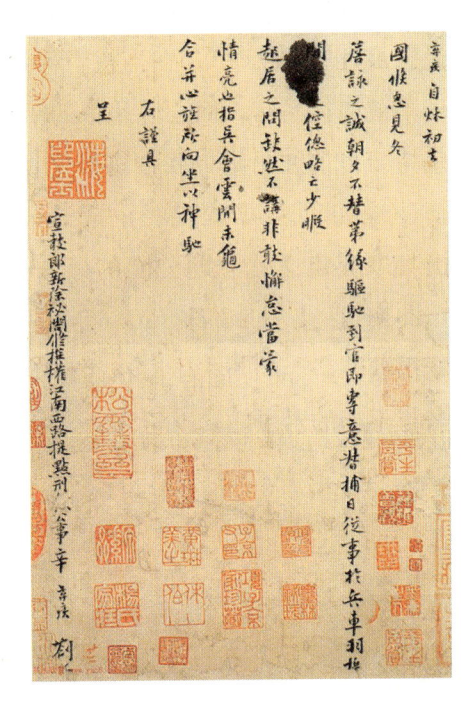

辛弃疾书法《去国帖》

辛弃疾与朱子不寻常的交往令人钦佩。辛弃疾认为自唐尧以来的几千年中，能与朱子相比的仅有二三人。他所作的《酬朱晦翁》诗曰：

西风卷尽护霜筠，碧玉壶天月色新。
凤历半千开诞日，龙山重九逼佳辰。
先心坐使鬼神伏，一笑能回宇宙春。
历数唐尧千载下，如公仅有两三人。

庆元六年（1200）三月初九，朱子病逝，消息传来，辛弃疾十分悲痛，作《感皇恩·读〈庄子〉，闻朱晦庵即世》一词悼念："案上数编书，非《庄》即《老》。会说忘言始知道，万言千句，不自能忘堪笑。今朝梅雨霁，青天好。一壑一丘，轻衫短帽。白发多时故人少。子云何在，应有《玄经》遗草。江河流日夜，何时了!"词末蕴含杜甫诗句"尔曹身与名俱灭，不废江河万古流"，来赞扬朱子必将名垂千古。

当时朱子的学说已被诬为"伪学"，在当权者韩侂胄一派的压力下，许多朱子的门人弟子不敢前往吊唁，而心境悲凉的辛弃疾不顾这些，虽不是道学中人，却坚持亲自前往吊唁，并撰写祭文说："所不朽者，垂万世名；孰谓公死，凛凛如生。"辛弃疾一语成谶，800多年后，2014年12月14日，铅山县辛弃疾文化主题公园的标志性建筑——32米高的辛弃疾雕像落成。2016年12月17日，23.6米高的朱子雕像在武夷山五夫朱子文化广场揭幕。辛弃疾与朱子同在武夷山脉下遥首相望，历史见证了他们的伟名与不朽的君子之交。

（本文作者为武夷山朱子文化研究中心研究员）

朱子与陆游

黄胜科

朱熹一生广交朋友，与之交往最深的朋友，除了肝胆相照的辛弃疾外，就是伟大的爱国诗人陆游了。朱熹与陆游的深厚友谊是建立在两人共同的抱负和爱国主义思想基础上的。两人出生在靖康之变前后，成长在偏安的南宋，民族的矛盾、国家的不幸、家庭的流离，相同的经历给他们幼小的心灵带来了不可磨灭的印记，并都深受家庭爱国思想的熏陶，因而始终把洗雪国耻、收复失地作为自己的毕生事业。

陆 游

陆游（1125—1210），字务观，越州山阴（今浙江绍兴）人，南宋文学家、史学家、爱国诗人。高宗时应礼部试，因受秦桧排斥而仕途不畅。孝宗即位后，赐进士出身，历任福州宁德县主簿、敕令所删定官、隆兴府通判等职，因坚持抗金，屡遭主和派排斥。乾道七年（1171），应四川宣抚使王炎之邀，陆游投身军旅，于幕府任职。次年，幕府解散，陆游奉诏入蜀，与范成大相知。光宗继位后，升为礼部郎中兼实录院检讨官，不久即因"嘲咏风月"罢官归居故里。嘉泰二年（1202），宁宗诏陆游入京，主持编修孝宗、光宗《两朝实录》和《三朝史》，后官至宝章阁待制，晚年退居家乡。陆游一生笔耕不辍，创作诗歌今存

9000多首，内容极为丰富，著有《剑南诗稿》《渭南文集》《南唐书》《老学庵笔记》等，诗词文俱有很高成就。其诗语言平易晓畅、章法整饬谨严，兼具李白的雄奇奔放与杜甫的沉郁悲凉，写出对时代的期望和失望、对民族的热情与愤慨，对后世影响深远。

陆游与朱熹初识于淳熙初年。淳熙二年（1175），陆游因主和势力诋毁他"不拘礼法""燕饮颓放"被免去蜀州参议官之职。这时陆游已年届半百，勘破世事，本已老气横秋，加上对"燕饮颓放"的罪名异常反感，就干脆自称"放翁"，以反击主和派，后人也称他"陆放翁"。淳熙五年秋，陆游被起任福建常平茶盐公事（即提举常平茶盐司的主管，管理平常税收、茶叶税收、盐业税收，大约相当于当时的福建路税务主管），是年冬到建宁任所（提举司在建宁），与朱熹弟子方士繇关系密切。而此时闲置任武夷山冲佑主管的朱熹因淳熙五年八月，以史浩荐差知南康军，为请辞事多次到建宁府，可与陆游相见。因相同的抱负和忧国忧民的思想，两人很快成为知己，无所不谈。

淳熙六年（1179）三月底，朱熹因多次辞免不准，到达南康交接郡事，接着就雷厉风行，颁发榜牒，养民力，敦风俗，砥士风，整顿军学，并四处寻找白鹿洞书院旧址，筹措修复。是年秋，陆游被任为江西常平提举，主管粮仓、水利事宜。北上赴任时，途经武夷山黄亭（今兴田），夜宿黄亭，有《黄亭夜雨》诗一首："未到名山梦已新，千峰拔地玉嶙峋。黄亭一夜风吹雨，似为游人洗俗尘。"（《全宋诗》卷二一六四。清代的董天工将这首诗收入其编写的《武夷山志》时改题为《初入武夷》，"黄亭"改为"幔亭"）陆游到武夷山时，惜朱熹已赴南康军任，没能相见。陆游游武夷山，泛舟九曲，又有《泛舟武夷九曲溪至六曲或云滩急难上遂回二首》《游武夷山》等诗。

淳熙七年（1180）三月，白鹿洞书院建成，为了扩充书院的藏书，朱熹将刘仁季送给他个人、作为替其先父作答谢之礼的《汉书》四十四通转送给书院，又广发信札，向江西各郡以及社会各界人士征集藏书。时任江西常平提举的陆游对朱熹的义举大力支持，并向书院捐书。朱熹在给他在豫章的学生黄商伯的信中曾提到此事："白鹿洞成，未有藏书。欲干两漕，求江西诸郡文字，已有札子恳之，及前此亦尝求之陆仓矣。"（《文集·别集》卷六，《与黄商伯》书二十）信中的"陆仓"即陆游。

淳熙七年（1180），江西水灾，陆游号令各郡开仓放粮，并亲自"榜舟发粟"。同时上奏朝廷告急，请求开常平仓赈灾。十一月，陆游奉诏返京，临行前致书朱熹，请朱熹为法杨所藏《周元翁帖》作跋。朱熹不负好友所托，为作《跋周元翁帖》。陆游至京城，给事中赵汝愚借机弹劾他赈灾中"不自检饬、所为多越于规矩"。陆游愤然辞官，重回山阴老家。

淳熙八年（1181）夏，浙江七州四十余县暴发罕见的洪水灾害，至秋，又遭遇严重的旱灾。新任右相王淮看中了赈灾有方的朱熹，荐举他前往浙东赈灾。于是，朝廷任朱熹为提举浙东茶盐公事，前往赈灾。陆游闻讯，特写《寄朱元晦提举》诗：

> 市聚萧条极，村墟冻馁稠。
> 对分无积粟，告籴未通流。
> 民望甚饥渴，公行胡淹留。
> 征科放宽否？尚及麦禾秋。
>
> （《剑南诗稿》卷十四）

诗文描绘出浙东大灾之后市井萧条，冻死饿死者遍地的凄凉景象和灾民处境，揭示出灾民的绝望和对官府赈济不力的指斥，提请朱熹早日就任赈济灾民，表露出对朱熹的期望。朱熹果然不负好友所望，淳熙九年（1182）正月初四，朱熹与爱徒黄榦在任上草草过了年，就风风火火地投入济民赈灾中。他们轻车简从，深入各州县巡视调查，一路上，巡查民情，拨钱施粮，上札呈报灾情，乞请减免税赋，弹劾不法官吏……但朱熹雄心勃勃地赈灾惩贪，却处处受阻：蠲除税租、禁止苛扰的奏请几乎没有一条得到朝廷的"恩准"，分拨各州的钱粮遭到地方官吏的侵吞中饱，赈荒救灾虽有一点业绩，但离朱熹的原意相去甚远。他掀起了一阵惩贪的强劲风暴，但腐败的南宋封建统治者依靠姻亲戚友、门生故吏组成的官官相护关系网，牵一发而动全身，朱熹的奏劾在官网面前显得太无力了，不仅没有奏倒一个人，反而屡遭中伤，给自己惹来不测之祸。陆游深为好友不平，他在给曾逮的信中一语道出其中症结，"东人流殍满野……朱元晦衢、婺未还，此公寝食在职事，但恐儒生素非所讲，又钱粟有限，事柄不颛，亦未可责其必能活此人也"（《六艺之一录》卷三百九十五），为朱熹鸣不平。朱熹虽横流独抗，却无力回天。至八月十八日，浙东赈灾前后仅八个月，他就被剥夺浙东提举之职，改除江西提刑。九月十二日，朱熹巡历到衢州常山县，正式接到朝廷改任江西提刑的公文。他深感"所劾赃吏，党羽众多，棋布星罗，并当要路。自其事觉以来，大者宰制斡旋于上，小者弛骛经营于下"（《朱文公文集》卷二十二，《辞免江西提刑奏状》），当日即上状辞免，并修书告知陆游自己弃官请祠。辞状送出后，也不等回复，收拾行装，愤然南归。九月下旬，朱熹回到了武夷山，又开始了他读书、著述、会友的生活。

武夷宫全景（古冲佑观）（于崇高　摄）

朱子与陆游

淳熙十年（1183）正月，在多次辞免请祠下，54岁的朱熹再次获准请祠，差主管台州崇道观。但他并没到职（当时祠官也不需到职），而是寄住在武夷山九曲溪四曲溪北金谷洞，拿出自己所有的积蓄，在武夷山五曲溪北隐屏峰下鸠工采料，亲自擘画、营建第三所书院——武夷精舍，开始他隐居山中讲学著述的生活。

淳熙十年（1183）四月十六日，武夷精舍初成，朱熹作《武夷精舍杂咏十二首》。落成之日，学友门人应朱熹之约会于武夷山。五曲溪畔、隐屏峰麓，吟哦诗歌的抑扬顿挫之声悠长动听，一阵阵的欢声笑语更是令人心旷神怡。此时陆游正闲居山阴老家，虽未赴约，也寄来《寄题朱元晦武夷精舍》诗五首：

> 先生结屋绿岩边，读易悬知屡绝编。
> 不用采芝惊世俗，恐人谤道是神仙。
>
> 蝉蜕岩间果是无？世人妄想可怜渠。
> 有方为子换凡骨，来读晦翁新著书。
>
> 身闲剩觉溪山好，心静尤知日月长。
> 天下苍生未苏息，忧公遂与世相忘。
>
> 齐民本自乐衡门，水旱那知不自存。
> 圣主忧勤常旰食，烦公一一报曾孙。
>
> 山如嵩少三十六，水似邛崃九折途。
> 我老正须闲处着，白云一半肯分无？
>
> （《剑南诗稿》卷十五）

诗中表达了陆游对武夷精舍落成的祝贺和对朱熹在武夷山的讲学生涯的羡慕，并指出，朱熹刻苦治学的目的在于济世救民，而不是遁世自乐，婉转地批评世间那些追逐功名、趋炎附势之辈，奉劝他们放弃"蝉蜕"成仙的妄想，认真"读晦翁新著书"。同时，满怀报国热情的陆游也语重心长地劝勉朱熹"天下苍生未苏息，忧公遂与世相忘"，不要只顾闭门读书，忘记国事。

其实，朱熹又何尝忘却国事呢？在始建武夷精舍时，朱熹就曾作《感春赋》以寄不忘忧世之意。在营建武夷精舍期间，朱熹还曾致札福建安抚使赵汝愚，为其谋划闽中附籍、盐法诸事。

淳熙十一年（1184）七月，闽中大旱，朱熹与安抚使赵汝愚谋议荒政。

淳熙十五年（1188）六月七日，朱熹怀抱着匡正君心和大修军政的《戊申奏札》奏事延和殿。十一月七日，朱熹又上"称得上南渡以来第一篇奏疏文字，是朱熹生平对南宋社会的一次登峰造极的全面解剖，也是理学家用正心诚意之学解决社会迫切现实问题的著名范例"（束景南《朱熹研究》第178页）的《戊申封事》。

淳熙十六年（1189）二月二日，孝宗内禅，光宗即位。朱熹草拟十项内容的《己酉拟上封事》，准备再上封事，以为新政之助，因光宗没有降诏求直言而未上。十一月，徐庚（字载叔）入都叩阍上书，给朱熹寄去奏章及陆游《寄题徐载叔秀才东庄》诗：

次公醒狂何必酒，直谅多闻俱可友。
万签插架号东庄，多稼连云亦何有。
今年偶入长安城，不识贵人呼作卿。
南台中丞扫榻见，北门学士倒屣迎。
郎官酸寒谁肯顾，君来下马谈至莫。
东庄虽富未可矜，更要纵横开武库。①

（《剑南诗稿》卷二十一）

---

① 自注：东庄乃藏书之所

十二月，朱熹回书，勉励徐庚从"治体根本"上奏论，称他上书"为排云叫阍之举，此意甚壮。示及稿草，词气奔放，而叙事详密……所论亦切中今日之弊"，并盛赞陆游的诗"读之爽然，近代唯见此人为有诗人风致。如此篇者，初不见其著意用力处，而语意超然，自是不凡，令人三叹不能自已"。（《朱文公文集》卷五十六，《答徐载叔》书一）

绍熙元年（1190）二月中旬，年逾花甲的朱熹第四度出山，南下任漳州知州。四月二十四日，到达漳州，交割上任。上任伊始，就雷厉风行地实施蠲横赋、正经界、敦风俗、播儒教等一系列更革。但上任不足一年，绍熙二年正月二十四日，朱熹年仅38岁的长子朱塾在婺州病逝。朱熹悲痛欲绝，加上在漳州推行正经界半途而废，朝中反对儒道之人又被重用，便怀着悲愤的心情，以回乡为长子料理后事为由，上书乞祠。处理完长子的后事，朱熹开始在建阳城郊的考亭筹划修建新居，决意把父亲曾为之惊叹的考亭作为终老归隐之处，借以寄情养性，专心著述，以实现父亲的遗愿。

绍熙三年（1192）六月，考亭新房落成，朱熹迁入新居，开始了他中断了一年多的学术著述与思想探索，著文授徒，并与陆游、杨万里、袁枢、陈文蔚、周必大等众多学者保持着书信联系，议论国事、讨论学问。

庆元三年（1197）夏，朱熹弟子严居厚赴官剡中。临行前，朱熹要他去拜望陆游，特赠《题严居厚溪庄图》诗：

> 平日生涯一短篷，只今回首画图中。
> 平章个里无穷事，要见三山老放翁。
> （《朱文公文集》卷九）

陆游也作《次朱元晦韵题严居厚溪庄图》：

> 鹤俸元知不疗穷，叶舟还入乱云中。
> 溪庄直下秋千顷，赢取闲身伴钓翁。
> （《剑南诗稿》卷三十六）

庆元三年（1197）十二月，天寒地冻，鹅毛大雪铺天盖地压向闽北大地。这时，朝廷在奸臣把持下，正式宣布实行"伪学""伪党"之禁，这就是有名的"庆元党禁"。遭受株连、打击的共有59人，朱熹被列为待制以上官员13人之首。一些立场不坚定的人，纷纷与朱熹断绝关系。但陆游始终如一地与朱熹保持密切的关系，诗书往还不断。

年近古稀的朱熹得知这个变故时，气得浑身颤抖，唏嘘不已。蓦地里，他想起数日前绍兴传来挚友陆游丧妻的消息和陆游题为《自伤》的悼亡诗，不禁自言自语地说道：务观兄已届风烛残年，同我一样也是卧床不起的老翁了，却被朝廷贬回绍兴老家，过着贫病交加的老年生活。叹罢，朱熹唤来贴身护侍，请他委托赴京禀事的人员，在便中为陆游捎去一条闽北的特产纸被，聊表"千里送鹅毛，礼轻情义重"之意。

纸被，是用竹子加工成竹丝、竹绒后，经过精巧编织而成的一种御寒的丝绒被子。它的特点是轻如锦缎，薄若棉纸，睡眠时贴身熨盖，温暖如春。当纸被辗转送到千里之外的绍兴时，陆游感激得不能自制，颤抖着双手，即兴写下《谢朱元晦寄纸被》两首：

木枕藜床席见经，卧看飘雪入窗棂。
布衾纸被元相似，只欠高人为作铭。

纸被围身度雪天，白于狐腋软于绵。
放翁用处君知否？绝胜蒲团夜坐禅。

（《剑南诗稿》卷三十六）

"放翁用处君知否？绝胜蒲团夜坐禅。"意即您知道我接受了你馈赠的纸被后做什么用吗？我是把它盖在身上闷头大睡，这比彻夜坐在蒲团上苦思冥想，不知道要胜过多少倍呢！以此语意深长地告诫正在罹难中的朱熹，此时担忧国事，彻夜不眠，倒不如盖着纸被，闷头大睡，保重身体，先躲过这场劫难再说。第二年春天，朱熹收到陆游的感赋诗，无声地苦笑了一阵，领会了挚友要他韬晦自保的用意。但是，朱熹毕竟年老体衰了，只韬晦了两年，还没等到伸张正义的那一天就忧愤而终。远在浙东的陆游听到噩耗悲恸欲绝，老泪纵横，不停抚摸着朱熹馈赠的纸被。

庆元五年（1199）五月，陆游挂冠致仕，与朱熹屡有书信往来。这期间，朱熹还应请为陆游作《老学斋铭》。他在《答巩仲至》书中曾提到此事："向已许为放翁作《老学斋铭》……放翁诗书录寄，幸甚。此亦得其近书，笔力愈精健。"（《朱文公文集》卷六十四）五月三十日，朱熹爱徒方士繇卒，朱熹作《祭方伯谟文》，陆游为作《方伯谟墓志铭》，称"朱公之徒数百千人，伯谟甫年尚少，而学甚敏，不数年，称高弟……所以熏陶器质，涵养德业，靡奢浸渍，以至于广大高明者，盖朱公作成之妙，而伯谟甫有以受之也。伯谟甫既见朱公，即厌科举之习，久之，遂自废，不为进士，专以传道为后学师"（《渭南文集》卷三十六），高度评价朱熹和方士繇的道家思想。

庆元五年（1199）七月二十日，陆游好友陈希真造访朱熹，带来陆游《北舍晚步》诗稿。朱熹作《跋陆务观诗》。

庆元六年（1200）初，朱熹多次修书山阴的陆游，恳请其为方士繇父亲方丰之（字德亨，号北山）诗集作序。四月，陆游作《方德亨诗集序》。

庆元六年（1200）三月，朱熹病逝于建阳考亭。年已七十六高龄的陆游，无法前来凭吊，特从浙江山阴寓所寄来《祭朱元晦侍讲文》，祭文曰："某有捐百身起九原之心，有倾长河注东海之泪。路修齿耄，神往形留。公殁不忘，尚其来飨！"（《剑南诗稿》卷四十一）仅仅35字，却凝聚着陆游对志同道合、相知相交20余年的好友无限真挚之情、无比痛惜之意，表达了他对朱熹的深切思念和极高的评价。

（本文作者为武夷山朱子文化研究中心研究员）

朱子与吴楫

陈国代

朱子在武夷山下生活数十载，杜门求志，精研儒典，以道德修养淳厚和学术造诣精湛而为世人所敬仰，故而吸引来不少士子从学或从游，其中就有吴楫。吴楫，字公济，号悦斋，居建宁府崇安县开耀乡内五夫里白水村，与朱子往来数十年。

一、士友交往与诗词唱和

（一）吴公济送特产

隆兴元年（1163）春，吴楫以建宁府贡生的身份去"试礼部"，赴临安春闱考试前，亲自给朱子送来四款山中特产，同时附上咏蓴、芹、笋和蕨之诗。朱子作《公济惠山蔬四种并以佳篇来贶因次其韵》（《文集》卷六）：

蓴

灵草生何许？风泉古涧傍。褰裳勤采撷，枝筯嚏芳香。
冷入玄根冈，春归翠颖长。遥知拈起处，全体露其常。

芹

晚食宁论肉？知君薄世荣。琼田何日种？玉本一时生。
白鹤今休误，青泥旧得名。收单还炙背，北阙傥关情[1]。

---

[1] 诗末自注云：时公济试礼部。

笋

新笋因君寄，康庐入梦中。丹元余故宅，翠竹尚余风。
日日来威凤，年年馈箨龙。犹嫌有兼味，不似一源功①。

蕨

西山采蕨人，蓬首尚倾国。怀哉远莫致，引脰气已塞。
倾筐忽堕前，此意岂易得？良遇不可迟，枯筇有余力。

诗中交代大自然的赠予和劳动者的勤劳，友人得以分享山蔬，乡野生活充满趣味。有一年临近端午节，吴楫把菖蒲作为节日礼物送给朱子。朱子作《谢吴公济菖蒲》（《文集》卷十），以诗答谢：

> 翠羽纷披一尺长，带烟和雨过书堂。知君别有臞仙种，容易难教出洞房。

吴楫冒着夏雨，一大早就来到朱子居住的紫阳楼。朱子在紫阳书堂接见好友，看到吴楫容貌改变，身体清瘦，但精神矍铄，以臞仙比况朋友，同时也说明吴楫过着耕读生活，深居简出，较少出门走亲访友。

（二）筑山亭邀同游

吴楫参加春闱考试，没有通关，退居田里，筑风泉亭，遂主盟林壑，邀约诗朋好友前来消夏。朱子游赏胜景，欣喜作《题吴公济风泉亭》（《文集》卷六）：

> 涧谷居永久，高情未云酬。兹焉发天秘，始造寒岩幽。
> 上有茂树阴，下有清泉流。结亭倚苍峭，凿磴穷嵌丘。
> 翠壁自屏立，青藓亦环周。揭来憩永夏，凛若临清秋。

---

① 诗末自注云：庐山简寂观道士陆修静之所居，从远法师莲社之游，赐号丹元先生。观有甜苦笋，今者所惠，乃甜笋也。

仰空韵笙竽，俯槛锵琳璆。幽听一以会，悠然与神谋。遐哉超世心！暇日聊娱忧。笑问车马客，谁能淹此留？

武夷山隐屏峰下赏月亭

吴楫小时候挺有自信心，诗文写得好，由县学升州学，为参加科举考试做好准备，绍兴末考取乡贡，"自雄其才，谓功名可立取"，但参加礼部主持的会试，却没有取得满意成绩，内心世界受到强烈冲击，情绪也变得消沉，以至于绝意仕进，打起退堂鼓。朱子经历过科举三级考试，知道科场竞争激烈，能体会参与者的甘苦，对朋友消极的"超世心"采取保留态度，于是作《再题吴公济风泉亭》（《文集》卷六）劝解朋友：

华林翠磵响风泉，竟日闲来石上眠。更结危亭俯幽听，未妨长作地行仙。

"地行仙"一词，原为典籍中所记的一种长寿之神仙，朱子借来比喻隐逸闲适的人，用以宽慰一时失意者。诗的用意在于劝导吴楫身入华林翠涧，可学陶渊明一般超然石上眠，或在高亭听落泉俯清流，或静沐清风，尽情享受大自然的无私馈赠，洗脱不必要的人事烦恼。

（三）同登庐峰云谷

淳熙元年（1174）三月，朱子、蔡元定和吴楫等人登上高耸入云的庐峰，来到与世隔绝的云谷晦庵草堂。吴楫不禁作诗咏唱，引发朱子作《云谷次吴公济韵》（《文集》卷六）：

> 昔营此幽栖，邈与世相绝。誓将百年身，来守固穷节。
> 心期苦未遂，岁月一何阔！终然匹夫志，肯遽甘没没？
> 兹晨复登瞰，目尽云一抹。激烈永啸余，朗寥高韵发。
> 夫君内德备，不学王骀兀。观心见参倚，出世自英杰。
> 揭来肯顾我，同去弄云月。微言得深扣，大句亦孤拔。
> 多谢警疏慵，未敢叹瞻忽。更问毫厘间，是同端是别？

诸友在云谷山头主要开展学术活动，作诗则为日常交流的特殊记录，其中多含交规自警之意。

二、往复论学与正面引导

（一）论辩儒释之异

从"微言得深扣"和"更问毫厘间，是同端是别"，可以看出朱子与诸友在云谷草堂论学之端倪。"微言"是"圣人之微言"之缩语，"毫厘间"是《易》所谓"差之毫厘，谬以千里"之缩语，"是同端是别"则是问儒与释的异同区分。此外，朱子给大弟子蔡元定的书信也能反映朱子与士友的论学问题。朱子说："公济山头日用工夫之问，见季通未有端的应答。彼说虽偏，然吾辈之所以自治者如此之鲁莽，几何其不为不如稊稗之五谷耶？两日欲奉扣，因循不暇，亦苦疲惫，无好意思，遂不能及。今试请加省察，果以何地为进德之基也。归来又得伯恭书，云学者须是专心致志，绝利一源，凝聚停蓄，方始收拾得上。此言甚当，不敢不以告也。"①。蔡元定回答如何下"日用工夫"不够准确，吴楫自然不满意。朱子回到五夫后，作了检讨，提请蔡元定加意省察，并将吕祖谦来信所云"学者须是专心致志，绝利一源，凝聚停蓄，方始收拾得上"相告。可见其中"日用工夫"与"以何地为进德之基"应当是焦点，但讨论则是围绕"尊德性，道问学"而展开。探讨为学功夫，属方法论范畴，而功夫论的探讨必然要贯穿到具体问题的内容探讨，也就是格物穷理，即事明理。

朱子与吴楫等人在云谷讨论学问的内容应当很丰富，一些话题保留在朱子答复吴楫的一封书信②里：

> 来书云："儒、释之道，本同末异。"熹谓本同则末必不异，末异则本必不同，正如一木是一种之根，无缘却生两种之实。
>
> 来书云："夫子专言人事生理，而佛氏则兼人鬼生死而言之。"熹按伯谏书中亦有此意，已于答伯谏书中论之矣，他日取观，可见鄙意。抑又有说焉：不知生死人鬼为一乎，为二乎？若以为一，则专言人事生理者，其于死与鬼神固已兼之矣，不待兼之而后兼也。若须别作一头项穷究晓会，则是始终幽明却有间隔。似此见处，窃恐未安。
>
> 来书云："夫子罕言之者，正谓民不可使知，恐闻之而生惑。"熹谓圣人于死生鬼神虽不切切言之，然于《六经》之言、格物诚意之方、天道性命之说，以至文为制度之间、名器事物之小，莫非示人以始终幽明之理，盖已无所不备。若于此讲究分明而心得之，则仰观俯察，洞然其无所疑矣，岂闻之而反有所惑邪？但人自不学，

---

① 朱熹《晦庵先生朱文公文集·续集》卷二《答蔡季通书六十三》，上海古籍出版社、安徽教育出版社，2002，第4688页。

② 朱熹《晦庵先生朱文公文集》卷四十三《答吴公济》，上海古籍出版社、安徽教育出版社，2002，第1960页。

故圣人不能使之必知耳，非有所秘而不言也。今乃反谓圣人秘而不言，宜其惑于异说而不知所止也！

来书云："贤士大夫因佛学见性，然后知夫子果有不传之妙。《论语》之书，非口耳可传授。"熹谓《论语》固非口耳所可传授，然其间自有下工夫处，不待学佛而后知也。学佛而后知，则所谓《论语》者，乃佛氏之《论语》，而非孔氏之《论语》矣。

来书云："因《语》《孟》见理，然后知佛氏事理俱无碍之说。"熹按上文言因佛学见性，此言因《语》《孟》见理，理与性同乎，异乎？幸剖析言之，以晓未悟。但恐真见《语》《孟》所言之理，则释氏事理无碍之间所碍多矣。

来书云："幽明之故，死生之说，昼夜之道，初无二理。明之于幽，生之于死，犹昼之于夜也。鬼神之情状，见乎幽者为不可诬，则轮回因果之说有不可非者。谓上智不在此域可也，谓必无是理不可也。"熹窃谓幽明、死生、昼夜固无二理，然须是明于大本而究其所自来，然后知其实无二也。不然，则所谓无二者，恐不免于弥缝牵合，而反为有二矣。鬼神者，造化之迹（伊川语），乃二气之良能也（横渠语），不但见乎幽而已。以为专见乎幽，似此未识鬼神之为何物，所以溺于轮回因果之说也。（"幽则有鬼神"者，对礼乐而言之。）大抵未尝熟究圣人《六经》之旨，而遽欲以所得于外学者笼罩臆度言之，此所以多言而愈不合也。至又谓不可谓无此理，特上智不在此域，此尤害理。盖不知此理是合有邪，合无邪？以为不可谓必无是理，则是合有也。合有，则盈天地之间皆是此理，无空阙处，而上智之人独不与焉，不知又向甚处安身立命？若是合无，则凡此所谓不可无之理，乃众生之妄见而非真谛也。此其与圣人之心大相远矣，而曰圣人无两心，吾不信也。

朱子认真辨析吴楫来信所及的六大问题，并予以解释，重点落在引导朋友"熟究圣人《六经》之旨"，以儒家智慧来判定儒释之异。

（二）勉以教外之乐

自绍兴二十八年（1158）正月以来的多年里，朱子先后与导师李侗、表叔汪应辰、同门友罗博文、表弟程洵等人开展"儒释异同"的问题讨论，尤其在隆兴二年（1164）七月作《杂学辨》，严肃批驳四大名流苏轼、苏辙、张九成和吕本中"阳儒阴释"的杂学思想，对士林学风影响甚大。乾道五年（1169）九月初五，七十岁的祝夫人去世。朱子在五夫守母丧，按丧祭礼规定行事，大量时间用于研究儒家信奉的"至理"。乾道七年二月，吴楫见朱子耕作不辍，日子过得十分清苦，就勉其放下笔砚，去寻找"教外之乐"。朱子作《公济和诗见闵耽书勉以教外之乐以诗请问二首》（《文集》卷六）云：

> 至理无言绝浅深，尘尘刹刹不相侵。
> 如云教外传真的，却是瞿昙有两心。
> 未必瞿昙有两心，莫将此意搅儒林。
> 欲知陋巷忧时乐，只向韦编绝处寻。

"尘刹""教外"与"瞿昙"，代指外来的佛教，与儒林分属不同。"陋巷乐"与"韦编绝"，就是孔颜之乐，乐于求先王大道。显然，朱子明确儒释之道不同，且亮明观点告诫吴楫"莫将此意搅儒林"，批评吴楫"勉以教外之乐"不可取。

（三）讲明性理之学

乾道七年（1171）二月，朱子有《寄吴公济兼简李伯谏五首》诗（《文集》卷六）：

> 客子归来春未深，只应寒雨罢登临。
> 闲窗竟日焚香坐，一段孤明见此心。
> 三径莓苔昼掩关，君来问道却空还。
> 从今蜡屐应无恙，有兴何妨再入山！

朱子与吴楫

盘翁别去久无书，可复因循自作疏。
珍重寄声烦问讯，个中消息定何如？
繁弦急筦盛流传，清庙遗音久绝弦。
欲识寥寥千古意，莫将新语勘尘编。
忆昔殊方久滞淫，年深归路始駸駸。
傍人欲问箪瓢乐，理义谁知悦我心？

"君来问道却空还"，乃朱子因事外出，吴楫没能见到朋友，失去当面问学、讲释所疑的机会。"盘翁"即李宗思。朱子在第四首诗末，对"新语"加注云"谓盐官《中庸》"，这与朱子给李宗思的一封书信联系起来看，便知道用意。该信说："来书云，《盐官讲义》'急于学者见道，便欲人立地成佛'。熹于前段已论之矣。然其失亦不专在此，自是所见过'中'，无着实处，气象之间，盖亦可见。"[①] 朱子所言"前段已论之"，即同书所录："来书云，特圣人以中道自任，不欲学者躐等。熹谓此正是王氏'高明处己，中庸处人'之说，龟山尝力诋之矣。须知所谓'不欲学者躐等'者，乃是天理本然，非是圣人安排教如此，譬诸草木，区以别矣。且如一茎小树，不道他无草木之性，然其长须有渐，是亦性也。所谓'便欲人立地成佛'者，正如将小树来喷一口水，便要他立地干云蔽日，岂有是理？设使有此幻术，亦不可谓之循理，此亦见自私自利之规模处。"不依事物发展规律循序渐进，是不切实际的。

盐官《中庸》解义与《盐官讲议》，是钱塘人陆韶之子陆景端（字子正）为盐官监税时的作品，也被李宗思和吴楫等人所喜欢。因为陆子正从学于小程子伊川先生的晚年得意门人尹焞，人们总以为其有学术思想渊源，却不知道二程后学的学术分化，有的人援佛入儒，有的人阳儒阴佛，成为世俗化的杂学。李宗思与吴楫同窗共学，同师相好，同时参

---

① 朱熹《晦庵先生朱文公文集》卷四十三《答李伯谏书一》，上海古籍出版社、安徽教育出版社，2002，第1958页。

加科举考试，两人学问趋向一致，给朱子的信件中有"便欲人立地成佛"，便是直接引用禅宗惯用语。纵观千百年来世间芸芸众生，有几人顿悟立地成佛？大凡提倡顿悟，会误导无数人陷入释氏"一闻千悟""一超直入"之虚谈境地。以此之故，朱子予以批评。

朱子给蔡元定一封信中说："公济、伯谏得书否？某归途过伯谏，见收公济书，大段手忙脚乱也。"① 这是朱熹乾道七年（1171）九月里从政和返回途中特地过建安访李宗思，宿其家而获得的信息，从一个侧面反映出吴楫处于某种困境之中。十月，朱子给蔡元定信中说："前书所喻公济论难反复之语，不谓其所见乃如此。初欲归途过之，今日已迫矣，恐未能。但恐终亦难话也。"② 吴楫和李宗思深受释氏影响，学术思想显得驳杂，故而朱子和蔡元定要与之反复辩论，讲明性理之学，希望朋友能改过自新，回到正确的道路上来。十一月，朱子给蔡元定的信中说："公济孤立，甚可念，恨无力能挽回耳。"③ 当然，吴楫对朋友责善之举，不能置之不理；朱子对朋友改过自新，则有期待。

三、真情期望与善意批评

（一）朱熹遣子事之

朱子的儿子朱塾、朱埜，分别出生于绍兴二十三年（1153）七月、绍兴二十四年七月，至乾道七年（1171），年届十八九岁，此前除接受庭训之外，也接受过父亲友人如陈焞、欧阳光祖与弟子如蔡元定、林择之的教育。由于陈焞、蔡元定生活在建阳，林择之老家在古田，欧阳光祖尝在外谋生，诸人到紫阳书堂讲学授徒的时间都有限。吴楫所居之地

---

① 朱熹《晦庵先生朱文公文集·续集》卷二《答蔡季通书一百四》，上海古籍出版社、安徽教育出版社，2002，第4698页。

② 朱熹《晦庵先生朱文公文集·续集》卷二《答蔡季通书九十四》，上海古籍出版社、安徽教育出版社，2002，第4696页。

③ 朱熹《晦庵先生朱文公文集》卷四十四《答蔡季通书五》，上海古籍出版社、安徽教育出版社，2002，第1993页。

朱子与吴楫

与五夫不算远，朱子有时令儿子向公济问学。然而，朱子也看出身为塾师的吴楫过度喜好静坐，对待诸生并不太上心。后来朱子向廖德明说："向见吴公济为此学，时方授徒，终日在里默坐。诸生在外，都不成模样，盖一向如此不得。"① 故而朱子让长子到金华师事吕祖谦。

而朱子与吴楫的交往仍在继续，仍有讲论切磋，仍有诗词唱和。淳熙三年（1176）重九，朱子有《奉和公济兄留周宾之句》（《文集》卷六）：

> 端居感时序，驾言谁适从？聊携二三子，杖屦此日同。
> 悠哉素心人，宴坐空岩中。真成三秋别，梦想情何穷。
> 行行陟崇冈，引脰希高风。忽然两相值，俯仰迷西东。
> 鱣堂偶休闲，鸡黍聊从容。不辞腰脚劳，共上西南峰。
> 佩萸笑长房，把菊追陶公。遐观众山迥，一酌千虑融。
> 兴罢复来归，杳霭秋堂空。窥樽讫余沥，倚阁闻疏钟。
> 主人意未阑，骊驹勿忽忽。

诗题中的周宾者，为朱熹姑表弟徐大老，字周宾，家住建阳大湖。"鱣堂"为讲学之所。"不辞腰脚劳，共上西南峰"则是新朋旧友结伴登高，重阳节登高山、插茱萸、饮菊酒，共享幸福时光。

淳熙十年（1183）二月五日，应方士繇之请，朱子与诸友前往方氏新居相聚。朱子有《比与邻曲诸贤修举岁事携壶石马追补斜川之游而公济适至饮罢首出和陶之句以纪其胜辄亦用韵酬答兼呈诸同游者请共赋之》（《文集》卷九）：

> 皇天分四序，代谢无时休。昔人抱孤念，感此成清游。
> 迥眺曾城皋，朗咏斜川流。岁月今几许？长波没轻鸥。
> 眷言抚佳辰，荒寻靡遗丘。且复置往事，及兹命高俦。

---

① 黎靖德《朱子语类》卷一一三，中华书局，1986，第2741页。

纵策聊并欢，飞觞起相酬。未知千载下，亦记此日不？
商歌有遗音，林乐无余忧。但得长如此，吾生亦何求！

方士繇（1150—1199）于淳熙九年（1182）从邵武迁居到崇安籍溪之上的石马①生活，住址靠近五夫这个学术中心，目的是便于学术交流。本来是约定淳熙十年（1183）正月初五聚首，因当时春雨不止而拖延整个月。当日"公济适至，饮罢，首出和陶之句以纪其胜"，说明吴楫住地似离石马不太远。而吴楫当仁不让，率先作诗营造气氛，促成朱子挥笔而作，留下一段新的"斜川之游"故事，传流至今。

（二）晚以特恩补官

吴楫在家，似乎多以塾师身份从事乡村教学，如朱子说："近见吴公济会中朋友读时文策，其间有问道德功术者二篇。一篇以功术为不好；一篇以为有道德，则功术乃道德之功术，无道德则功术不好。前篇不如后篇。"② 这是指导参与科举考试答策的一个侧影。

吴楫晚年以特恩补官，调任广西临桂县主簿。两宋崇文，鼓励士子读书取功名，凡士子多次参加科举考试未能通过礼部会试者，可准许礼部特奏名，参加殿试，成绩符合要求则赐予特奏名进士，并准与低级官员差遣。吴楫也成为幸运儿，只是未详具体恩科，以及是否远途赴任。

淳熙十年（1183）四月十六日，朱子建成武夷精舍主体仁智堂，邀约四方朋友前往，吴楫便是其中一员。擅长写诗的吴楫，便作诗庆贺武夷精舍落成，朱子随即作《次公济精舍韵》（《文集》卷九）：

一室空山里，纤尘迥莫侵。若非同臭味，谁肯远过临？
健策凌丹壑，清诗重玉琴。溪边一回首，平地足崎嶔。

---

① 陆游言"闻侍讲朱公元晦倡道于建安，往从之。朱公之徒百千人，伯谟甫年尚少，而学甚敏，不数年，称高弟。因徙家从之崇安（内）五夫籍溪之上"。但石马的具体位置，于今俟考。

② 黎靖德《朱子语类》卷一三三，中华书局，1986，第3200页。

当时武夷精舍还没有建好宿舍，诸友只能先借宿武夷山冲佑观，大家在岁寒轩把盏饮酒，作诗唱和。吴楫作诗赠与冲佑观元章师，朱子则次韵而作《奉同公济诸兄自精舍来集冲佑之岁寒轩，因邀诸羽客同饮公济有诗赠守元章师因次其韵》（《文集》卷九）：

> 蓬莱清浅今几年？武夷突兀还苍然。
> 但忻丹籍有期运，不悟翠壁无夤缘。
> 鼎中龙虎应浪语，纸上爻象非真传。
> 明朝猿叫三峡路，一叶径上沧浪船。

朱子在绍兴十八年（1148）考取进士后尚未赴任同安主簿时，曾兴致勃勃地来过冲佑观访道，跟着道士学步虚。步虚修炼，对增强体质有帮助，但于求形而上之理，则所得不多。于今便有"鼎中龙虎应浪语，纸上爻象非真传"，而请"同臭味"的诸友明朝乘舟，到武夷精舍听我讲古今不易之常道。

（三）朱子评价吴楫

朱子在武夷精舍著述讲学，也关注朋友的学问进展，如淳熙十二年（1185）七月告诉蔡元定说："公济所举似皆古人语，盖是其入处耳。"[①] 也就是吴楫从古人语入手求理。《朱子语类》中有杨道夫记录朱子提到吴公济云："逐日应接事物之中，须得一时辰宁静，以养卫精神。要使事愈繁而心愈暇，彼不足而我有余。"吴楫儒释道兼修，而受异学影响，终有难改之弊，但其所言也有值得借鉴之处，如朱子认为"其言虽出于异说，然试之亦略有验，岂周夫子所谓主静者邪！"[②] 主静与主敬的修养方法和效果不同。

[①] 朱熹《晦庵先生朱文公文集·续集》卷二《答蔡季通书一》，上海古籍出版社、安徽教育出版社，2002，第4673页。

[②] 黎靖德《朱子语类》卷十二，中华书局，1986，第221页。

吴楫以诗学见长是可以肯定的，局限于讽诵文辞、吟咏情性是不够的，于形而上学的哲理研究则是短板也是可以肯定的。朱子评价说："乡里如江德功、吴公济诸人，多少是激恼人，然其志终在于善。"① 也就是吴楫志在求善是可以肯定的。朱子对从游的江默、吴楫诸人有过善意批评也是可以肯定的。如朱子批评江默所下不切己功夫，"愿德功放下日前许多玄妙骨董，即就日用存主应接处实下功夫，理会个敬肆义利、是非得失之判。"② 此举亦见朋友之交，责善所以尽吾诚，取善所以益吾德。到了绍熙五年（1194）十月，朱子已受命入朝，为新帝宁宗侍讲，主讲《大学》，名声日隆，需要处理的事务更加繁忙，而吴楫却不断要求朱子为其写推荐书，朱子告诉蔡元定："公济不长进，只管来讨书。"③ 认为不求诸己，而过分向外求人，是老来还不长进。

从隆兴元年（1163）二月开始，到绍熙五年（1194）十月，吴楫与朱子交往超过三十年，朱子一路奋发向前，挺进圣域，成为一代儒学宗师，以成己成人的态度对待朋友，责善之举贯彻始终。本文回顾这段交往史，意在以古鉴今，且冀对读者有所裨益。

（本文作者为福建省文史研究馆馆员、武夷山朱子文化研究中心研究员）

---

① 黎靖德《朱子语类》卷一二〇，中华书局，1986，第 2901 页。
② 朱熹《晦庵先生朱文公文集》卷四十四《答江德功书十一》，上海古籍出版社、安徽教育出版社，2002，第 2050 页。
③ 朱熹《晦庵先生朱文公文集》卷四十四《答蔡季通书七》，上海古籍出版社、安徽教育出版社，2002，第 1999 页。

朱子与陈亮

黄胜科

淳熙八年（1181）夏，浙江七州四十余县暴发罕见的洪水灾害，至秋，又遭遇严重的旱灾。新任右相王淮看中了在南康军赈灾有方的朱熹，荐举他前往浙东赈灾。于是，朝廷任朱熹为提举浙东茶盐公事。朱熹怀着正君和恤民之心，在女婿黄榦的陪同下受命北上赴任，雄心勃勃地在浙东赈灾惩贪，希望为国家做出一番贡献，但却处处受阻。蠲除税租、禁止苛扰的奏请几乎没有一条得到朝廷的"恩准"，分拨各州的钱粮遭到地方官吏的侵吞中饱，赈荒救灾虽有一点业绩，但离朱熹的原意相去甚远。他卷起了一阵惩贪的强劲风暴，但是腐败的南宋封建统治者依靠姻亲戚友、门生故吏组成的官官相护关系网，牵一发而动全身，朱熹的奏劾在官网面前显得太无力了，不仅没有奏倒一个人，反而给自己惹来不测之祸。从淳熙八年九月二十二日被任命，到淳熙九年八月十八日被解职，改除江西提刑，前后不到11个月，朱熹就被调离了浙东，于是，干脆请祠归闽。

朱熹浙东之行官场不得意，但学术上却有收获，他的学说在浙东得到一定的传播。

陈 亮

浙东赈荒公务繁忙，但朱熹仍不失时机著述讲学，与浙东学者广泛交往论道。在浙东期间，朱熹曾为吕祖谦病中《日记》与其所批抹《荆公目录》作跋，还于婺州刻印吕祖谦所定《古周易》，作《记嵩山晁氏卦爻象象说》，校订《急就篇》，刊刻于婺州等，最重要的是将自己的《大学章句》《中庸章句》《论语集注》《孟子集注》集为一编，刊刻于婺州。这就是《四书集注》，经学史上自此有了"四书"之名。

浙东学术派系斑杂，不仅有吕祖谦之后的吕学，还有受陆九渊影响的陆学分派和兼有浙学、陆学二重面目的分派，以及永嘉派、永康派等。朱熹主张以道德拯世，与浙学的以事功用世是基本对立的。然而他对陆学在浙东的深入虽然不满，但还是从现实出发把它看成是一种用道德对抗功利的文化平衡力量。

在浙东期间，朱熹以一种综罗百家、兼取众善的气概对待各派的学者，政事中重用自己的论敌和反对派中的学者，与浙东各派后进新秀如金华的吕祖俭，四明的"甬上四先生"杨简、沈焕、舒璘、袁燮，永康的陈亮，永嘉的陈傅良、薛叔似、叶适等，几乎都保持着密切联系，或直接面论，或书信往来，用自己的影响去争取他们，不仅使自己的学术观点在浙东广为传播，为朱学在浙东赢得声誉和地位，还使自己对浙学及其现实弊病有了一个全面的了解。在诸多学者之中，交往最深、论道最久的是永康的陈亮。

陈亮（1143—1194），字同甫，婺州永康（今浙江永康）人，号龙川，世称龙川先生。南宋思想家、"永康学派"的创始人。陈亮倡导经世济民的"事功之学"，自幼立志恢复中原，重视治史，在哲学上创立了与朱熹理学相抗衡的自成体系、极有影响的永康学派。他提出"盈宇宙者无非物，日用之间无非事"（《六经发题·书》），认为充满整个宇宙的是某种具体形态的物，即具体形态的物是世界的本原，人们只要从各种具体的实事实物、民生日用中就可以认识和掌握"道"，指责理学家空谈"道德性命"。因其希望通过总结历史人物的军事和政治活动，寻求经世致用、"中兴""恢复"的方略和经验，故又被称为浙东"事功学派"。陈亮曾三次上书，极论时事，反对和议，力主抗金，锐意恢复，所作政论气势纵横，笔锋犀利，因遭人嫉恨，三度入狱。陈亮同时又是著名的文学家，词作感情激越，风格豪放，显示其政治抱负，是宋词中"豪放派"的主要人物之一。绍熙四年（1193），宋光宗亲擢陈亮为状元，授签书建康府判官公事，未及就任而逝。宋理宗时，追谥"文毅"。著作有《龙川文集》《龙川词》等。

淳熙九年（1182）正月十七日，朱熹巡历到武义县，往明招山吕祖谦墓前哭祭，并同吕氏子弟及潘叔度、潘叔昌等浙东学者进行讲论。这时身为布衣的陈亮找上门来，53岁的朱熹在明招堂初识这位刚届不惑之年的陈亮。

会面后，两人大有相见恨晚之感，就时政、救荒以及儒家典籍《书经》等方面交流了各自的观点，取得了比较一致的看法。七月中旬，朱熹上奏乞留婺州通判赵善坚协助婺守钱佃措置赈济就是陈亮出的主意。朱熹称赞陈亮《经书发题》的道学经义，"真张山人所谓'著相题诗'者，句意俱到，不胜叹服"。（《朱文公文集》卷三十六，《答陈同甫》书二）陈亮称朱熹是"人中之龙"，说："世途日狭，所赖以强人意者，唯秘书一人而已。"（《陈亮集》卷二十八，《壬寅答朱元晦秘书》）但他们在对社会历史、王霸义利等问题，却出现严重分歧。

离开武义，陈亮陪同朱熹巡历，两人围绕着"王道"与"霸道"，"义"与"利"、"天理"与"人欲"等问题一路面对面地辩论。一直来到永康龙窟陈亮家中，又聚谈几天，才不舍而别。

朱熹、陈亮两人虽然学术观点有别，但却互为知己，私交甚密。龙窟分别后，朱熹还曾致书邀陈亮到绍兴府再聚，并把《战国策》《论衡》和自注的《田说》寄给陈亮。陈亮也把自己类次的《文中子》《经书发题》和十篇问答《杂论》、两篇《策问》寄给朱熹。两人的王霸义利论战也在往来书信中拉开了序幕。陈亮批判朱熹所注的《田说》，认为"论说"不等于"实行"，成天下大功须靠自家气力，既反对安坐感动的拱手空谈，又反对堆砌文辞的烦琐著述，表达他功事之学的基本观点。

朱熹则以"义利双行,王霸并用"来概括陈亮功事之学的灵魂,以微讽的口吻对陈亮说:"新论奇伟不常,真所创见。惊魂未定,未敢遽下语,俟再得余篇,乃敢请益耳。"(《朱文公文集》卷三十六,《答陈同甫书》)

崇安大桥朱子画廊浮雕:义利之辩

但是,朱熹因弹劾唐仲友很快被罢黜浙东提举之职,陈亮又因家僮杀人,被仇家控告为陈亮所指使而入狱,这场学术论战不得不暂时中断。直到两年后,两人才又开始书信往来论辩。

在永康,朱熹与陈亮曾登门拜访当地文士徐木,还在厅壁上为他手书《易·家人卦》。徐木也成为朱熹施行荒政的重要谋士。朱熹罢职南归时,徐木甚至表示"须赶到缙云相从"。永康另一位先后学于陈亮和叶适的吕皓因献米助赈,被朱熹举荐授官,后来汇编朱熹与陈亮两人的义利王霸论辩书札,写成万言疏解。

朱熹在南康、浙东两次推行儒家之道受阻,不但不能以德拯世,反而将自己推到反道学的风口浪尖,自知"吾道难行",决计隐居山林,杜门不出。淳熙十年(1183)正月,朝廷在朱熹多次辞免请祠下,下诏差朱熹主管台州崇道观。于是,朱熹在武夷山九曲溪五曲溪北隐屏峰下筹划创办武夷精舍,开始他隐居山中讲学著述的生活。武夷精舍讲学之余,朱熹同各个学派展开论战,为他淳熙十六年第二次学问著述的总结打下了基础。而作为这些论战中主轴的,便是同陈亮展开的义利王霸之辩。

淳熙十一年(1184),朱熹致书陈亮,再论义利王霸之辩。陈亮寄

朱子与陈亮

《又甲辰秋答朱元晦书》，书中把自己归为开拓事功智勇的英雄豪杰，同朱熹效行谨守仁义道德的儒者相对立，认为义与利、德与功是统一的，都本于道、天理，提出"成人之道"，主张"学以成人"，用作人代替作"儒"，与朱熹的以"儒"自律对立。朱熹回信用他的道德主义和实践理性批判陈亮的功利行道。于是，两人又开始书信往来的论战。从陈亮给朱熹的8封书信和朱熹《答陈同甫》的15封书信可以看出，这是一场"王霸义利"之辩的论战。

所谓王道，指的是以道德为本的仁政，而霸道是指凭借实力而推行的强权政治。所谓义，是指天理，即道义，也就是符合道德要求的行为；而利则指人欲，即利益，又指功利或成败，通常指个人利益、私利。朱熹继承儒家思孟学派重内圣、讲修身的一面，强调必须以内圣为基础、为根本、为前提，即《大学》所说的修身齐家、治国平天下。其"先后缓急之序"，"必自修身始，修身齐家，然后达诸天下也"（《朱子语类》卷九十四），决不能颠倒。

朱熹主张"重理轻欲，重义轻利"，认为"义者，天理之所宜"，"利者，人情之所欲"。（《论语集注》卷二）明义利之所辨，能使"自天子以至于庶人，人人得其本心以制万事"（《朱文公文集》卷七十五，《送张仲隆序》）。他宣扬夏、商、周三代帝王能以道心治天下，所以天理流行，社会光明而至善，是王道政治；三代以下，到秦汉和唐宋，帝王人欲横流，社会混乱而黑暗，是霸道政治。

而陈亮则认为义与利是统一的、并存的，提倡"以利和义"，反对"以义抑利"，又认为王道与霸道要并用，自古以来的历朝历代皇帝都是"义利双行"，霸道源于王道，主张通过治史，即所谓"穷天地造化之初，考古今沿革之变"（《陈亮集》卷一，《上孝宗皇帝》第一书），来推究历代帝王的"王霸之道"。

从淳熙九年（1182）朱熹与陈亮在浙东初次面论，到淳熙十二年，两人这场义利王霸之论断断续续持续了四年。这场论辩可谓剑拔弩张，各不相让。然而，这对针锋相对的论敌，尽管理学观点简直已到了水火不容的地步，但不管争论如何激烈，两人的友情始终未曾破裂，保持着融洽无间的关系。两人的亲密往来成为不同学派间捐弃门户之见而赤诚相待的良好榜样。从两人往来的书信中，一方面可以看到互相驳难甚至反唇相讥的激烈词句，一方面也可以看到推心置腹、互相问安的良好祝词。如：

陈亮："百冗中西望武夷，如欲飞动，而祠禄之满又恐秘书（指朱熹）复被牵出，一见何时，千万为世道崇护，不任区区之祷。"［(明)贺复徵《文章辨体汇选》卷二百三十，《与朱元晦秘书》］

朱熹："获闻即日春和，尊候万福，感慰并集。且闻葺治园亭，规模甚盛，甚恨不得往同其乐而听高论之余也。"（《朱文公文集》卷三十六，《答陈同甫》书七）

淳熙十二年（1185）秋，朱熹首先提出收场。他在给陈亮的信中表示："如今日计，但当穷理修身，学取圣贤事业，使穷而有以独善其身，达而有以兼善天下，则庶几不枉为一世人耳。"（《朱文公文集》卷三十六，《答陈同甫》书十）陈亮则在当年十一月以重新修订的《类次文中子引》宣告他与朱熹义利王霸之辩的结束。朱熹于十二月作《王氏续经说》作为与陈亮义利王霸之辩的总结。此后，直至淳熙十三年九月，朱熹57岁生日时，陈亮寄寿词，两人恢复通信，但已无义利王霸论辩的性质。

论战结果谁也没说服谁，朱熹继续他的"修身齐家、治国平天下"，陈亮继续走自己永康学的功利道路。但两人虽然学术观点有异，却一直关系密切，在驳难与问安交织的矛盾感情中，两人的关系越来越亲密。淳熙十年（1183），朱熹构建武夷精舍竣工后，曾函邀陈亮前来聚会。他濡墨写道："武夷九曲之中，比缚得小屋三数间，可以游息……承许见故，若得遂从容此山之间，款听奇伟惊人之论，亦平生快事也！"（《朱文公文集》卷三十六，《答陈同甫》书三）遗憾的是，这时陈亮正忙于功名，无暇前往。这年九月十五日，陈亮作《水调歌头·癸卯九月十五日寿朱元晦》祝寿词：

人物从来少，篱菊为谁黄。去年今日，倚楼还是听行藏。未觉霜风无赖，好在月华如水，心事楚天长。讲论参洙泗，杯酒到虞唐。

人未醉，歌宛转，兴悠扬。太平胸次，笑他磊魄欲成狂。且向武夷深处，坐对云烟开敛，逸思入微茫。我欲为君寿，何许得新腔。

（《陈亮集》增订本卷三十九）

寿词为朱熹大唱赞歌。淳熙十一年（1184）九月十五日，朱熹生日，陈亮又给朱熹寄来《蝶恋花·甲辰寿元晦》祝寿词：

手撚黄花还自笑，笑比渊明，莫也归来早。随世功名浑草草，五湖却共繁华老。

冷淡家生冤得道，旖旎妖娆，春梦如今觉。管今岁华须到了，此花之后花应少。

（《陈亮集》增订本卷三十九）

淳熙十四年（1187）九月十五日朱熹生日，陈亮第三次寄来祝寿词《洞仙歌·丁未寿朱元晦》：

秋容一洗，不受凡尘涴。许大乾坤这回大，向上头些子，是雕鹗搏空，篱底下，只有黄花几朵。骑鲸汗漫，那得人同坐！

赤手丹心扑不破。问唐虞禹汤文武，多少功名，犹自是、一点浮云铲过。且烧却、一瓣海南沈，任抛取、千年陆沈奇货。

（《陈亮集》增订本卷三十九）

淳熙十四年（1187）十二月，陈亮曾函邀闲居武夷山的朱熹赴信州鹅湖，会同辛弃疾共商抗金大计。遗憾的是，当时朱熹已年届花甲，心力交瘁，又患足疾，天寒雨雪，未能前往。

淳熙十五年（1188）正月初，有旨催朱熹入朝奏事就任。三月十八日，朱熹因请祠不允，启程入都奏事。途中一路会友论道，滞留待命，至五月下旬才到临安。时陈亮北上入都上恢复书，尚在临安，两人在都下相见。是年十二月下旬，陈亮曾修书朱熹，请他到浙江兰溪一见，但朱熹忙于学术，回书说自己快六十岁的人，不想出门，且"近方措置种得几畦杞菊，若一脚出门，便不能得此物喫，不是小事"（《朱文公文集》卷二十八，《答陈同父书》书一），婉言回绝。

绍熙元年（1190）十二月，陈亮因被人诬告，第三次下狱。朱熹闻讯十分关注，与辛弃疾设法营救陈亮，并恳托密友刑部侍郎张构等从中活动。第二年正月二十四日，朱熹长子朱塾卒于婺州（今金华市）。二月，陈亮出狱，朱熹致书慰问，因朱塾在金华时曾受学于陈亮，因请陈亮为朱塾作墓志铭，陈亮作《祭朱寿之文》相寄。祭文中有"恸哭流涕不能自已，非以子之翁（指朱熹）遇我不啻骨肉，而囚系之馀始知人亦惟其所遭耳"（《陈亮集》卷三十一）之句，流露出对朱熹的感激之情。

绍熙三年（1192）六月，朱熹考亭新居落成，从此寓居考亭，专心学问。这期间，朱熹再一次将浙学作为自己论战和批判的主要目标，先后与永康学的陈亮，永嘉学的陈傅良、叶适，吕学的吕祖俭展开书信论战。当年十二月，陈亮南下建阳考亭，拜会朱熹，并祭朱塾。两人在考亭讲学论政一二十日，直到第二年正月才告别北上参加科举考试。这是两人时间最长的一次相会，也是最后一次会面。朱熹弟子杨道夫记下他们的一段对话：

陈同父谓："今要得国富兵强，须是分诸路为六段，六曹尚书领之。诸州有事，祇经诸曹尚书奏裁取旨。又每一岁或二岁，使一巡历，庶几下情可达。"

先生曰："若广中、四川之类，使之巡历，则其本曹亦有废弛之患。"

陈曰："剧曹则所领者少，若路远，则兵、工部可为也。"

曰："此亦是一说。"

（《朱子语类》卷一一二）

在建阳期间，陈亮还挥笔为朱熹画像撰写了《朱晦庵画像赞》：

体备阳刚之纯，气含喜怒之正。睟面盎背，吾不知其何乐；端居深念，吾不知其何病。置之钓台捺不住，写之云台捉不定。天下之生久矣，以听上帝之正命。

（《陈亮集》增订本卷十一）

在陈亮流畅的笔墨下，朱老夫子凛然正气的形神跃然纸上，表达他对朱熹道德文章的尊崇。

绍熙四年（1193）五月，51岁的陈亮中状元，授签书建康府判官公事。朱熹闻讯十分欣喜，寄去了贺函，由衷地祝他大展鸿图。但陈亮待阙一年多，于庆元元年（1195）正月病逝在赴任途中。此时，朱熹正在建阳考亭聚徒讲学，未闻噩耗，亦未往吊唁，实感终生遗憾。是年秋冬间，陈亮儿子和女婿前来请朱熹为陈亮作墓铭。但此时朱熹年事已高，"例不作此，与写'有宋龙川先生陈君同父之墓'十二字"（《朱子语类》卷一百零七）碑，为两人十多年来的交往划上句号。

（本文作者为武夷山朱子文化研究中心研究员）

朱子与蔡元定

章一定　黄家鹏

蔡元定

在朱子的弟子和门人中，蔡元定是朱子最亲密的朋友和学生。绍兴二十八年（1158），蔡元定向朱熹问易，朱熹与之论学，就说"此吾老友也，不当在弟子之列"。他们以师友相待，后来发展为"凡讲论诸经奥义，诸弟子所不得闻者，必以语先生。四方来学者，必俾先从先生讨论，而后折中之"。《朱文公文集》言蔡元定"交游四十年，于学无所不讲"。蔡元定《西山集》有《临终别文公书》："定辱先生不弃，四十余年随遇，未尝不在左右，数穷命薄，听教不终。"可见二人关系匪浅。蔡元定不仅是朱子的忠诚弟子和门生，也是朱子学术上可靠的助手。朱熹尝曰："熹疏释四书及为《易》《诗传》《通鉴纲目》，皆与元定往复参订；《启蒙》一书，则属元定起稿。"

蔡元定助朱熹注释"四书"，编写《伊洛渊源录》《诗集传》《近思录》《易学启蒙》《太极图解》《资治通鉴纲目》《周易参同契考异》等著作。蔡元定一生不干利禄，以圣贤为师，竭尽股肱之力。朱子与蔡元定有100多通书信，内容广泛，涉及四书、易经、音律、印书、校书等各个方面。熊禾《蔡氏族谱正集原序》赞曰："道统所继，孔门唯曾子独得其传，朱门唯蔡西山为正宗。"蔡元定无愧朱子学的共创者与承继者。

蔡元定精通堪舆（地理风水），朱熹在为母亲、妻子及自己的墓穴选址时，都聘请蔡元定勘察选定。而蔡元定的三子蔡沈，也是朱熹的高足，朱熹临终前嘱咐修撰《书集传》，可见蔡沈在朱熹心目中的重要地位。全祖望在《宋元学案》中说："蔡氏父子，皆为朱学干城。"

蔡元定（1135—1198），字季通，学者称西山先生，福建建阳人。南宋著名理学家、律吕学家、堪舆学家，被誉为"闽学干城"。蔡元定幼从其父学，及长，师事朱熹，熹视为讲友，博涉群书，探究义理，一生不涉仕途，不干利禄，潜心著书立说。为学长于天文、地理、乐律、历数、兵阵之说，精识博闻。著有《律吕新书》《西山公集》等。

蔡元定祖籍江西弋阳，蔡氏入闽始祖蔡炉曾任建阳县令，后在建阳麻沙定居，蔡元定曾祖父蔡克顺、祖父蔡谅为太学生。蔡元定的父亲蔡发，字神与，号牧堂，是一位造诣颇深的医者。他常对人说"为人不可不知地理和医药"。蔡发还是一位优生优育、实施胎教的先驱者，詹体仁在《蔡牧堂公墓表》中记载道："（发）常设古今圣贤像，俾使詹氏（元定母）日夕观之，以踵太任胎教之风。故季通（元定）生而聪睿超群，高出常儿。"

据《宋史·蔡元定传》记载：蔡元定从小聪颖过人，博学强记，八岁能作诗，日记数千言，蔡发"以程氏《语录》、邵氏《经世》、张氏《正蒙》授元定，曰'此孔、孟正脉也'。元定深涵其义"。蔡元定承父教，精研三氏（程、邵、张）之学说，幼时能深涵义理象数之学理，十九岁秉承父志，登西山绝顶，构筑书屋，忍饥吞野，刻意读书，对天文、地理、兵制、礼乐、度数无所不通，对方技曲学，异端邪说，能悉拔其根，辨其是非。凡古书奇辞奥句，学者不能分句，元定过目，即能梳理剖析，无不畅达。朱熹赞曰："人读易书难，季通读难书易。"

蔡元定二十五岁到五夫向朱熹问《易》，朱扣其学识，见他谈吐非凡，即惊奇地说："此吾老友也，不当在弟子之列。"遂与对榻讲论诸经奥义，每至夜分（《宋史·蔡元定传》）。四方来学者，朱子必让元定考

崇安大桥朱子画廊浮雕：胜日寻芳

询方能入学。朱、蔡二人师友相称，研究学问，著书讲学，长达四十年，亲密无间，蔡元定在学术上成为朱熹的左肱右臂。

乾道六年（1170），蔡元定重上西山设"疑难堂"，与朱熹在云谷的"晦庵草堂"遥遥相对。为了及时联络问学，两人故在两山悬灯相望，夜间相约为号，灯暗表明学有难处，翌日往来解难。元定每到朱处，朱必留他数日，论学经常通宵达旦。宝祐三年（1255），理宗皇帝为此敕建"西山精舍"，塑绘蔡元定与朱熹对座讲道神像。御书"西山"巨字，由孙蔡杭石刻于石崖上。

蔡元定教人以性与天道为先，自本而支，自源而流，闻者莫不兴起，蔡在西山讲学，弟子常挤满书屋内外。朱熹说："造化微妙，惟深于理者识之，吾与季通言未尝厌也。"黄榦也说："开始受学晦庵，首试西山蔡公之门，从游者多矣！公之来谒，先生必留数日，往往通夕论学不昧，从先生游者，归必过公之家，得其言论不忍去，去皆必有所得也。榦之识公为最久，而荷之教最深。"

蔡元定一生不干利禄，四十不就科举，诸臣举荐于朝，皇帝下诏，他都坚以疾辞，一心以研究学问、著书立说为己任。著有《律吕新书》《皇极经世旨要》《八阵图说》等十四种书于世。

宋末黄端节说："西山先生始终以《易》疏其说，于是微显阐幽，

其说大著。学者由蔡氏而知《经世》，由《经世》而知《易》，默而通之可也。"(《邵子全书》)

明初《性理大全》编者说："西山蔡氏著为《经世指要》一书足以尽乎五十篇之义，而晦庵朱子谓其于康节之书，推究缜密矣。故今不复具载康节全书，但取蔡氏《指要》诸图，列于内外十四篇之首。"可见蔡元定的《皇极经世旨要》是一部对邵渊（雍）学术的全面概括。

蔡元定的另一部著作《律吕新书》不但是中国音乐史上的名著，也是反映蔡元定学术倾向的著作。

庆元三年（1197），权臣韩侂胄擅政，"设伪学之禁，以空善类。台谏承风，专肆排击，然犹未敢诵言攻朱熹。至沈继祖、刘三杰为言官，始连疏诋熹，并及元定"(《宋史·蔡元定传》)，制造"伪学之禁"指道学为"伪学"，把"四书""六经"定为禁书，诬奏伪党五十九人，朱熹被打成"伪学魁首"，去职罢祠。诬蔡元定为朱熹的左右羽翼之罪，将其贬湖南道州编管。元定得讯，未向家人告别，即往府治报到，三子蔡沉、弟子邱崇相随，行至考亭瀛（瀛）州桥头，朱熹与从学者百余人饯行，许多人感伤而泣下，蔡元定却泰然自若，不异平常，临行赋诗云："执手笑相别，毋为儿女悲。轻醇壮行色，扶摇动征衣。断不负所学，此心天可知。"朱熹叹曰："朋友相爱之情，季通不屈之志，可谓两得之矣！"

临行前，朱熹向蔡元定提出著《参同契》疑难，蔡当众随口解答如流，听者无不钦佩。朱熹送元定行至净安寺，两人共同参订《参同契》一书，通宵不昧。翌日开始在严寒风雪中，蔡元定扶履步行三千里，脚为流血。抵达道州贬所，父子和学生坚持读书论学，四方学者闻之，来求学者日众。"州士子莫不趋席下以听讲说。有名士挟才简傲、非笑前修者，亦心复（服）谒拜，执弟子礼甚恭。人为之语曰：'初不敬，今纳命。'元定曰：'彼以学来，何忍拒之？若有祸患，亦非闭门塞窦所能避也。'贻书训诸子曰：'独行不愧影，独寝不愧衾，勿以吾得罪故遂懈。'"(《宋史·蔡元定传》)元定不怕朝庭（朝廷）压力，坚持授徒讲学不倦，可谓不降其志、不辱其身的高贵品德。

湖南道州气候恶劣，蔡元定常年抱病，百方医治难愈，心想解《易》《春秋》未竟，又有《洪范》之数，学者久失其传，唯元定独心得之，然未及论著，故嘱子成书曰："渊，宜绍吾易学；沉，宜演吾皇极数（洪范之数）；而《春秋》则以属沉。"又曰，"步步守着仁、义、礼、智、信，可传子孙。"庆元四年（1198）八月初九，蔡元定病逝，守臣上奏，旨许归葬，子沉扶柩三千里以还，十一月初六，葬于建阳莒口翠岚山之源。公元2000年，海内外众蔡氏裔孙集资将西山公墓建成"西山陵园"。

蔡元定殁后，朱熹亲撰祭文说："呜呼季通，而至此耶。精诣之识，卓绝之才，不可屈之志，不可穷之辩，不复可得而见矣。"（《朱文公文集》）朱熹在《与刘孟容书》也说："交游四十年，于学无所不讲，所赖以祛蒙蔽者多，不谓晚年乃以无状之迹，株连及祸，遂至于此。闻之痛怛，不知涕泗之流落也。"（《蔡氏九儒书》）可见师徒的感情之深。

蔡元定学生翁易在宋理宗淳祐七年（1247）记载："晦庵疏释'四书'，因先生论辩有所启发者非一。六经、《语》《孟》《学》《庸》之书，先生与之讨论讲贯则并驰其功焉。《易学启蒙》一书，先生研精覃思，屡年后而就，晦庵复删润之，始克成书。"（《蔡氏九儒书》）可见朱熹的《四书集注》和后代《性理大全》与《性理精义》中收入的那部著名《易学启蒙》，是蔡元定参与草定的。

开禧三年（1207），诛侂胄，枉者皆伸，朝廷对蔡元定平反，初赠迪功郎，宝祐四年（1256）赠太子太傅，谥文节。明嘉靖九年（1530）诏元定崇祀启圣祠。清康熙四十四年（1705），圣祖仁皇帝颁赐宋儒蔡元定"紫阳羽翼"金匾。

蔡元定一生"于书无所不读，于事无所不究，义理洞见大原，下至图书，礼乐，制度，无不精妙。古书奇辞奥义，人所不能晓者，一过目辄解。熹尝曰'人读易书难，季通读难书易'。熹疏释四书及为《易》《诗传》《通鉴纲目》，皆与元定往复参订；《启蒙》一书，则属元定起

稿。尝曰：'造化微妙，惟深于理者能识之，吾与季通言不厌也。'"（《宋史·蔡元定传》）

蔡元定其平生问学，多寓于朱熹书集之中，撰有《大衍详说》《律吕新书》《燕乐》《原辨》《皇极经世指要》《太玄潜虚指要》《洪范解》《八阵图说》等，其中《经世指要》《大衍详说》《易学启蒙》是易学著作。蔡元定的河洛思想主要见于《易学启蒙》，《易学启蒙》是朱熹和蔡元定合作撰定的，由蔡氏起稿。其书代表了朱子和蔡氏两人的观点。书中也引了蔡元定的话，这些话基本的观点是以十为河图，以九为洛书，但两者又相互表里，其为一理，伏羲据河图而作《易》，出自天意。这与律吕数和干支数相类似，二者虽有别而相通。

生前，朱熹曾将蔡元定与张栻相提并论，给予高度评价，诗云："风月平生意，江湖自在身。年华供转徙，眼界得清新。试问西山雨，何如湘水春？悠然一长啸，绝妙两无伦。"

关于蔡元定在程朱理学的发展史乃至中国思想发展史上具有重要的地位，后来学者黄宗羲、全祖望作出如下中肯评价："濂溪、明道、伊川、（横渠），讲道盛矣，因数明理，复有一邵康节出焉。晦庵、南轩、东莱、（象山），讲道盛矣，因数明理，复有一蔡西山出焉。孔孟教人，言理不言数。（然天地之间，有理必有数，二者未尝相离，河图、洛书与危微精一之语并传。）邵、蔡二子欲发诸子之所未发，而使理与数粲然于天地之间，其功亦不细矣。"

蔡元定著有《大学说》《大衍详说》《律吕本源》《律吕新书》《燕乐原辨》《蒸乐原辩》《皇极经世指要》《太玄潜虚指要》《洪范解》《八阵图解》《家引经引义》《地理发微论》《阴符经注解》《气运节略》《脉书》以及《翁季录》等十七部著作，并协助朱熹撰成《近思录》《易学启蒙》《太极图说解》《资治通鉴纲目》《周易参同契考异》等重要著作。这些著作分别收录于《宋史》《四库全书》和《续编四库全书》《潭阳蔡氏九儒书》《（建阳）庐峰蔡氏族谱》《朱子全书》或其他专门类书。殊为可惜者，其中有的著作因时代久远而湮没无稽。

明嘉靖九年（1530），朝廷下诏蔡元定配祀孔庙，称先儒蔡氏。

蔡元定是理学家中"慎独"的典范。尝对诸子曰"独行不愧影，独寝不愧衾"，这句话被蔡氏子孙作为祖训，载入族谱之中代代相传。元定对程朱理学思想的形成有过重大贡献，后世学者称他为"闽学干城"，意为闽学的中坚骨干。蔡元定一生虽然不仕，但蔡家却出现一门九儒盛况——建阳蔡氏九儒，包括蔡元定父子祖孙一门，四代共九人，即蔡元定，元定之父蔡发，元定之子蔡渊、蔡沆、蔡沈，蔡渊之子蔡格，蔡沈之子蔡模、蔡杭、蔡权。他们对程朱理学的研究颇有成就，堪称理学世家，蔡氏九儒著书立说，羽翼朱子之道，聚徒讲学，继承闽学之脉，其论著被其后裔及门人汇编成集，刻版发行，成为中国学术史上的一大盛事。

蔡氏九儒共有48部著述，内容包罗万象，涉及理学、易象、天文、地理、礼乐、兵制、度数等。这些著述的汇编历经七百多年的编辑和流传过程，成为至今仍得以流传的"蔡氏九儒书"。"蔡氏九儒书"是闽学史上的一部巨著，在中国文化学术史上这确是一个奇观，一个家族连续四代九人，以理学为中心内容，深入研究，精心撰著，从而形成博大的学术体系，这种罕见的学术现象，在学术史、出版史和人才发展史上都是十分独特的。

（本文作者章一定为武夷山朱子文化研究中心研究员，黄家鹏为武夷山朱子文化发展公司职员）

朱子与刘爚

张贵龙

"东周出孔丘，南宋有朱熹，中国古文化，泰山与武夷。"朱子是继孔子以后，十二世纪以来，中国最杰出的哲学家、思想家、教育家。朱子毕生致力于儒家经典学术的研究，他通过对理气关系、修养论、社会政治理论等方面进行系统而深入的整理论述，全面总结北宋以来的理学成就，建立了庞大而严密的理学体系。这一体系集前古思想文化之大成，又糅合儒、释、道，致广大，尽精微，综罗百代。朱熹的思想学说在南宋时期广泛传播，不仅在学术界引起了巨大的反响，也对社会的各个层面产生了深远的影响。并且被后世统治者所重视，作为官方正统儒学影响后世达六七百年之久。

朱子的理学思想虽然体系庞大、影响深远，但它能得到广泛的传播并达到一个前所未有的高度，离不开众多学者的传承和推广。陈荣捷先生在《朱门之特色及其意义》中说："朱子学系之能在元、明、清大树旗帜者，固非幸运而实有其因素不一……而能满播全国，则无数门人之力也……"朱子逝世之时，朱子理学并没有得到一个合理的地位，甚至还被斥为"伪学"，幸赖朱子有一批得力而忠心耿耿的门人弟子，"朱子传之蔡西山、九峰、黄勉斋、陈北溪、李果斋诸先生，有宋闽儒甲天下"。正是在这一批朱子门人和弟子的不懈努力下，朱子学才恢复名誉，光昭后世，名垂天下，而朱子的弟子刘爚在这一过程中起了至关重要的作用。

刘爚（1144—1216），字晦伯，学者称云庄先生，建阳人。宋学者、诗人、理学家，"潭阳七贤"之一。南宋孝宗乾道八年（1172年）进士，累进工部尚书，封子爵，兼太子右庶子。

绍兴二十八年（1158），十四岁的刘爚到五夫从学朱子，开始了其对朱子理学的传承、传播、践行和推广的人生道路。

作为朱子理学重要的传承人和传播者，刘爚在朱子身边从学受教几十年，深得朱子真传。"晦庵先生以道德为学者师，公出入其门，切磨讲贯者数十年，视他从游之士为最久，而所造为独深，其学粹然一出于正。"师从朱子期间，他还多次参与了朱子的重大学术活动。淳熙二年（1175）三月，"东南三贤"之一的吕祖谦从浙江东阳专程来拜会朱熹。两人在寒泉精舍相聚论学一个半月，史称"寒泉之会"。这场研讨会的重要成果，是编撰了一本理学入门书——《近思录》。刘爚与弟弟刘炳共同参与这场盛会。同年，吕祖谦为了调和朱熹"理学"和陆九渊"心学"之间的理论分歧，使两人的哲学观点"会归于一"，出面邀请陆九龄、陆九渊兄弟前来与朱熹见面。六月初，陆氏兄弟应约来到鹅湖寺，双方就各自的哲学观点展开了激烈的辩论，这就是中国思想史上著名的"鹅湖之会"。刘爚作为朱子弟子的代表，全程参与这一在中国哲学史上堪称典范的学术讨论会。为了更好地传播朱子理学，刘爚在建阳马伏建义宁精舍讲学，后理宗赐"云庄书院"匾额。淳熙十年（1183），53岁的朱子在武夷山九曲溪畔五曲处隐屏峰下构建武夷精舍，会友传道，授徒讲学。两年后，刘爚专程到武夷精舍聆听朱子教诲和参与讲学活动。宁宗庆元元年（1195），庆元党禁开始。南宋朝廷内部，权臣们为了巩固自己的势力，对理学进行打压。他们通过政治手段，禁止理学学者参与朝廷的学术讨论，限制理学书籍的传播。许多学者因为害怕受到迫害，不敢公开研究和传播理学思想。在这样的政治背景下，刘爚却跟随着朱子在武夷山讲道读书，怡然自适，"筑云庄山房，为终老隐居之计"，并自号云庄居士，宣传朱子理学。

除了在学术领域积极传承和传播朱子理学，刘爚还在为官理政中学以致用，踏实地践行朱子理学民本思想、济世为民、清正廉明等理念。

刘爚初仕山阴主簿，就积极践行朱子理学以民为本的思想。在处理各种政务时,始终将百姓的利益放在首位。在税收征收方面,他严格按照规定征收,不额外增加百姓的负担;在处理民间纠纷时,他秉持公正、公平的原则,依据理学的道德观念进行调解,使得纠纷能够得到妥善解决。他为官清正廉明,拒绝接受贿赂,不与贪官污吏同流合污。他积极为百姓谋福利,当遇到自然灾害时,他积极组织救灾工作,如筹集粮食、安排灾民安置等。他的这种为官态度和行为方式,是对理学思想中关于道德修养、社会责任等理念的实践。后调莲城令,罢添给钱及纲运例钱,免上供银钱及纲本、二税甲叶、钞盐、军期米等钱,大修学校,乞行经界。绍熙元年(1190)秋,朱熹知漳州,欲行经界之法,因触及地方权贵的利益,受到了多方阻挠。刘爚赶赴漳州,协助朱子施行这一利民之举。

刘爚还关心水利、农田、军队边防建设。言:"两淮之地,藩蔽江南,干戈盗贼之后,宜加经理,必于招集流散之中,就为足食足兵之计。臣观淮东,其地平博膏腴,有陂泽水泉之利,而荒芜实多。其民劲悍勇敢,习边鄙战斗之事,而安集者少。诚能经画郊野,招集散亡,约顷亩以授田,使毋广占抛荒之患,列沟洫以储水,且备戎马驰突之虞。为之具田器,贷种粮,相其险易,聚为室庐,使相保护,联以什伍,教以击刺,使相纠率。或乡为一围,里为一队,建其长,立其副。平居则耕,有警则守,有余力则战。"帝嘉纳之。

在帮助理学解禁和推动朱子理学正统化方面,刘爚更是起了至关重要的作用。

庆元元年(1195),庆元党禁开始,次年朱子理学被定为伪学,朱子被列为"伪学"魁首,理学学者受到打压,理学书籍被禁止传播。这一禁令导致了严重的后果,"学者无所依向,义利不明,趋向汙下,人欲横流,廉耻日丧"。众多的学者在理学被禁之后,失去了思想的指引,在学术研究和道德追求方面陷入了迷茫。社会上的人们在没有理学思想的约束和引导下,道德观念逐渐淡薄,功利主义盛行,社会风气日益败坏。

崇安大桥朱子画廊浮雕：山陵之议

  1200 年，朱子去世。在朱逝后，为恢复朱子学派的地位，存统卫道，争取朱子学的正统地位，朱熹的弟子们到处奔波呼吁。嘉定二年（1209），刘爚任国子司业，国子司业这一官职主要负责国子监的教学管理等事务，在当时的教育体系中具有一定的话语权。他利用这一身份优势，积极向朝廷官员阐述理学的重要性。他通过上疏朝廷，指出禁绝道学带来的诸多不良后果。在人才培养方面，理学是一种注重道德修养和学术研究的思想体系，禁绝理学使得许多有才华的学者无法施展自己的才华，人才培养受到了严重的阻碍。在社会风气方面，没有理学思想的引导，社会风气日下，人们的道德观念淡薄，功利主义盛行。为此他上疏请求解除对理学的禁令。他的上疏引起了朝廷内部一些有识之士的共鸣，经过一番努力，朝廷最终解除了禁令。当朝廷解除禁令后，他进一步推动朱熹理学相关著作和学规在官方教育机构中的推广。如奏请刊行朱熹的《四书集注》，他深知《四书集注》在理学思想体系中的核心地位，通过刊行这本书籍，可以让更多的学子学习到朱熹的理学思想。

  嘉定四年（1211）二月，刘爚建议将朱熹《白鹿洞书院学规》颁下太学、国子监，取《四书集注》刊行，认为士人诵习六经之旨，以孝事父，以忠事君，如此则于治道可成。

  嘉定五年（1212），刘爚请以朱熹的《论语·孟子集注》立学，从之。从此,朝廷把朱熹著述的《四书集注》列为国学,颁发朱熹制定的《白鹿洞书院学规》让太学遵行。

宝庆三年(1227),宋理宗下诏:"朕观朱熹集注《大学》《论语》《孟子》《中庸》,发挥圣贤蕴奥,有补治道。朕方励志讲学,缅怀典刑,深用叹慕。可特赠熹太师,追封信国公。"朱熹被尊为太师,追封信国公,后又改封为徽国公。

淳祐元年(1241),宋理宗下诏天下所有学宫,将朱熹从祀庙堂,朱熹取得与北宋四大理学周程二张家并列的道统圣人地位。咸淳五年(1269),宋度宗下诏,赐江西婺源县朱氏故居为"文公阙里",与山东曲阜的"孔子阙里"并列。朱熹的弟子及门人为了朱熹的名誉奔走呼喊,刘爚首当其功。

1129年,刘爚去世,南宋朝廷赠光禄大夫,官其后,赐谥文简。刘爚去世后,从祀孔庙,位列文公庙集成殿朱子四配享之一。

刘爚后人在建阳莒口马伏村建云庄书院,以纪念先贤刘爚的事迹。

(本文作者为武夷山朱子文化研究中心研究员)

朱子与黄榦

朱燕涛

2023年10月18日，武夷山市五夫镇的朱文公庙集成殿，在庄重的开户仪式中，大门缓缓打开。进入大殿，首先映入眼帘的是四座高大的雕像。端居上房正中的是文公坐像，两旁的是"四配"立像。"四配"人物分别是蔡元定、刘爚、黄榦、真德秀，他们都是朱子最得意的门生弟子，是朱子理学传承光大的中坚与大贤。其中，那位持书握笔，若有所思的，正是被后世尊为"朱子理学传承第一人"的黄榦。

黄 榦

一、朱门候师，诚比游杨

黄榦，字直卿，号勉斋，生于南宋绍兴二十二年（1152），福州长乐人。宋史载黄榦，自幼聪颖，志趣广远。年十七，父殁。淳熙二年（1175），黄榦往见刘清之求学，清之奇其才，令从朱子授业。淳熙三年春，黄榦拜朱子为师，在崇安五夫里随朱子苦读，常通宵达旦。

黄榦成为朱子的学生，极具渊源。首先得从黄榦父亲黄瑀谈起。黄瑀，字德藻，长乐青山下人，宋徽宗崇宁五年（1106）生。少时刻苦为学，为绍兴八年（1138）进士，历任湖北转运司主管账司、永春知县、秀州华亭知县、监察御史、漳州知府等职。他为官清廉爱民，"生平清苦自励，非人所堪"。《长乐县志·名臣》有其传。当年朱子同安县任主簿，因早闻黄瑀贤名，一次经过长乐时，特地登门拜访。两人相见恨晚，相谈甚欢。黄瑀给朱子留下了深刻的印象，朱子决心像黄瑀一样清廉有为。朱子接收黄榦为学生，自是相信虎父无犬子。

黄榦成为朱子学生的第二个渊源，是被称为"朱子忠实的门人"刘清之的推荐。刘清之（1134—1190），字子澄，学者称静春先生，南宋临江军（今江西清江）人，后迁庐陵（今江西吉安）。绍兴二十七年（1157），进士及第，调宜春县主簿，改建德县主簿。历任万安县丞、知宜黄县、太常寺主簿、知袁州。以廉洁奉公，救荒利民而闻名于时。清之初受业于其兄靖之，甘贫力学，博览书传。进士及第后，欲应博学宏辞科。"及见朱子，焚其所习之书，慨然志于义理之学。"其与吕祖谦、张栻皆神交心契，并曾到吕祖谦书院讲论经义。因念官场士风不振而罢官不仕，归筑"槐荫精舍"，讲经论学，质疑切磋，来者日众。淳熙二年（1175），黄榦也慕名前来向刘清之求学。一番交谈后，刘清之惊艳他的才华，便修书一封，推荐他到自己最佩服的老师朱子那里学习，预测他将来必前途无量。朱子对自己的忠实信徒介绍来的学生，岂有不收之理？

黄榦成为朱子学生更重要的原因，还有一段胜过"程门立雪"的佳话。淳熙三年（1176）冬天，黄榦持刘清之的推荐信，拜别母亲，从长乐逆闽江而上，跋山涉水到达崇安五夫。到了五夫一打听，朱子早已外出讲学，当年通讯不发达，不知何月何日能归。当时也有其他外地来求教朱子的学子，他们多等了几日便忍耐不住打道回府了。而黄榦矢志不移，独自在客栈中耐心等候朱子。每日，他都守候在客栈，甚至夜里睡觉都衣不解带，睡不落枕，盼望着朱子一回来就能立即拜见。为节省盘缠与宝贵的学习时间，他每日只吃两餐，而读书却常通宵达旦。他这一等就是六十多个昼夜，"起卧一榻，不解衣者二月"，终于听到朱子讲学归来的消息。黄榦沐浴整衣，在客栈主人陪同下，前往五夫路口等候。

见到朱子风尘仆仆迎面而来，激动的黄榦拦路而拜。朱子听完他一番陈述及客栈主人介绍后，感动不已，心想这不就是当年洛水河边的杨时、游酢再世么？看来自己后继有人了！

朱子庄重地接收了黄榦，见他既有家学渊源，又有坚韧气质，无疑是品学兼优的学生。于是专门为他在潭溪边盖了一间虽简陋但实用、虽独处但利学的小房子。这房子建在朱子初到五夫时种的樟树下，这棵树被后人称作"朱子樟"，如今已如巨伞华盖般。黄榦为了节约与明志，继续坚持一天只吃两餐。拜师后的黄榦，按照朱子给他设计的学习进阶规划，上课认真听取老师的讲解，平时也追随老师亦耕亦读，观山阅水，体悟自然之精神。在朱子的口传心授及自己夜以继日的勤学苦读下，黄榦的智识飞速长进，朱子大加赞赏。朱子对其便有"直卿志坚思苦，与之处甚有益"的评价。

崇安大桥朱子画廊浮雕：考亭学派

二、乘龙快婿，朱学栋梁

跟随朱子学习八年后，黄榦仍然心无旁骛地探究理学，不沾染世俗之习。虽然年已达三十三岁，仍没考虑娶妻成家之事。黄榦这一专心求道的精神，深深打动了朱子，二人情谊愈加深厚。黄榦居住在樟下小屋，朱子时常遣二女儿嘘寒问暖，天长日久，俩青年也渐萌情愫。朱子极欣赏黄榦的才华与人品，为了爱徒与爱女的前程，遂将自己的二女儿许配给他。此后，已成为朱子家人的黄榦，更加密切地随侍朱子左右，成为朱子门派坚定的捍卫者与学术传人。

黄榦除在崇安五夫里随朱子苦读外，也与蔡元定、吕祖谦等切磋学问，常将"所闻与朱子相质证"，不久理精义熟，成为朱子高徒。宋宁宗即位，朱子为黄榦前途着想，既谋生活，亦为苍生，遣他入仕，得补迪功郎，监台州酒务。不久，黄榦母逝，黄榦回福州守孝并于墓庐开堂讲学，开启了自己由学生成为老师的华丽转身。因他为朱子的高徒，得朱子真传，从学者甚多。

绍熙三年（1192），朱子迁居建阳考亭，黄榦也追随在附近结庐居住，以便照应。朱子在考亭筑"竹林精舍"讲学，有时便令黄榦代讲。朱子著《礼书》，其中《丧》《祭》二篇由黄榦编写，朱子对成稿十分满意。庆元二年（1196），朱子提倡的道学被朝廷斥为"伪学"，深受打压。但黄榦为坚持讲学，同年在建阳潭溪自建草堂讲道著书。庆元六年（1200），朱子病重，将所著书稿托付给黄榦。朱子逝后，黄榦持心守丧三年，后调监嘉兴府石门酒库，边履职边整理朱子遗稿。

三、保国安民，传理不辍

黄榦步入仕途后，面对外族入侵、朝政腐败的社会现实，仍秉承朱子的既有理念，主战反和，致力于社会改革，力图"壮国势而消外侮"。嘉定元年（1208），任江西临川县令，力主抑制坐蠹之害和盗枭之弊。嘉定五年，改任临江军新淦县令，着力整顿吏治，揭露该县胥吏勾结豪民将职田作官田变卖之罪。任安徽安丰军通判时，亦不断整顿腐败的吏治。嘉定八年，知湖北汉阳军。时值大旱，而监司却不过问。黄榦力筹赈荒米7万余石，粜给灾民，还收留外地流民2700余人，发仓予以赈济，民深感其德。嘉定十年，知安徽安庆。安庆乃抗金前线，黄榦到任后奏请修郡城，并亲自督修，每日五鼓坐堂，安排工程进度，修好郡城。两年后，金兵南下，安庆城在抵御金兵入侵中起了重大作用，百姓深感黄榦修城之德。嘉定十一年，辞安庆职，入庐山访其友李燔、陈宓，并在白鹿洞书院讲学。不久，改知和州，以衰病辞。九月，命知广东潮州，辞。十二月，主管亳州明道宫。嘉定十二年，四月回建阳，十月回福州专事讲学。嘉定十四年三月，卒。

黄榦是朱子理学的主要传人。第一，他坚定了朱子的道统地位。他认为道出于天，表现为天地万物和人事的变化，故有道统。道统传授的次序为：尧、舜、禹、汤、文王、武王、周公、孔子、颜子、曾子、子思、孟子、周敦颐、张载、二程、朱子。他把"传承道统"看成是朱子的最大成就，经过他的提倡和阐发，朱子学成为统治阶级的正统思想。其次，黄榦是传播和推广朱子学的第一人，初传朱子学大都出于黄榦之门。黄榦在浙江为官时，将朱子学传于金华人何基，后来通过何基再传，朱子学盛行于浙江。黄榦在江西为官时，传弟子饶鲁。饶鲁在江西讲学，广收弟子，成为朱子学在江西的源流。黄榦在汉阳为官时，在书院讲授理学，门人众多。后元兵攻入汉阳，俘虏理学家赵复，携归北方，使之在太极书院讲学，致使元代时朱子学在北方迅速传播，遂成独尊之势。

鉴于黄榦对朱子理学的卓越贡献，南宋朝廷谥其号文肃，明清入祀孔庙，并朱文公祠列四配之首。

（本文作者为武夷山朱子文化研究中心研究员）

朱子与陈淳

张建光

想起陈淳，是因为我做客漳州讲述朱子文化。说朱子知漳，陈淳是绕不开的话题。前贤中称陈淳"朱门高第"有之，"闽学南传第一人"亦有之，甚至称赞他"与贤者并世而生"，就是朱子本人也讲"南来吾道喜得陈淳"。人到漳上，焉能不去寻访陈淳？

车子一路驶向九龙江边，我知道，九龙江源自闽西龙岩，分西北双溪，而陈淳故里就在北溪的南岸，所以人们尊称他为"北溪先生"。村委郭主任介绍说，此地"蓬洲社"，旧称"香洲社"，据说陈淳出世时，村庄周边"百草皆香"，所以才有旧名。看完古渡口，我急忙打听陈淳的故居，谁知郭主任手指江中说，那里就是旧屋所在。见我一脸愕然，他解释道，过去香洲社因临水而居，受江水冲刷，田园住宅往往崩塌入水，后来只好举庄迁入几里外的高地。因为忌讳外人称这里为"崩洲"，所以才把地名改为现在的"蓬洲"，在闽南话中"香""崩""蓬"都为谐音。郭主任怕我不信，还亮出他当年采沙老总的身份。他曾带领手下捞出不少的古砖旧瓦。"故居是无法看了，能不能瞻仰陈淳的墓地？"他连连摇头："没有，没有。很早时候，见过村后尖仔山下好

陈 淳

像有块刻着陈淳字样的墓碑,不过已被砸成两段,再后来也就不知所终。""那他的后裔能否找来谈谈?"他还是摇头:"这个行政村有三个自然村,一村姓郭,一村姓许,再就是郑姓,陈姓的原住民几乎没有。"站在蓬洲社的古渡口,我踱来踱去,打量身后有屈子祠,放眼北岸瑶山脚下有关帝庙,无不红墙红瓦,香火热闹,而我所要拜谒的陈淳却踪迹全无,不知孤魂何在?仿佛如脚下无语的江水。难道逝者如斯,"北溪"如斯?我的心情有如当地人引用的康熙朝进士唐朝彝路过此地的诗句:"何处荐清香,泪洒溪流逝。"

只得循着书本去寻觅,向历史去询问。打开典籍,"北溪先生"的形象光辉伟岸。宋史为其立传,其《语孟大学中庸口义》《字义详讲》《礼诗》《女学》等著作载入史册,特别是煌煌五十卷《北溪大全集》悉数收入清朝《四库全书》。他的著作历朝历代都在翻印刊刻,且对海外产生很大影响。我读了李蕙如教授的《陈淳研究》专著,了解到"北溪先生"的思想从南宋时就输出到韩国、日本,而20世纪末由于陈荣捷教授的翻译,陈淳也受到了欧美学者的推崇。难以想象,这样一位世界级的思想家,出身竟然是一介布衣,生前几乎没有什么"功名",最后朝廷按照科举特例,"特奏恩迪功郎"给予进士,并着任安溪主簿,未及到任,却以65岁享龄病逝。他"赋姿纯朴,颖悟过人,自少即高自期许,不同流俗"。年轻时,他听从好友忠告,从事圣贤学问以代举子业。他读了朱熹与吕祖谦合编的《近思录》,把周敦颐、程颢、程颐,特别是朱子作为自己人生楷模,努力学习和践行他们的思想。也许是时代安排或命运的造化,他曾两度聆听朱子的教诲,在漳州任上和任后建阳,他们演绎了一段师生同道的佳话。学生说:"十年愿见而不可得。"老师曰:"吾道得一安卿(陈淳字)为喜。"朱子与陈淳几乎是同道之友,教学别具一格,常常或是诸生皆退,留淳独语;或诸生入侍彼坐定,先生目淳申前说;或召诸至卧内,首问:"安卿更有甚说法?"《朱子语类》一一七卷记载"训淳"三十四条,共计万余字,是朱子与门人对话中最多的。胡适先生有言:"陈淳二次的记录最小心,最用功,最能表现朱子说话的神气,是最宝贵的资料。"陈淳两次求学,终于实现了"下学上达"思想认识上的两次飞跃,所以他成为朱子最得意的四大弟子之一,奠定了他在中国思想文化史上的地位。

崇安大桥朱子画廊浮雕:临漳讲学

我请来了《闽南日报》社总编叶明义先生和漳州城市职业学院郑晨寅教授,前者是三届"海峡两岸朱熹陈淳学术研讨会"的具体组织人,后者是福建师范大学国学方面的研究生。话题围绕陈淳对中国思想文化的贡献展开。他们用四个字概括了"北溪先生"的历史作为——"理学津梁"。陈淳毕生对朱子理论进行了最准确和最权威的诠释。美国学者狄百瑞认为,几乎没有什么教学概念和范畴未列其著作之中,且"篇篇探心法之渊源,字字究性学之蕴奥"。其阐述精辟而又系统,是理学入门的钥匙,后人称为"东亚第一部哲学辞典"。朱子去世后,心学兴起,陈淳不遗余力地捍卫纯正理学,对陆学大加挞伐,以致后人对其批评太过略有微词。他坚持师道发展师道,曾称赞朱子"致广大,尽精微,综罗百代"的全祖望在《宋元学案·北溪学案》中说陈淳"卫师门甚力,多所发明"。他完成了从门人到传人的转变。不只是朱子思想的再解释,同时条分缕析,融会贯通,逐步建立起属于自己的理学思想体系。是诠释,又是构建;是继承,又是创新。加上他在浙江、漳泉一带讲学,既开当地风气之先,又培养一批批弟子门人,因而被标举为"紫阳别宗"。因为他的历史贡献,清雍正二年(1724年)被配祀孔庙,成为孔子之后 2000 多年来全国 172 位享此殊荣的贤哲大儒之一。

我只得从民间考察中寻觅，向百姓去了解。我走访了北溪书院、龙文实验小学等场所，验证了厦门大学高令印教授所说的一番话："陈淳之学，是成熟心智、健全人格、安身立命之学。"陈淳反复强调，圣贤学问"不外乎人生日用之常"，皆是"人生日用人事间"之事。再深奥的天理，最终都体现在人生日常之间，生活伦常自有其天命、天理的根源，尽人事处即为天理，因此要从我做起，从小做起，从小事做起。陈淳为人行事，确实做到了知行统一，笃行理学思想主张，追求道德的圆满，就像他的名字一样，"醇"厚正直。虽然他有些口吃，外表木讷，内心却仁爱有加。母亲病重，他号啕大哭，请求上苍由己代受；弟妹谈婚论嫁，他不顾家贫出钱操办；家族上下和睦相处。虽是一介布衣，却常常为民呼吁。他上书反对滥杀耕牛，严禁纠缠诉讼，不让神棍敛财，批评寺僧虐民。他十分注重化民成俗，把孔孟之道、朱子理学编成了《启蒙初诵》《小学诗礼》等儿童教材。《启蒙初诵》三字一句，四句一章，言简意赅，朗朗上口，比现今流行的《三字经》早了 80 年，而《三字经》中不少句子与《启蒙初诵》完全相同。龙文区实验小学的郭校长告诉我，学校很早就把《启蒙初诵》作为校本教材，还让学生用闽南话吟诵，很受学生和社会的欢迎。朱子诞辰 888 周年之际，学校发动 888 位学生集体朗诵《启蒙初诵》，以纪念朱子，也纪念陈淳。

徜徉在漳州的城里城外，感受到城乡的日新月异。正在建设的"五湖四海"初具规模。我想一个高度文化自觉、自信、自强的地方不应该只有青山绿水、蓝天白云，理应还有文化的"活水"流淌，比如云洞岩、石井村朱子庙中能否配祀陈淳，香洲社的地名能否恢复，尖仔山下能否有"北溪先生"的衣冠冢，渡口公园能否有朱子和陈淳传道授业的身影，让人们的"寻找"成为"不再寻找"。"北溪先生"的思想和教化，早已深深地嵌入这座城市的历史记忆和百姓的心里。

（本文作者为国际儒学联合会副理事长、福建省文史研究馆馆员、武夷山朱子文化研究中心顾问）

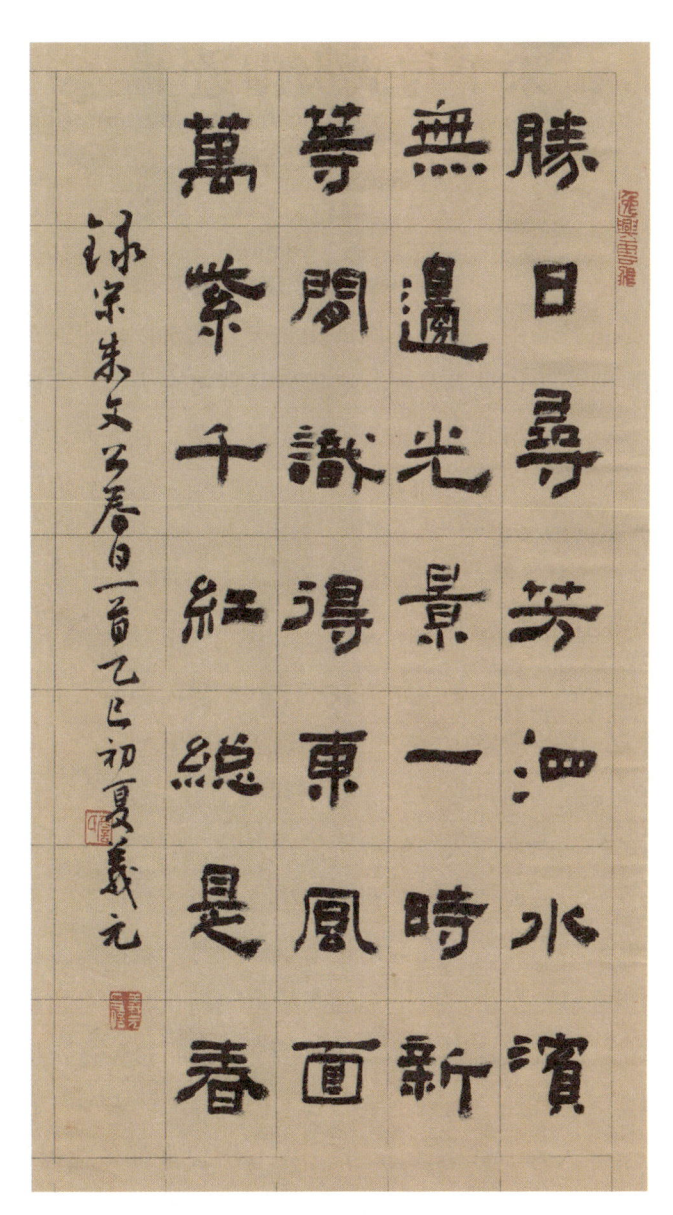

勝日尋芳泗水濱
無邊光景一時新
等閒識得東風面
萬紫千紅總是春

錄朱文公春日一首 乙巳初夏 義元

书法撰写：詹义元

朱子与武夷山道士

兰宗荣

武夷山是道教名山,有客于闽的士大夫,无不以一蹑武夷丹梯,领略碧水丹山胜概为快,见其乡人,必以曾从武夷来为荣。宇庙山水之灵异常因人而著,朱子与武夷道士等羽流名贤交游,一方面,从道教中吸收有益的养分;另一方面,也扩大了朱子理学在道流中的传播,并使"道"在武夷之名甲于天下。

一、武夷山仙道述往

在道教的历史上,武夷山是道教三十六小洞天中的第十六洞天——升真元化洞天,宁德霍童山是三十六小洞天中的第一洞天。洞天福地就是地上的仙山。武夷山自秦汉以来,历代成为方士羽客隐遁修炼之所。考"武夷"之名,由来已久。记载所传武夷君、皇太姥、王子骞十三仙人之说语涉荒远。又说"武夷"乃因彭祖二子彭武与彭夷开发此山,为了纪念其开发之功而命名。先秦传说诸事多荒诞,难以稽考。其所称武夷君、皇太姥之事则至少可以追溯到秦始皇时期。相传秦始皇二年(前220),武夷君、皇太姥、武夷十三仙在幔亭峰设布幔帷帐,招集众仙和武夷乡人赴宴。这就是"幔亭招宴"和"幔亭峰"的来历。魏时有王子骞与张湛等十三人称"武夷十三仙"。据《历代真仙体道通鉴》所载:"魏王名子骞,在同州立王城,乃坠地仙人,于此山得道。张湛等十二人同诣武夷山求道,碰巧气候大旱,魏王置酒,祭仙祈雨。时控鹤仙人乘云鹤白马从空中而下,遂需雨泽。张湛等因获见,并献诗一首,'武夷山下武夷君,白马垂鞭入紫云。空里只闻三奠酒,龙潭陂上雨氛氛'。仙人得诗甚喜,认为各有仙分,乃遣何凤儿往天台山取仙籍一卷,到山检视,其谪下凡间为庶类,合居此山八百年,后方得道换骨归天。仙人既见仙籍,各有姓名,乃安排魏王而下一十三人同居此山,各赐胡麻一合,汤药半盒,遂令魏王开筵置酒。张湛遣元亨打羯鼓,彭令昭吹横笛,顾思远立色,李三娘弹琵琶。欢宴而罢,群仙会散。仙人语云,魏王公等至八百年后可斫取黄心木为棺,于此岩中玄化魂魄,便得归天。至期果然玄化。"[①] 汉时有张该坐化于大王峰。按《汉书》,汉朝皇帝常派使臣以乾鱼祭祀武夷君。六朝时期,有高人逸士刘道元等卜居于兹;东晋郭璞写有武夷山的题谶诗;晋、唐年间有许碏、詹真人在武夷山活动;唐代吕洞宾写下《游武夷题》;唐代另有会稽女冠孔、庄、叶三仙女(后人称三皇元君)结伴于山中桃源洞修真得道;南唐张绍写有会仙观铭;宋有白玉蟾、当道人、李陶真在山中活动。宋代白玉蟾写有《武夷重建止止庵记》《武夷集》等诗文。武夷山升真元化洞天知赏者大有人在,道书所载方士道人可谓代不乏人,不可胜纪。

二、朱子涉道诗咏及主管武夷冲佑观

朱子兴趣广泛,年轻时就"出入佛、老,返乎六经"。武夷山仙道氛围自然对朱子产生深远的影响。朱子因幼年丧父,从十四岁起投靠其父挚友,拜"武夷三先生"刘子翚、胡宪、刘勉之为师,遂定居距武夷山五十公里远的崇安县开耀乡五夫子里(现武夷山市五夫镇)四十余年。崇安五夫子里距武夷山较近,朱子奉祠闲居时将武夷山作为自己的"后花园",朱子与道士有密切的交往。山中不少道人便成为朱子最早的密友,朱子与他们频繁往来。朱子吟咏武夷山的诗文甚多,共五十多首,其中《武夷七咏·丹灶》《过武夷作》《升真观》《步虚词二首》《读

[①] 张宇初,张宇清,张国祥《道藏》(第5册),文物出版社、上海书店、天津古籍出版社,1988,第128页。

道书作六首》《作室为焚修之所拟步虚辞》《过武夷作》《寄山中旧知七首》《茶灶》等涉及仙道内容的诗歌均充满道意。

熊禾《升真观记》云:"文公(朱子)讲道武夷,力卫正学,独神仙一事不深诋。《谷神》一章,久视之要,而《参同契》十三篇,立命之秘也。儒者正谊明道而不知养气以为之配,则亦何所恃而独立不备也哉。故孟子开其端而不及竟,程子发其用而不敢泄者,殆有以也。余常谓,'偏言气失其本与专言理而乏其助者,皆不谓之善学'。"说明朱子在关注"理"的同时,并未放弃"气"。而道家是提倡修养精气神的。朱子有意识地想吸收道士们的炼气学说和实践。朱子曾在家中专筑一室作供奉道教的神祇和静修场所。他还曾与刘韫在诗中专门讨论过道教的气功导引之术。近代学者缪天绶在《宋元学案选注》中记载,朱子曾作《调息箴》,是一种道教胎生养神的养生方法。明代学者黄佐指出:"朱子之《调息箴》,乃老聃之玄牝也。"历史上有些道教徒、方士正是把"玄牝"理解为养生练气之术。就是说,朱子的《调息箴》一书讲的是道教胎生养神的养生之道。

年轻时的朱子就已有慕道之心,武夷山冲佑观自然是朱子最常去的地方。绍兴二十二年(1152)正月,朱子往武夷山冲佑观访道,斋心焚修,有《客舍听雨》《宿武夷观妙堂》等诗。诗中"虚馆"者,即指冲佑观。此诗即为朱子赴武夷山投宿冲佑观时所作。诗中"闲来生道心,妄遣慕真境"[①] 之句,表明朱子斋居自牧自修有得,遂往赴武夷山冲佑观斋证道。观妙堂在武夷山冲佑观,董天工《武夷山志》卷五载:"观妙堂,在冲佑观,壁间有李忠肃(弥逊)诗,朱文公尝宿于此。"[②] 朱子这时对道教满腔热血,已然熟识道教文化。从道教中更加明确了一种怡然自乐的生活状态,希望在精神世界里能够摆脱世俗上的羁绊与束缚,达到精神上的永恒境界,他转而追求心达远旷的思想境界。朱子受

[①] 束景南《朱熹年谱长编》,华东师范大学出版社,2001,第149—150页。
[②] 束景南《朱熹年谱长编》,华东师范大学出版社,2001,第150页。

朱子与武夷山道士

到的影响从他创作的诗歌中可以反映出来。

绍兴二十三年（1153）五月，朱子赴任同安主簿。朱子赴任时出五夫，经武夷山访冲佑观道士，并作《过武夷作》，诗云："弄舟缘碧涧，栖集灵峰阿。夏木纷已成，流泉注惊波。云阙启苍茫，高城郁嵯峨。眷言羽衣子，俯仰日婆娑。不学飞仙术，累累丘冢多。"① 灵峰在武夷山九曲溪之八曲，云阙指冲佑观，而羽衣子指冲佑观道士。

淳熙三年（1176）六月二十一日，以龚茂良、韩元吉荐，朝廷授朱子秘书省秘书郎之职。七月八日朱子辞去此职，不允。八月，再辞，并请祠。九月，差朱子主管武夷山冲佑观。黄榦《朱熹行状》："除秘书郎。先生以改官之命，正以嘉其廉退，今乃冒进擢之宠，是左右望而罔市利，力辞。时上谕大臣，欲奖用廉退，以励风俗。执政因以先生为言，故有是命。曾有言虚名之士不可用者，以故再辞，即从其请，主管武夷山冲祐观。"《中兴圣政》卷五十四："淳熙三年六月甲午，龚茂良奏，'近奉诏旨，欲奖用廉退之士，有朱熹者，操行耿介，屡召不起，宜蒙录用'。上问'曾为何官？'李彦颖奏'闻曾历州县官一任，后以密院编修、武学博士召，皆不起。近岁陛下特与改官，见任宫观'。上曰'记得其人屡辞官，此亦人所共知。今可与除一官'。于是诏除秘书郎。熹以改官之命正以嘉其廉退，顾乃冒进擢之宠，是左右望而罔市利，乃力辞。会有言虚名之士不可用者，以故再辞，即命主管冲佑观。"② 主管是祠官的一种，是宋代朝廷为了优待官员而设置的挂名闲职，领半俸，住处悉听尊便。

淳熙三年（1176）十月，时建安的史学家袁枢欣闻朱子主管武夷山冲佑观，寄了一首充满道家气息的贺诗《寄朱晦庵山中丹砂》。朱子针对袁、傅的好佛，作《奉答景仁老兄赠别之句》，对袁、傅委婉地提出

---

① 朱杰人《朱子全书》（第20册），上海古籍出版社、安徽教育出版社，2002，第242页。

② 束景南《朱熹年谱长编》，华东师范大学出版社，2001，第568—569页。

善意的批评。朱子邀请袁枢、傅伯寿等人游武夷山。

淳熙四年（1177）九月，袁枢、傅伯寿、梁琢、吴英到五夫访朱子。朱子偕游武夷，泛舟九曲，于是宾主诗歌唱酬。朱子在《奉陪机仲宗正景仁太史期防武夷而文叔茂实二友适自昭武来集相与泛舟九曲周览岩壑之胜》诗中吟道："此山名自西京传，丹台紫府天中天。似闻云鹤时降集，应笑磨蚁空回旋。我来适此秋景晏，青枫叶赤摇寒烟。九还七返不易得，千岩万壑渠能专。……梁郎季子山泽臞，傅伯爱盎瀛洲仙。……"[①] 诗中盛赞武夷山在道教修炼中所处的地位。

淳熙五年（1178）初秋，朱子受到武夷山这一方道家洞天福地的感染，写下《游武夷以相期拾瑶草分韵得瑶字》诗："仙人久相招，授我黄素书，赠我双琼瑶，茅茨几时建，自此遣纷嚣。"[②] 此诗可见朱子"染上了道家安性自适，甚至仙家超凡脱俗的晕圈"。[③] 可见朱子慕道情结久久不能退去。朱子还写下《方池》一诗。冲佑观的内院宾云亭左边有一方池，泉水清洌，朱子常来此游览，赞赏有加。

朱子任武夷山冲佑观祠官直至淳熙五年（1178）八月差知南康军而止。

三、朱子与寒栖馆道友、冲佑观羽流高文举等的交往

淳熙十年（1183）四月，朱子在浙东奏劾唐仲友受挫后，愤而从浙东辞归，在武夷山五曲隐屏峰下构筑武夷精舍，精舍内有仁智堂、隐求室、止宿寮、石门坞、观善斋等。其中，朱子将自己的卧室命名为"隐求室"，又在石门西南别构一屋，采用南北朝高道陶弘景《真诰》之语，

[①] 朱杰人，严佐之，刘永翔《朱子全书》（第20册），上海古籍出版社、安徽教育出版社，2002，第365页。

[②] 朱杰人，严佐之，刘永翔《朱子全书》（第20册），上海古籍出版社、安徽教育出版社，2002，第364页。

[③] 冯兵《朱熹在武夷山与道士交游事迹略考》，华北电力大学学报（社会科学版），2011（4）。

朱子与武夷山道士

取名"寒栖馆",主要用来安置道友。朱熹还为"寒栖馆"赋诗一首:"竹间彼何人,抱瓮蘼遗力,遥夜更不眠,焚香坐看壁。"①朱子的朋友韩元吉为其写的《武夷精舍记》也记载:"取道士之庐犹半也。"② 可见朱熹熟悉道教经典,与道人的关系密切。朱子创办武夷精舍,令诸从游者诵习其间,析疑辨惑,亦因是山闲静,永少世纷,可以专心致志于身心学问中,非必耽玩溪山之胜。此间,朱子与道友交往更加频繁。

淳熙十年(1183)四月,朱子与吴楫、蔡元定诸士友游集武夷山冲佑观岁寒轩,因邀诸羽客同饮,有《奉同公济诸兄自精舍来集冲佑之岁寒轩因邀诸羽客同饮公济有诗赠守元章师因次其韵》,诗道:"蓬莱清浅今几年?武夷突兀还苍然。但忻丹籍有期运,不悟翠壁无夤缘。鼎中龙虎应浪语,纸上爻象非真传。明朝猿叫三峡路,一叶径上沧浪船。"③此诗中诸羽客即武夷山众多道士。公济,即吴楫。朱子此时已与诸羽客打成一片,心中崇拜的对象已非只是岩洞中只图长生久视的飞天仙人。据记载:"岁寒轩在冲佑观,朱子尝同吴公济诸友自精舍来集并邀诸羽客同饮于此,今废。"④ 朱子武夷精舍杂咏中《铁笛亭》《茶灶》等诗均有道意。

在庆元元年(1195)八月十五日中秋佳节,自称武夷精舍仁智堂主的朱子受冲佑观道士高文举之邀,到冲佑观品茗赏月,并作《武夷山图序》。朱子在《朱文公文集》卷七十六《武夷山图序》中写道:"武夷君之名著自汉世,祀以乾鱼,不知果何神也,今建宁府崇安县南二十余里有山名武夷,相传即神仙所宅,峰峦岩壑,秀拔奇伟,清溪九曲流出其间,两崖绝壁人迹所不到处,往往有枯槎插石罅间,以庋舟船棺柩之

---

① 董天工《武夷山志》,江苏古籍出版社,2004,第633页。
② 董天工《武夷山志》,江苏古籍出版社,2004,第609—610页。
③ 朱杰人,刘永翔,严佐之《朱子全书》(第20册),上海古籍出版社、安徽教育出版社,2002,第525页。
④ 董天工《武夷山志》,江苏古籍出版社,2004,第373页。

属,柩中遗骸外列陶器尚皆未坏,颇疑前世道阻未通,川壅未决时夷落所居,而汉祀者即其君长。盖亦避世之士,生为众所臣服,没而传以为仙也。今山之群峰最高且正者犹以大王为号,半顶有小丘焉,即君之居耶。然旧记相传,皆诡妄不经,不足考信。故有版图迫连渑漫亦难辨识,今冲佑羽人高君文举始复更定此本于斯背隐显之间为能有以尽发其秘且属隐屏精舍仁智堂主为题其首以祛旧传之惑云。"[1]朱子曾对一些世传的神仙武夷君作过考辨,并对船棺的成果作出较为科学合理的判断。朱子认为武夷山不是神仙所居之地,而是前世少数民族部落生活的地方;武夷君不是神仙,而是少数民族部落的君长;架壑船不是仙人葬处,而是远古少数民族部落的悬棺葬俗。这些论述,为世人澄清了迷雾、指点了迷津。可见,朱子虽慕仙,却不说仙话。

四、朱子与道士白玉蟾、陈丹枢

朱子去世后,南宋道教金丹派南宗第五代传人白玉蟾非常敬仰朱子。朱子的弟子杨长孺、李谌都曾与白玉蟾有过交往[2]。白玉蟾隐居武夷期间作了多首凭吊、缅怀朱子的诗文,如《化塑朱文公遗像疏》《赞文公遗像》《题精舍》等,反映了白玉蟾对朱子的景仰之情。白玉蟾瞻仰武夷精舍后写下的《赞文公遗像》中赞道:"皇极坠地,公归于天,武夷松竹,落日鸣蝉。"他还在《化塑朱文公遗像疏》云:"天地棺,日月葬,夫子何之?梁木坏,泰山颓。哲人萎矣。两楹之梦既往,一唯之妙不传,竹简生尘,杏坛已草,嗟文公七十一祀,玉洁冰清。空武夷三十六峰,猿啼鹤唳。"这首诗语出惊人,嗟叹朱文公七十高龄的人格中充满着玉洁冰清的可贵之处。白玉蟾的另一首《题精舍》:"到此黄昏飒飒风,岩前只见药炉空,不堪花落烟飞处,又听寒猿哭晦翁。"反映了

---

[1] 朱杰人,刘永翔,严佐之《朱子全书》(第 24 册),上海古籍出版社、安徽教育出版社,2002,第 3680 页。

[2] 兰宗荣《朱熹、白玉蟾与李谌、杨长孺交游考》,武夷学院学报,2015(2)。

朱子与武夷山道士

武夷山止止庵（兰宗荣 摄）

白玉蟾对朱子离世的不舍之情。

白玉蟾，南宋时出生在海南琼州，祖籍闽清，字如晦，号琼琯，又号云外子，本姓葛，名长庚。祖有兴，闽清人，司训琼州，父殁，随适白氏因冒其姓。据记载："绍兴初玉蟾生于琼。随母适白氏，因冒其姓，居止止庵仙去。赞曰，'天生异质不寻常，游到夷山法术良。赤脚蓬头餐澧露，白云深处肆邀翔。'"白玉蟾幼敏慧，"十岁应神童科，主司命赋织机诗，即应声曰：'大地山河作织机，百花如锦柳如丝。虚空白处做一匹，日月双梭天外飞。'其后屡试不第，拂袖入罗浮得洞元雷法。能呼召雷雨，生平文思汪洋，顷刻数千言，善诗。其草书有龙翔凤翥之势。复遍游名山，后至武夷。曾讲法于冲佑之采隐堂。居止止庵。有自赞云：'千古蓬头赤脚，一生服气餐霞。笑指武夷山下，白云深处吾家。'嘉定间召对称旨，馆太乙宫。一日不知所往，诏封紫清明道真人。有琼馆集行世。彭鹤林云：'玉蟾尝夜过鄱阳湖，剪纸为月，嘘于樯端照行达旦。又与众泛西湖酒酣跃入水，寻于海丰见之。'"

173

《武夷棹歌》十首是朱子在武夷精舍时期的诗歌代表作，也成了朱子生平诗歌创作达到最高峰的象征。从一曲写到九曲的写法，是典型的民歌乐府风貌，似乎是从民家的船歌渔唱融化而来，但另一方面又显然深受欧阳修著名的《鼓子词》的启发。[①] 白玉蟾也作《棹歌十首》，其奉和酬唱声，使九曲溪的知名度得以日益提高。朱子把二曲的玉女峰比作一位插花的绝代佳人，意思是说亭亭玉立的玉女仙子，临流插花，梳妆打扮，究竟是为了谁呢？二曲溪口迎人而立的是峭拔挺秀、明艳照人的玉女峰。玉女峰突兀拔空，峰顶花木参簇，整座山峰像束髻簪花的少女，岩壁缝痕似衣裙皱褶，飘飘欲仙，峰下碧波绮丽的"浴香潭"，传说是玉女洗浴的地方。潭中一块方形巨石，刻"印石"二字。峰左侧有一岩叫妆镜台，刻有两丈多高的"镜台"二字。民间传说玉女隔溪与一曲之畔的大王（大王峰）苦恋，朱子的二曲之歌即咏此。玉女峰和周围的山水构成一幅仙境般的图画。白玉蟾亦有咏玉女的诗歌："插花临水一奇峰，玉骨冰肌处女容。烟映霞衣春带雨，云鬟雾鬓晓梳风。"白玉蟾的《丫头岩》中还写到："君不见武夷九曲溪之东，三峰号为玉女峰。当时嫁与大王峰，至今栉雨而梳风。"[②] 不仅大王与玉女的故事千百年来在民间传唱，朱子《九曲棹歌》也在道流中传播。据白玉蟾《云窝记》记载："丹枢陈先生辟谷不粒，年已七八旬，犹方瞳漆发，其颜犹童……所附身仅一破衲，一旦存乎五曲之间，吟晦翁先生诗，'山高云气深'之句，平林烟雨尚如昨夕也。"这位陈丹枢道士在山间辟谷养气，大抵以修炼"内丹"为务，而平时却喜爱吟咏朱子的诗歌，足见朱子对其具有别样的吸引力。可以说自南宋开始，朱子理学不仅在道教代表人物中流行，而且已相当程度上影响了普通道士。宋代，朱子著作往往成为道士们学习的重要资料。

　　[①] 束景南《朱子大传》，商务印书馆，2003，第565—566页。
　　[②] 白玉蟾《丫头岩》，北京大学古文献研究室编《全宋诗》第60册，北京大学出版社，1998，第37569页。

朱子与武夷山道士

明代道教正一派天师张宇初在写《武夷山志序》时说:"盖建之曰丹山碧水者,奇峰丽岫,层见迭出于一水萦纡之间,而岩姿屏色趋抱拱抱。凡洞穴坛琼,不可枚纪,每皆胜绝,孰不有仙真异人居之。是故若朱文公、蔡文节公、刘文简公,一时名贤巨儒,亦皆读书讲学其间。则九曲之胜,闻于四方者,亦岂偶然也哉。"①

总之,武夷山也是儒教名山,朱子倡道东南,讲学于武夷之五曲,一时名贤接踵而至,云集星拱,观览觞咏流风余韵大为山水增色。正因为朱子讲学此山,并与武夷道士的交往,对道家思想进行吸纳,于是就如明末清初潘平格所言:"朱羽陆释""朱子道,陆子禅"。② 也就是说朱子的理学接近道家,陆九渊的理学接近禅家。说明了道家道教对朱子学术的影响。朱子正是基于对道家思想的深度借鉴与吸纳,能够致广大,尽精微,综罗百代,集濂洛关之大成,从而将中国哲学提升到了一个新的理论水平。朱子与道流的交游无疑使"道南理窟"之名远播,形成正如张栻所说的"当今道在武夷",其流风余韵络绎相继,以至于今。

(本文作者为武夷山朱子文化研究中心研究员)

---

① 张宇初,张宇清,张国祥《道藏》(第33册),文物出版社、上海书店、天津古籍出版社,1998,第208页。

② 王泛森《潘平格与清初的思想界》,《晚明清初思想十论》,复旦大学出版社,2004,第294页。

朱子与武夷禅缘

吴佳慧

受北宋三教并举政策及社会风尚的影响,和北宋所有的理学家一样,集理学之大成的朱熹,也经历了出入佛老,泛滥百家,最后返求六经的过程。朱熹早年出入佛老的十余年主要在武夷山生活,与武夷僧人往来密切,如道谦、圆悟等。在武夷山的几段禅缘对其理学思想体系的形成产生了一定的影响。朱熹最终逃禅归儒,在这个过程中,他对佛教思想进行了批判性的吸收利用,这也是其理学思想致广大、尽精微的原因之一。

一、对朱熹有重要影响的几段禅缘

(一)跨越时空的神交——扣冰古佛

朱熹与扣冰古佛非同时代人,二者的关联更多体现在古佛禅法给予朱熹的影响,是宋代理学家与佛教关系的具体写照。

扣冰古佛,俗姓翁,法号藻光,新丰乡吴屯(今武夷山吴屯乡)人,生于唐会昌四年(844)。由于藻光冬日扣冰而浴,故称其为扣冰古佛。又因世传他的母亲夜梦辟支佛,藻光尔后诞生,故又称藻光为辟支佛。十三岁即求出家,于吴屯清潭寺拜行全座下。唐咸通十一年(870)参拜雪峰开山祖师义存,义存曾叹:"汝异日当为王侯师也。"广明元年(880),僧藻光在吴屯创设瑞岩道场,使瑞岩香火鼎盛,成一方名刹:"伏虎投神之誉播于方外,进而江淮两浙,远而荆楚陕川,无不闻其高风,造庵拜谒,至于高僧行者悉皆杖扣钵,愿求参悟,一时瑞岩道场与天台曹溪并峙。"天成三年(928),闽王王延钧礼聘藻光至福州,"敬事为王师"，藻光屡"劝王以百姓为念，勿多杀"，后坐化于鼓山。

藻光在武夷的地位至高至圣，并将武夷佛教影响波及闽都，在闽、浙、赣甚至远至四川等地都有影响。后世名士文儒对其创设道场的瑞岩寺多有探访，赵抃、刘韫、刘子羽、李佑、黄嘉宾等先后写下数十篇赞美诗文，朱熹也是其中之一。朱熹访瑞岩寺时写下《题瑞岩》："踏破千林黄叶堆，林间台殿郁崔巍。谷泉喷薄秋愈响，山翠空蒙画不开。一壑只今藏胜概，三生畴昔记曾来。解衣正作留连计，未许山灵便却回。"此诗最后两句点出朱熹的矛盾和徘徊：一方面他向往沉浸佛教宁静而空灵的世界；另一方面现实中的使命感又教他转过身来，积极面对现实世界。朱熹的这种矛盾和徘徊也是宋代大多数理学家所经历的。最终，他们都回归经世致用的儒学，发展出一种更新的儒学，即理学。

藻光禅师参访雪峰禅师开启的是探求心中真如明月，长达五年的"寻月"之旅，直至他回到武夷山在山心庵（今天心永乐禅寺）结庐修证时，方豁然了悟了自性的般若，不禁感慨："云遏千山静，月明到处通。一时收拾起，何处得行踪。"尔后"天心明月"的典故流传。"天心明月"对朱熹是有所启示的，他留在武夷山楼阁岩上"天心明月"的题刻就是佐证。佛性真如和天心明月一样，不在别处，而在于心。藻光对内心反观自省的"惺惺"禅法，对朱熹也是有所启悟的。

（二）第四位老师——道谦禅师

道谦禅师是朱熹出入佛老最重要的影响人物，他与朱熹的老师刘子翚、胡宪、刘勉之均往来密切。朱熹在老师的援引下，结识道谦并开启十几年学佛的历程，一定层面上可以说，道谦是朱熹在武夷山的第四位老师。

道谦（约1102—1152），俗姓游，崇安五夫里人，家世业儒，早年丧父母，因孤苦而愿从浮图。15岁左右在五夫里拱辰山下开善寺出家。清雍正《崇安县志》载，道谦"幼敏慧，读书辄成诵。早失怙恃，叹曰'为人子者，不及甘旨之养，当从浮屠氏学出世法，以报罔极'，遂削发"。出家后，曾北游东都，先后问法于长灵守卓、圆悟克勤，无所省发，乃师大慧宗杲，传承其"看话头"禅法和"禅茶一味"思想。

绍兴九年（1139）秋，道谦别宗杲归崇安五夫里，成为密庵的主僧。绍兴十四年，15岁的朱熹在刘子翚处初见道谦，被其学问折服，自此与禅结缘。密庵距朱熹居住的潭溪仅7里（3.5千米），朱熹经常前往拜谒道谦问禅。绍兴十六年秋，刘子羽请道谦出世开善寺，开善寺在拱辰山，距潭溪近，朱熹更常访道谦。

崇安大桥朱子画廊浮雕：初识道谦

绍兴十八年（1148）二月，朱熹参加省试，援用了道谦的禅说，获考官赏识，一举高中。登科以后，朱熹历经两次访禅问道的远游，回到五夫把自己的书斋取名"牧斋"。牧斋的"牧"和道谦的"谦"同出于《周易·谦卦》，取意"谦谦君子，卑以自牧"。朱熹从此闭门自牧，耽读佛经，屡至山中与道谦参禅问道、禅书往来，同时如云游僧般在自然山水中体验证道，记游抒怀。他的《夏日二首》即是写照：

　　　　夏景已逾半，林阴方澹然。鸣蝉咽余响，池荷竞华鲜。
　　　　抱疴守穷庐，释志趣幽禅。即此穷日夕，宁为外务牵？
　　　　云臻川谷暝，雨来林景清。斋舍无馀事，凉气散烦缨。
　　　　望山怀释侣，盥手阅仙经。谁怀出尘意，来此俱无营。

绍兴二十二年（1152）九月，道谦卒，朱熹特撰《祭开善谦禅师文》前往祭之，祭文记叙了朱熹向道谦学禅的全部过程。绍兴二十三年，朱熹在赴同安任的前夕写了一篇《牧斋记》，总结他牧斋三年师事道谦和以儒佛老谦谦自牧的过程。是年五月，朱熹赴任经南剑时拜谒李侗，思想发生转折，开始了逃禅归儒的转变历程。

（三）师者之师——大慧宗杲禅师

大慧宗杲禅师是道谦的老师，朱熹从道谦处习得的禅理，多可追溯至宗杲。二人直接交集不多，却都"直指本心，遂悟昭昭灵灵一着"。

大慧宗杲（1089—1163），俗姓奚，宣州（安徽）宁国人。宋代临济宗杨岐派僧，字昙晦，号妙喜，又号云门。他融合儒释道三教思想，结合时代背景对禅学思想进行改进发展，对文字禅和默照禅加以批判，提倡重视禅修与实践相结合的看话禅。宗杲与士大夫密切交往，鼓励士大夫参禅学法，使得看话禅成为两宋之后极具影响的修行之法。他不仅是连结南北两宋僧人与儒学的重要环节，也是南宋佛教史上最具代表性的人物。

绍兴十七年（1147）春，道谦遭谤离开善寺往衡阳随宗杲时，朱熹寄书道谦之师宗杲问禅，宗杲有答书。这年八月，十八岁的朱熹举建州乡贡，他的老师刘子翚认为他一定专心在举业上，查看他的书箧，却发现只有一本《大慧语录》。佛理禅思浸润着朱熹的内心。绍兴十八年春，朱熹赴临安应试，赴试路上舟过桐庐时看见桐君山上的桐君祠，朱熹写下禅诗《桐庐舟中见山寺》，其中末联"孤塔向人如有意，他年来借一蘧除"表达他欲在云水禅心的桐君祠归隐的世外禅梦。

绍兴二十年（1150）五月，朱熹自婺源祖地展墓回崇安，特拜访时居天心寺的道谦禅师，恰逢大慧宗杲禅师应道谦之请到天心寺说禅。朱熹在大慧禅师的禅学和天心庵的禅境里获得省悟，以诗《天心问禅》记之：

年来更惑青苔路，欲扣天心日不撑。
几度名山云作客，半墙禅院水为僧。

枕石漱流心无语,听月煮书影自横。
不待钟声驾鹤去,犹留夜籁传晓风。

大慧禅师回径山后也致偈朱熹:

天心一别朱元晦,相忘已在形骸外。
莫言多日不相逢,兴来常与精神会。

朱熹与宗杲于禅境里往来,心领神会,他沉浸于佛老世界,对"枕石漱流"的归隐生活生出向往之心。

(四)亦师亦友——圆悟禅师

从大慧宗杲至开善道谦一脉相承的"禅茶一味",后由肯庵圆悟禅师继承。朱熹与圆悟亦师亦友,二人常品茗论佛。

圆悟和尚,号肯庵,建宁人,居武夷山五夫开善院。因听牛歌而悟道,曾有偈云:"山中住,不识张三并李四。只收松栗当斋粮,静听岭猿啼古树。"圆悟对佛法的理解和修行的实证为大众所推举,悠闲从容,居武夷山十余年。《崇安县志》(雍正)记其"法行圆融,学贯儒释,不谓空幻语"。他曾授学朱熹,受朱熹敬重。二人一起和过梅花诗,其中有"可怜万木凋零后,屹立风霜惨淡中"之句,引人慨叹。圆悟还有一首称赞朱熹画像的诗:"岩岩泰山之耸,浩浩海波之平,凛乎秋霜澄肃,温其春阳发生。立天地之大本,极万物之性情。传先圣之心印,为后人之典型。"

《枯崖漫录》记载,圆悟禅师与辛弃疾为一门同师的受业之友,因此辛弃疾恭请他至福清黄檗寺作住持。入寺后,有人中伤他行李数十担,辛弃疾听后不悦。后在与黄璆共同探望圆悟时说:"有道之士,三衣外无长物。多多益办,不为道人累乎?"圆悟笑而不答,安闲地与辛、黄二位共同观看诸老的手帖,装行李的竹箱因此被完全揭开,里面尽是古德的墨迹和朱熹的书信。抛开辛弃疾识明真相的心情感受不谈,从圆悟随身携带的行李除了高僧大德的墨迹,便是与朱熹的往来书信这一细节，足可见二人交往之密切，交流之频繁，以及思想的碰撞与融合。

圆悟对道谦的"禅茶一味"情有独钟。道谦师从大慧宗杲，不仅把他著名的"看话头"禅法带回武夷山，还带回了杭州径山的禅茶，从而使武夷山禅茶之风盛行一时。道谦禅师圆寂后，圆悟接过开善寺禅茶香火并将其发扬光大。朱熹也受"禅茶一味"影响，与圆悟往来时，常常煮茶品茗，参禅论佛。后禅师圆寂，朱熹以《香茶供养黄檗长老悟公故人之塔并以小诗见意二首》垂泪凭吊，一曰："摆手临行一寄声，故应离合未忘情。炷香瀹茗知何处，十二峰前海月明。"一曰："一别人间万事空，焚香瀹茗怅相逢。不须更话三生石，紫翠参天十二峰。"两首诗以禅、儒、茶的不解之缘表达对圆悟的悼念和怀想。

二、朱熹与禅结缘的背景

朱熹出入佛老是天时、地利、人和使然。他所处的宋代倡导"三教并举""三教融合"的文化政策，生活近五十年的武夷山是儒释道融合发展的中心，而居住地五夫则人文荟萃，聚集着大批理学名士、羽流禅家。可以说，朱熹的青少年时期，沉浸在一个儒释道融合的世界。

唐代统治者从维护封建统治思想的需要出发，对佛教进行制度化的规范和管理，推动儒释合流，因此禅风大盛。这种影响一直延续到宋代。北宋时，三位都曾位居宰相的文化名人，曾就中国思想文化史发表过一番议论。荆公王安石问文定张方平曰："孔子去世百年而生孟子，后绝无人，或有之而非醇儒，何也？"方平曰："岂为无人，亦有过孟子者。"安石曰："何人？"方平曰："马祖、汾阳、雪峰、岩头、丹霞、云门。"安石闻举，意不甚解。方平曰："儒门淡薄，收拾不住，皆归释氏。"安石欣然叹服，后以语张商英，抚几赏之曰："至哉，此论也！"这番讨论足见当时佛教之盛，以及儒家因此面临的挑战。

两宋历史上，绝大多数帝王都奉行三教并举的宗教政策，对佛教采取理性的适度保护和限制政策。从北宋真宗开始，朝廷在明确把儒教作为统治思想的同时，积极提倡佛教，宣扬信奉道教。南宋孝宗在《原道辩》中对三教关系的系统表述，可以代表宋代多数帝王的思想。孝宗通过对唐代韩愈《原道》中反佛排佛言论的批判，指出佛教的"五戒"与儒家的"五礼"本质上是一致的，通过批驳三教相异的言论，提出了三教的分工论：以佛修心，以老治身，以儒治世。这些理论完全是顺应思想文化发展潮流的。让三教从不同方面发挥治世利人、协调人际关系、维护王权统治的作用，已然是社会各阶层共同的意愿，是统治阶级的追求。随着宋代"文字禅"的发展，宋代禅僧渐趋文人化。从禅宗本身而言，它对文人士夫阶层欲出离于现实政治的纠葛而转向于禅学这一情形做出了回应，是禅宗为它本身的普遍化、世俗化所采取的一种途径；从世俗文化方面来说，禅的诗化，尤其是它空明灵动、恬淡洒落的意境，不仅契合文人士大夫出世的心态，亦能启迪其诗意的心灵。因此，文人士夫中的"归禅"之风逐渐显现。三教的融合使得无论是在儒家人士中还是在文化僧侣中，都出现了三教融合的新理论和新实践。

　　禅风渐盛下的武夷山，唐代出现了以扣冰古佛为代表的一批高僧，对佛教的传播和发展发挥了重要作用。瑞岩寺、天心永乐禅寺等道场香火鼎盛，成一方名刹。入宋后，武夷山佛教保持了相当长的繁荣时期，高僧名师迭出，仅被记载在佛教名籍《五灯会元》中的就有近 10 名，扣冰古佛获高宗、孝宗、理宗三皇的敕封。作为理学南传的中心地，武夷山儒释道融合发展也达到空前盛景。《武夷山市志》载："而儒林入佛，则更显佛学的深邃。崇安县令、北宋名臣赵抃亲躬佛事，史论评他'摈去声色，关心宗教'。世居武夷山的一代名儒胡安国、胡寅、刘勉之、刘子羽、刘子翚等均深研禅理，与僧众过从甚密，卓有影响，均属宋代著名的居士。"

　　名儒胡安国、胡寅、刘勉之、刘子羽、刘子翚等均生活在崇安县开耀乡五夫里。绍兴十四年（1144），十五岁的朱熹按照父亲朱松的托孤安排，托庇抗金名将刘子羽到五夫里生活，开始追随武夷三先生刘子翚、刘勉之、胡宪学习。绍兴十八年（1148），朱熹先后通过了省试、殿试，应举成功，但却没有马上得到官职，直至绍兴二十一年通过铨试得中，又两年后赴同安任的五年时间里，朱熹一直是等待任命的状态。这种长时间的等待难免会生出失落的心理，在仕途和归隐之间纠结徘徊，与宗杲、道谦、圆悟等人的往来学禅，恰好给了他一个修心平衡的出口。大环境的裹挟，及个人的种种际遇，朱熹与佛结缘是自然而然的。

三、朱熹与禅结缘产生的影响

（一）留下一批蕴含佛理禅韵的诗文、题刻

朱熹与僧人相过从，学佛问禅期间，留下一系列禅诗文，除前文提到的《题瑞岩》《夏日二首》《天心问禅》及悼念圆悟诗外，还有《宿山寺闻禅》《晨登云际阁》《池上同游者》《过黄塘岭》《宿白芒畲》《倒水坑作》等诗。绍兴二十五年（1155），朱熹将近五年来的诗作结集成他的第一部诗集《牧斋净稿》。这部诗集是朱熹建"牧斋"、日读六经百氏之书、谦谦自牧、出入佛老、师事道谦学禅的经历和思想的记载，也为他后期理学诗的创作风格形成奠定基础。朱熹在禅学中得到的会心之趣，以及悟禅的方法，对其诗歌创作产生了影响。

受"昭昭灵灵底禅"影响，朱熹能从日常生活与大自然中体验到细腻幽微的诗情，抓到细密真切的细节，将富有禅理、禅趣的意象入诗，蕴理于意象中，阐发理趣，以达到一种空灵、清明的境界，如《九曲棹歌》中的"金鸡叫罢无人见，月满空山水满潭""林间有客无人识，欸乃声中万古心"。乾道二年（1166），朱熹与张栻等人和湖湘学者共同讨论"敬"的存养工夫。秋末，他把自己对"敬"的认识发展当作一次重要的思想飞跃，于是有了论学究源之作《观书有感》："半亩方塘一鉴开，天光云影共徘徊。问渠那得清如许，为有源头活水来。"此诗富穷物之理，寓意深远，禅趣与理味交融，是他最富有哲理意味的理趣诗，也最为人称道。朱熹一生创作了大量的理趣诗，给宋诗增添了新的风光意趣。

此外，朱熹禅悦的印记也留在武夷的山水之间。他从"天心明月"汲取"一月照万川，万川总一月"的精神养分，完善了"理一分殊"主张，在九曲溪二区溪南楼阁岩上留下"天心明月"题刻。镌于五曲溪流中的一块洲石上的题刻"茶灶",则是朱熹常偕友来到洲石上煮茗品尝并论道交友、体悟"禅茶一味"的见证。

武夷山天心永乐禅寺(彭善安 摄)

(二)为朱子理学思想体系形成提供养分

朱熹与禅结缘、与僧人结交往来所产生的最大影响,是使佛教丰富、精致的理论成为其理学哲学基础的一部分,为思想体系的形成提供不可或缺的养分。佛教理论对理学的影响主要体现在涵养功夫上,即内圣(诚意、正心)部分,传统儒学强调修身、齐家、治国、平天下的外王之道。朱熹将二者融汇,对佛教思想进行吸收和拓展,使朱子理学兼具修心和治世的达己达人的功能,成为格物、致知、诚意、正心、修身、齐家、治国、平天下的系统的"内圣外王"之道。朱熹所耽迷的华严宗的思辨、禅宗的禅悟,都被他加以儒家思想的改造,融汇在他的理学体系之中。

贯穿朱熹的整个哲学体系的思想"理一分殊",充分体现了对佛教思辨思想的吸纳。"理一分殊"这一哲学命题最早正式提出是程颐在回答杨时对张载《西铭》中有关问题时提出来的。杨时认为,《西铭》所持天地父母、大君宗子的万物一体的境界,有类于墨子"兼爱"的流弊。程颐纠正此为对一切人都应当仁爱，这是"理一"，但对不同的对象，仁爱亦要有分别、差异，这便是"分殊"。"理一"是指道德原则的统一，而"分殊"是指统一的道德原则表现为不同的道德规范。朱熹在继承前人的基础之上，除了赋予"理一分殊"伦理学内容和意义之外，还吸收了佛教理与事、一与万（心生万法、万法归一思想；平等之理而有万差之事，万差之事而有平等之理的"理事无碍"论）等有关思想，将宇宙自然界的万事万物特别是人和万物的关系，统统纳入"理一分殊"的哲学体系中，给以解释。

朱熹探求"理"的方法，则吸收了扣冰古佛的"惺惺"禅法。扣冰每日问主人翁曰："惺惺否？"自应之曰："惺惺！"这是一种关照、自省的修行功夫，以此排除尘世杂念，把心专一地用在明见佛性上。朱熹也主张以内省自问的方法明诚意之旨，意必真诚而不自欺，而后方能正心，达到自我道德的完善，以实现明理见性。此外，朱熹沿用了佛教"无情有性"论、"众生悉有佛性"论等，发展了理学"人性""物性"的思想；将"参究""静修"理论的思辨形式，与儒家理论融合，发展出"豁然贯通"说、"致知"说等。

经历了青年时期的出入佛老，朱熹在实践中意识到佛教的局限性，开始逃禅归儒，进而辟佛的历程。从社会文化思潮的层面看，宋代理学家面对佛教的冲击，急欲建立起新的价值体系和内在精神支撑，对佛教理论采取理性的吸收，主要是对内在精神世界的构建方面，融合儒家道统（社会普遍的道德体系），形成新的儒学——理学，以此对抗和取代佛教的主导地位。朱熹是其中最具代表性的实践者。他对佛教思想的吸收利用是带有批判性的，否定其中导致出世主义的思想内容，保存其中对于维系封建统治有利的理论成果和思辨形式。这些被保存下来的佛学思想，主要是能与儒家理论互补互证的哲学思想，与儒家的传统经典相比，它们在内容上更丰富、形式上更精致。对这些理论的吸收、融汇，使得朱熹理学思想体系更加"致广大而尽精微"。

（本文作者为武夷山市委史志研究室干部、南平市作家协会会员）

朱子与其师友、门人的廉政爱民之道

陈 烈 叶婧玲

朱子廉政思想，是朱熹理学思想的有机部分，也是治国安邦的思想锐器之一。本文拟从"师承、友交、学授、身行"四个方面浅析朱熹师友对其修身克己、廉政爱民、忧国奉公思想形成和发展的影响，及其与门人弟子往来教学中传输的廉洁主张和贯穿于朱熹一生的廉政实践。

一、先达从学，在受业濡染中深植克己为民根基

（一）抗金名将刘子羽——矢志抗金的壮志宏图和不附奸佞的浩然气节

刘子羽（1086—1146），字彦修，谥忠定，建州崇安五夫里府前村人。"忠孝节义"，是中国历代封建王朝维护其阶级统治的道德规范，是中国儒学所推崇的美德，亦为国人评判民族英雄和有功于国家之臣的传统标准。五夫里刘氏家族兴于斯文，闻于忠义，一脉相承。据《宋史·列传·刘子羽传》记载，刘子羽，十一岁随父刘韐从军，"佐其父，破睦贼，征方腊"，在和尚原、仙人关、饶凤关、富平大战中与岳飞、吴玠、吴璘兄弟大败金兀术，开辟川陕第二战场，稳定了南宋战局。后因不附秦桧，奉祠归里。

刘子羽一生戎马倥偬，力主驱逐挞虏，克复中原。虽几度宦海沉浮，但一颗报国初心始终不曾改变。在他治下，"开关通商输粟，揖睦邻援，饬兵练卒，扼险待敌"，因而深得军民拥戴。知泉州期间，尤为重视民风教化，致力兴学，将从前荒废的旧学馆修葺一新，"彻而新立，堂宇规模，略效太学"，时人称之为"闽中之观"。

绍兴十三年（1143），朱松临终之际，将朱熹母子托付于刘子羽。刘子羽在五夫里潭溪河畔筑屋紫阳楼安顿朱熹母子三人，少年朱熹在其养育之下逐渐成长成人。在这个过程中，刘子羽本人的民族气节和重教兴学的实举，以及刘氏一族的斯文家风都对朱熹产生了非常积极正面的影响。朱熹一生立言立德皆以儒家为准则，立身立功俱以忠节为规范，经邦弘化，经世致用，可以说从"义父"刘子羽及以其为代表的刘氏家风中受益良多。

（二）屏山先生刘子翚——"不远复"的修养方法和维民论的政治关切

刘子翚（1101—1147），字彦冲，自号病翁，谥文靖，崇安人。南宋初年著名理学家，人称屏山先生。刘子翚深于《周易》，著有《屏山集》二十卷。《宋史·儒林》传云："与籍溪胡宪、白水刘勉之交相得，每见，讲学外无杂言。它所与游，皆海内知名士，而期以任重致远者，惟新安朱熹而已。"刘子翚与胡宪、刘勉之并称"武夷三先生"，是朱子早年的老师。清代李廷钰《重刊屏山全集序》言道："先生之学得朱子而集成，朱子之学由先生以驯致。"他的儒学立场和归宿对朱熹思想的形成有着重要的影响，此处着重从"不远复"和维民论两方面切入阐释。

绍兴十七年（1147）秋试之后，朱熹行役在外，听说屏山先生病重，连忙归里省问。自此，朱熹每天陪侍在老师身边。刘子翚临终之际，向朱熹讲述了自己早年沉溺佛道的经历以及返乡以后复归儒学的情况："吾少未闻道，官莆田时，以疾病始接佛老子之徒，闻其所谓清静寂灭者而心悦之，以为道在是矣。比归，读吾书而有契焉，然后知吾道之大，其体用之全乃如此，抑吾于《易》得入德之门焉。所谓'不远复'者，则吾之'三字符'也。佩服周旋，罔敢失坠。于是尝作《复斋铭》《圣传论》，以见吾志。然吾忘吾言久矣。今乃相为言之，汝当勉哉。"

所谓"不远复"，就是迷途知返。在刘子翚的理学体系中，"不远复"三字符是修养身心的起点，继而由修身走向社会，上升为克己复

崇安大桥朱子画廊浮雕：五夫社仓

礼，主张对人的自然欲念加以升华，使之符合礼的社会规范。后来，朱熹的诗文中常提到刘子翚所授予的三字符，如《游昼寒以茂林修竹清流激湍分韵赋诗得竹字》云："十年落尘土，尚幸不远复。"《复斋偶题》曰："出入无时是此心，岂如鸡犬易追寻？请看屏上初爻旨，便识名斋用意深。""初爻旨"指《复卦》初九之爻辞："初九，不远复，无祗悔，元吉。"《云谷二十六咏·晦庵》曰："忆昔屏山翁，示我一言教。自信久未能，岩栖冀微效。""一言教"即三字符之教。刘子翚三字符的思想结晶已然积淀在朱熹的文化心理结构中，是朱熹的理论生长点。

再观《维民论》，这是刘子翚嗣子刘玶与朱熹编撰的刘子翚文集《屏山集》中十分具有代表性的一篇，刘子翚裔孙刘秉铎曾对其思想精髓进行了精简的概括："其论治理，则维民在得心，得心在宽赋，以至讲经制之道，萃科纳之弊，县令之贤在戡下，风化之责择郡守，而是能复于仁民爱物之善也。"《维民论》的理论出发点是孟子的"得其心，斯得民矣"的思想，它针对现实政治弊端提出了一套施政原则和方案，表现出刘子翚政治学思想的务实达用的特色。朱熹后来提出的正君心、建社仓、正经界、轻赋税等一系列的政治主张，便是对刘子翚等两宋著名理学家思想的传承和对儒家传统民本思想的发扬。

（三）白水先生刘勉之——深耕经典的专注与理学"宗祖"的传授

刘勉之（1091—1149），字致中，号草堂，崇安五夫白水（今属武夷山市上梅乡）人，时称聘君，学界称之为白水先生。刘勉之既是朱熹的老师，也是他的岳父，其思想在宋代理学发展史上占有重要地位，更对朱熹思想体系的形成具有重要影响。

《宋史》有言："熹之得道，自勉之始。"刘勉之"少以乡举入太学"，"躬行信义，洽于乡邻"，因种"萧屯瓜"出名，被人誉为"种瓜诚有道，养民岂无术？"后被朝征用，但因慷慨进言反对朝廷议和，拂袖回乡。闭门谢客的十多年间，刘勉之遍读儒家经典，前来求学之人络绎不绝，刘勉之按照他们的才能品德，为他们讲说圣贤教学的门径以及先贤言行美德。他尤为强调"克己"，教授诸生"训以为己之学"，主张"取人'以德行经术为先，其次则通习世务'"，为学重视"前代治乱兴衰"，以补时用。其对圣贤经典多有独到见解，后来朱熹在编撰《四书章句集注》中，就有三例引用了刘勉之的解说。

刘勉之对朱熹的影响还在于他向其传授了张载的《西铭》，该书有理学"宗祖"地位，朱熹十分推崇《西铭》中"理一分殊""民胞物与"等思想。所谓"民胞物与"，即"民吾同胞，物吾与也"，意思是天地间所有的人都是我的兄弟姐妹，宇宙万物，所有有生命和无生命的事物都是我的朋友，这与孟子所提出的"仁民爱物"思想是一脉相承的。后来，朱熹在讲学中也常引用这种观点，以此来强调老百姓和自己的兄弟俱无不同。

（四）籍溪先生胡宪——集古今之著述和心系家国的情怀

胡宪（1085—1162），字原仲，南宋理学家、教育家，学界称之为籍溪先生。自幼从学于"湖湘学"创始人，即其叔父胡安国先生。一生跌宕，却又矢志道学，乡试拔贡进入太学，但未参加科举，而是回乡"力田卖药"供养父母。折彦质、范冲、朱震、刘子羽、吕祉、吕本中共以其行义闻于朝，联名举荐，朝廷召之，赐"进士"身份，"添差建州州学教授"。再之后，以亲老请准回乡，潜心研究理学。

朱熹"从三君游，而籍溪先生为久"。刘子翚、刘勉之相继去世后，朱熹便跟随胡宪学习。胡宪对《论语》有很深的研究，他以二程的论述为底本，汇集各家《论语》解说，并附上自己的独特见解，写成《论语会义》一书传授给朱熹。该书从编纂体例到思想内容都为朱熹早年的《论语》学提供了"蓝本"，后来朱熹的《论语集解》很大程度上是参照了《论语会义》一书，训诂精当，义理深长。后人评价，朱子从籍溪先生那里"尽得其言行之美而又日进焉，今遂为世儒宗"。

胡宪一生坚决主张抗金。秦桧死后，朝廷再度召他入朝。时年75岁的胡宪抱病进京。朱熹对此心领神会，他在《送籍溪胡丈赴馆供职》一诗中写道："祖饯衣冠满道周，此行谁与话端由？心知不作功名计，只为苍生未敢休。"心系苍生是胡宪以耄耋之年进京的使命和目的，纵然因身体虚弱不能上朝，但还是上疏孝宗："今元臣、宿将惟张浚、刘锜在，识者皆谓金果南牧，非此两人莫能当，愿亟起之，臣死不恨。"当时，抗金名将张浚、刘锜饱受朝中主和派打击，没人敢言起用他们，胡宪是第一个提出起用他们的人，也因此而名震朝野。

对于胡宪心中的家国大义，朱熹是理解的，也是这样跟随着先生的脚步走的。朱熹一生起伏，进出南宋朝廷五十余年，在逆境中任职施政，在驳难中授徒著述，他的一生，亦如籍溪先生一般，是忧国忧民的一生。

（五）延平先生李侗——仁无私心的主张和持敬守心的思想

李侗（1093—1163），字愿中，南剑州剑浦（今福建延平）人，是程颐的三传弟子，年轻时拜罗从彦为师，得授《春秋》《中庸》《论语》《孟子》，学成退居山田，谢绝世故四十年。

李侗与朱熹父亲朱松是同门，朱熹曾言："熹先君子与先生为同门友，雅敬重焉。尝与沙县邓迪天启语先生，邓曰，'愿中如冰壶秋月，莹澈无瑕，非吾曹所及'。先君子深以为知言，亟称道之。其后熹获从先生游，每一去而复来，则所闻必益超绝。"（《延平答问·附录》）朱熹每每在李侗处受益匪浅，因而全祖望说："朱熹师有四，而其所推以为得统者称延平。"

对于朱熹，李侗不仅耐心地为其讲授儒学"仁"字和"二程"理学真谛，而且还阐述了孟子"尽性"主张，传授了自己存养、持守的经验与方法。如，李侗论及"殷有三仁"章时指出："仁只是理，初无彼此之辨。当理而无私心，即仁矣。"后来朱熹在李侗的"当理而无私心即仁"的启发下，提出仁既有"心之体"又有"心之用"，即为"全心之德"，基于此，"仁者，心之德，爱之理"（《论语集注》卷一）最终成为朱熹对《论语》中"仁"字的定义。再有，李侗告诉朱熹："大凡人礼义之心何尝无，唯持守之，即在尔。"朱熹遂将这段话引入《孟子集注》，用于说明持守本心的必要，也多次引而告诫弟子要时常提醒自己保持谨慎、恭敬的内心，用"敬"来主宰内心，用"义"来规范行为，不能为物欲所困扰，不能陷入自利斗争之中。

二、君子从游，在往来交友中坚定立身报国初心

（一）陆放翁——"位卑未敢忘忧国"的初心和"八世为儒举族贫"的家风

陆游（1125—1210），字务观，号放翁，越州山阴（今绍兴）人，南宋文学家、史学家、爱国诗人。朱熹、陆游、辛弃疾三人政见相合、惺惺相惜，不仅都有儒家济苍生、安天下的民本思想，而且均为坚定的"抗金"主战派人物。

陆游年轻时便立下"上马击狂胡，下马草军书"（《观大散关图有感》）的志向，一生力主抗金。适闽任福建常平茶盐公事时，55岁的陆游仍心心念念想着抗金大计，一颗"位卑未敢忘忧国"的爱国初心经年不改。"逆胡未灭心未平，孤剑床头铿有声。"（《三月十七日夜醉中作》）"千年史策耻无名，一片丹心报天子。"（《金错刀行》）"胡未灭，鬓先秋，泪空流。此生谁料，心在天山，身老沧洲！"（《诉衷情》）……爱国情绪始终充溢在陆游的整个生命里，洋溢在他的全部诗文作品里。

这种深挚的爱国热情，与朱熹惺惺相惜。朱熹曾连续写了《感事抒怀十六韵》等15篇26首诗，无一不主张抗金、恢复中原。而且，在朱熹看来，唯有内修政事才能伐金复仇、收复中原。为此，朱熹提出皇帝当以身作则，"正心诚意"，强调赏罚分明、公正有司的重要性，主张去私心、立公心。经济上，朱熹认为民力不裕是造成内忧外患的根本原因，而造成民力不裕的重要原因在于许多官员不留心民事，以养兵资费为名，对百姓横征暴敛，导致民不堪用。只有整饬吏治、振纲肃常之后，才能实现政治清明、富国强兵，才能为北伐事业提供军事、经济、政治等方面的保障。

还值得一提的是陆游对家风教育的重视。陆游曾描述自己的家族是"四朝遇主终身困，八世为儒举族贫"，陆氏家风极具修身齐家治国平天下的家国情怀和孝悌、清廉、节俭等传统美德。如，嘉泰二年（1202），陆游的第二子子龙赴吉州做官，陆游遂作《送子龙赴吉州掾》一诗，谆谆叮嘱："汝为吉州吏，但饮吉州水。一钱亦分明，谁能肆谗毁？"教导儿子做官要认真履行职责、要清廉，哪怕是一文钱也要清楚分明。还有"朱门莫羡煮羊脚，粝食且安羹芋魁"（《示诸孙》）"庐室但取蔽风雨，衣食过足岂所钦"（《杂言示子聿》）等等，都在教育子孙安贫乐道，不慕富贵，更不可舍弃节义以求富贵。这种安贫乐道的观念与朱熹"颠簸不失志，贫贱亦清廉"的处事准则亦十分契合。

（二）辛瓢翁——文韬武略之才与镇豪惠民之举

辛弃疾（1140－1207），原字坦夫，后改字幼安，号稼轩，山东历城人。南宋豪放派词人，著名爱国将领。

《宋史·辛弃疾传》曾载，稼轩"与朱晦庵游从甚繁，情谊甚款"。辛弃疾仕闽期间，常与朱熹诗酒唱和，友情颇深。朱熹称赏稼轩，"经纶事业，有股肱王室之心；游戏文章，亦脍炙士林之口"（《朱子全书·答辛幼安启》），对文武双全的辛弃疾推崇备至。

两人的相知，可以追溯到南宋淳熙年间。淳熙七年（1180）冬，辛弃疾调任隆兴知府兼江西安抚使，江西各地因旱灾饥荒严重，向当地豪绅借余粮、筹资金，千方百计从外地买粮，更在大街上发榜通告"闭粜者配，强粜者斩"，严禁囤积粮食、哄抬物价，违反者实行发配甚至问斩。这些措施很快收效，当地受灾百姓平安度过饥荒。朱熹听闻亦称赞"这便见得他有才"，以示钦佩。

绍熙元年（1190）朱熹任漳州知州时，目及豪强地主大肆兼并土地，欲着手开始清查土地，推行按实有土地确定赋役的"经界法"，无奈触及豪强地主利益招致强烈反对，经界之事仅在漳州实行数月便不了了之。绍熙二年冬，辛弃疾被朝廷起用为福建提刑。第二年六月，辛弃疾亲往建阳考亭向闲居的朱熹问政，朱熹赠他三句话："临民以宽，待士以礼，驭吏以严。"辛弃疾虚心听从他的忠告，在福建做了许多于民有利的事，如在汀州顺利推行"经界法"，极大地减轻了百姓的赋役负担。由此看来，朱熹在与辛弃疾的交游中，双方是互相成就的，而且都敢于动真碰硬、惠及治下民生。

（三）陆九渊——学术争鸣的交锋和共倡儒家圣学的相惜

陆九渊（1139—1193），字子静，抚州金溪人。因书斋名"存"，世称存斋先生。又因讲学于象山书院（今江西贵溪西南），被称为"象山先生"，学者常称其为"陆象山"。陆九渊与朱熹齐名，二人在治学目标上基本一致，但思想方法和认识途径却大不相同，尝往来通信论辩、会于鹅湖共磋学理。二人交往达十七年之久，其间有争论，有指责，有言和，虽然在思想上存在分歧，却在你来我往之间相互进益。

在政治思想上，陆九渊与朱熹一样，坚持"民为邦本"的政治思想。他认为"天生民"而后"立之君"，"君"是由"民"产生的并来治理国家，所以"君""张官置吏"都是为了"民"。如果不"厚民之生"，"反以病之"，君主就丧失了"张官置吏"的用意。陆九渊引用了《孟子·滕文公上》中的"无君子莫治野人，无野人莫养君子"来概括说，没有君主，就无法治理百姓，而没有了百姓，就不能养活君主。相比之下，民为本，君为末，"民"在政治活动中起到了根本的作用，既是国家的基石，又是国家的服务对象，而"君"只起到治理国家的作用。

与之相契合的是，朱熹同样力倡"国以民为本，社稷亦为民而立"，国家的存亡、君主地位的轻重和巩固与否，都是由人民决定的。对此，朱熹提出："人君为政在于得人。"他在《四书集注》中注释："丘民，田野之民，至微贱也。然得其心，则天下归之。天子至尊贵也，而得其心者，不过为诸侯耳，是民为重也。"

武夷精舍仁智堂（林熙　摄）

陆九渊一生的辉煌还在于创立学派，大力发展教育事业。淳熙十三年（1186），陆九渊归江西故里金溪，自号"象山翁"，讲学授徒，决心从增强民智做起。次年，陆九渊又在贵溪创办象山书院，每天早晨鸣鼓"揖升讲座"，从容授学。每开讲席，学者群集，贵贱老少都赶来听讲，"户外履满，耆老扶杖观听"，讲授五年，求学者超过数千人。据《象山年谱》称，"从游之盛，未见有此"。朱熹还曾写信给陆九渊说："闻象山垦辟架凿之功益有绪，来学者亦甚，恨不得一至其间观奇览胜。"在这里，门人弟子填其室，"居山五年，阅其簿，来见者踰数千人"，但他从不多收学生一分一厘，生活过得十分清贫自得。他在《与侄孙濬》中这样写道："山间近来结庐者甚众，吾祠禄既满，无以为粮，诸生始聚粮相迎。"在《与陈宰》中写道:"吾春末归自象山,瓶无储蓄,囊无留钱,不能复山,近诸生聚粮除道,益发泉石,遣舆夫相迎,始复为一登。"这与朱熹在武夷精舍中"故人肯相寻,共寄一茅宇。山水为留行,无劳具鸡黍"的吟咏是一致的,斯是陋室,惟吾德馨,在书院著书立说、传道授业的岁月里,二人都始终保持着一颗淡泊宁静、安贫乐道之心。

(四)蔡元定——祛蒙裨益的助力和力行"慎独"的自守

蔡元定(1135—1198),字季通,号西山,建宁府建阳县人。绍兴二十七年(1157),"时建安朱熹为学者所宗,遂师事焉"。朱熹初见元定,为其学识所震惊,曰:"此吾老友也,不当在弟子列。"朱熹与蔡元定,年龄相仿,生长邻邑,志趣相投。他对蔡元定的学识非常赞赏,故而面对四方来求学者,朱熹往往令其先过元定之门。如有疑问,亦是令其先与元定讨论,然后再亲自折衷,全祖望称之为"领袖朱门"。

据《宋史》记载,蔡元定"生平问学,多寓于熹书集中"。朱熹注释《四书》《易》《诗传》和《通鉴纲目》,"皆与元定反复参订,《启蒙》一书,则属元定起稿"。蔡元定门人翁易记载:"晦庵有功于斯道,以用力于《六经》《语》《孟》《学》《庸》之书,先生(蔡元定)与之讨论贯并驰其功焉""朱熹疏释《四书》,因先生论辩有所启发者非一"。朱熹亦在《与刘孟容书》中感叹道:"交游四十年,于学无所不讲,所赖以祛蒙蔽者多。"可见,二者在学术上互有裨益。

公元1196年秋,朱熹被定为"伪学魁首",蔡元定因"佐熹为妖"被贬湖南。到了道州,远近的读书人久闻蔡元定的声名,来求学者日众。毕生以授徒为使命的蔡元定,面对逆境,并无畏惧:"彼以学来,何忍拒之,若有祸患,亦非闭门塞窦所能避也。"他虽身有疾患,仍抱病授徒,并常贻书训其子及门生曰"独行不愧影,独寝不愧衾",即"慎独"思想,意思是行走坐卧都要行为端正,独自行走时要对得起跟随自己的影子,独自卧眠时要对得起温暖自己的衾被。不能因我是"有罪"之人,而松懈、放纵自己。任何不好的念头,都要警惕,都要克服掉,这样才可以不受权力欲望干扰,做一个表里一致的人。这样一个不以物喜，不以己悲，不畏权势，不惧非议、传道济民的大儒，是朱熹珍之重之的知己。

三、朱门从教，在传道授业中推广仁政爱民理念

(一)"紫阳正宗"黄榦——一脉相承的民本思想和赈灾救荒的廉政实践

黄榦（1152—1221），字直卿，号勉斋，南宋福建路福州长乐县人，徙居闽县。淳熙二年（1175），黄榦往见刘清之求学，清之奇其才，令从朱子授业。次年春，黄榦拜朱熹为师，在崇安五夫里随朱熹苦读，常通宵达旦，"所闻与朱熹相质证"，不久即成为朱熹高徒，朱熹亦对他寄予厚望。

在朱熹的从政生涯中，总是不遗余力地恤民隐、行荒政，其抗灾救灾活动足迹遍及崇安、南康、浙东等地，抗灾救灾治理经验被朝廷誉为"朱熹政事却有可观"，并一度被下令予以全面总结推广，同时也在民间广为传颂，"大江分左右，万口说朱钱"（宋·赵蕃《春雪四首其一》）。针对南宋"灾异数见，饥馑荐臻"的困难危局，朱熹从挽救封建王朝生死存亡的政治高度出发，强调国家治理应该"以求政事之得失，民情之休戚"（明·黄仲昭《八闽通志》），直言进谏，殚精竭虑。在南康军知军、浙东常平提举等不同任上，他都一直给皇帝上奏札或封事，乃至当廷面奏，反复陈述"天下之务莫大于恤民""爱养民力"和"格君心之非"等良政善治的重要性，主张把解决当时社会经年饥荒、百姓逃难饿死等痼疾的方法，要放在"正君""黜邪""恤民"等一系列措施下通盘考量和谋划。

黄榦追随朱熹二十余年，曾言"公平正大者先生之心，刚毅勇决者先生之气，严威俨恪者先生之容，精深博广者先生之学"，对朱熹的道德、学问都十分推崇。朱熹去世后，黄榦继续发扬其变革社会、为民请命的作风。嘉定八年（1215）八月，黄榦受命知湖北汉阳军，当时湖北

数郡大旱，尤以汉阳军为甚，"乡村草民皆掘草根以食"。监司无一人过问旱情，百姓饿死者不计其数。黄榦力抗两司，全力投入社会救灾，从各处设法筹集米粮七万余石，以市价的一半卖给灾民。从嘉定八年冬至嘉定九年春，黄榦共收外地流民两千七百多人，皆发常平仓赈济。他还上书漕司，主张将湖北诸州所管鱼湖，所收课利，尽行蠲免，而"所产渔蚌之属，听贫民从便采取。……"使贫民得采鱼为食，以度饥荒，身体力行将朱熹救荒恤民的政治主张发扬光大。

（二）北溪先生陈淳——庶民参政的文化自觉和针砭时弊的建言献策

陈淳（1159—1223），字安卿，亦称北溪先生，漳州龙溪（今福建漳州龙文）人。全祖望《宋元学案》中曾言："朱熹沧洲诸子，以北溪陈文安公为晚出。其卫师门甚力，多所发明。"

陈淳在二十二岁之前，和当时大部分的读书人一样，都以科举为业，所学皆为"举业语言"。直至得到林宗臣的指引，"获《近思录》而读之"，陈淳的人生趣向才开始转向理学。据《宋史·陈淳传》载："及朱熹来守其乡，淳请受教，熹曰：'凡阅义理，必穷其原。'淳闻而为学益力，日求其所未至。熹数语人以'南来，吾道喜得陈淳'，门人有疑问不合者，则称淳善问。"陈淳学识精湛，无论是阐发师说或义理，均能博采众说，融会贯通，尽得朱熹之真传。

陈淳一生从未入仕，却始终心系百姓家国，以一名庶民理学家的身份，通过接受地方官的咨询、为地方官建言献策等方式，间接参与地方社会治理，在一定范围内为实现自己改造社会的理想而努力。如，针对漳州存在的弊政，陈淳慨然开陈，上书《上赵寺丞论秤提会》，指出当时漳州存在的会子秤提之弊。"秤提"（又作称提），指对会子与铜钱的比价进行调整。官府为了多发会子，强行摊派给各民户，并且无视漳州百姓实际贫富，随意拔高户等，使百姓原本就已拮据的生活雪上加霜。为此，陈淳为赵寺丞提供了一个使会子顺利流通的方案，要求将官户、吏户、军户以及僧户纳入摊派之列，而且应当承担起大部分，其他小民百姓则"听其或出或入"。

再如，在《上庄大卿论鬻盐》中，陈淳针对当时已有七十多年的鬻盐之弊，痛陈其为"久年缠饥刻骨之固疾"。绍兴年间，漳州官府为抗击寇乱而向百姓临时鬻盐征派，没想寇乱平定之后，这项征派却延续下来，成为贪官污吏中饱私囊的便捷途径，朝廷几经下旨停征而无果，百姓因而深受其害。陈淳列举了曾经知守漳州的朱熹和俞亨宗罢盐铺的作为，希望庄大卿能效仿二人，力除再起的鬻盐之弊。同时他还直言不讳地披露了前任官员高、毛两人强行征派鬻盐之税的行为，似隐含着对庄大卿的警示。

通过这些上书条陈可以看到，陈淳极力践行着朱熹"以民为本"的政治主张。他同情百姓疾苦，将民间的情况真实准确地向地方官传达，以理学家的责任感真正做到为老百姓发声。正如陈淳自己所言："鲰生于此时苟不为斯民出而一言以赞其决，则进为有隐于君子，而退为抱愧于乡人矣。"

（三）西山先生真德秀——格君之非的政治理念和廉仁公勤的标准规范

真德秀（1178—1235），本姓慎，因避孝宗讳改姓真，始字实夫，后更字景元，又更为希元，号西山，福建路建宁府浦城县（今福建省浦城县仙阳镇）人，学者称其为"西山先生"。真德秀长期受教于朱熹弟子詹体仁，在学术上以朱熹为宗，为继朱熹之后的理学正宗传人，与魏了翁齐名，创"西山真氏学派"，在确立理学正统地位的过程中发挥了重大作用。

真德秀继承和发扬了朱熹正君重民的思想主张，希望君主能去欲达仁以达尧舜仁德的境界。他说："等而上之，其位愈高，系民之休戚者愈大，发一残忍心，斯民立遭荼毒之害，发一掊刻心，斯民立被诛剥之殃。……已欲安居，则不当忧民之居；已欲丰财，则不当峻民之财。故曰，己所不欲，勿施于人。其在圣门，名之曰恕。强勉而行可以致仁矣。当斯民憔悴之时，抚摩爱育，尤不可缓。"主张君心之正是治国的根本，君王应该将诚意之心、修身之道推扩到治国理政上，由正而治，推己及物。

真德秀知潭州时，还曾写下《咨目呈两通判及职曹官》与僚属共勉，对官员提出"廉、仁、公、勤"品行的要求和评价标准。同朱熹一样，真德秀认为官德的好坏直接影响到国家的安危兴衰。首先，为官一定要廉洁，否则即便是有其他的美德也不足为道，因此他劝谕同僚要"力修冰蘖之规，各励玉雪之操"；其次，为官一定要"以仁为本"，因为官位越高对百姓的影响就越大，所以他劝谕同僚要"各以哀矜恻怛为心，而以残忍、掊克为戒"；再次，为官一定要做到"公正、公平"，依法办事，而不能徇私枉法，因此他劝谕同僚要以公心主持公道而不徇私情，不接受私请，只有这样才能做到"枉直适宜"，百姓们也就没有冤抑不平之叹了；最后，他认为各级官吏都是"所受者朝廷之爵位，所享者下民之膏脂"，为官就一定要勤谨，为官者如果不勤于政事，那么就会"职业隳弛"，故而，真德秀劝谕同僚要做到"职思其忧，非休瀚毋聚饮，非节序毋出游，朝夕孜孜，惟民事是力"，这样就会达到"政平讼理，田里得安其生"的良好治理效果。

四、躬行实践，在日常生活中践行廉政恤民主张

（一）从《五夫社仓题壁》看朱熹以民为本的廉政实践

乾道四年（1168）春夏之交，闽北洪水泛滥，许多农田颗粒无收，饥民结群四处流浪讨食。此时，朱子正奉祠闲居崇安县开耀乡五夫里（今武夷山市五夫镇）。受建宁知府徐嚞派遣，朱熹与崇安知县诸葛廷瑞一起商议赈恤事宜。为了赈济灾民，朱子召集大户、富户劝募，让他们把余粮按照平常价卖给灾民，但收效不是很大。于是，朱子上书建宁知府徐嚞，请求发放常平仓（官仓）的存粮，灾情遂逐渐缓解。这年冬，

五夫朱子社仓（李直玲 摄）

得到常平仓救助的百姓自觉地精选良米，运往县常平仓偿还。

朱熹从中得到启示：可以学习官方常平仓的办法，举办民间的"常平仓"。官方的"常平仓"具有战略储备的性质，动用库存粮需要官府层层审批，手续繁杂，时效性较慢。而民办的"常平仓"则便捷很多。在朱熹的推动下，五夫社仓很快便竣工并发挥作用，明人钟化明曾高度评价朱熹社仓之举："唯以本乡所出积于本乡，以百姓所余散于百姓，则村村有储，缓急有赖，周济无穷矣。"（《康济录》）

（二）从《白鹿洞书院揭示》看朱熹重教兴学的廉洁内涵

朱熹认为，教育是"政事之本，道德之归"。两宋时期，由于多年战乱，政府财力匮乏，导致当时官学"诸生无所仰食，而往往散去，以是殿堂倾圮，斋舍荒废"。朱熹亦认为当时的科举教育过于功利化，沦为士子"钓声名、取利禄"的手段，而"修身齐家、治国平天下之道"，则"未有闻也"。在这样的时代背景下，朱熹试图通过振兴书院来达到使读书人懂得"所以修身齐家治国平天下之道"的目的，扭转世风日下之局面。

淳熙六年（1179），朱熹寻访白鹿洞书院，见书院荒废已久、断壁残垣，唏嘘不已。他认为白鹿洞书院"累圣相传，眷顾光宠，德意深远，理不可废"，遂下定决心复兴书院，为书院置办院产，征求图书。朱熹又力排众议，说服宋孝宗为书院赐额，白鹿洞书院正式得到官方支持。在朱熹的不懈努力下，书院在荒废百年后重获新生，并逐渐闻名遐迩，被后世学者誉为"天下书院之首"。

书院开学之际，朱熹亲自讲说《中庸》首章，并取圣贤教人为学之大端，揭示于门楣，即为《白鹿洞书院揭示》（又名《白鹿洞书院学规》《白鹿洞书院教条》《朱子教条》），希望以此勉励诸生。《揭示》中，无论是"博学之，审问之，慎思之，明辨之，笃行之"的为学之序，还是"正其义不谋其利，明其道不计其功"的处事之要，都集中诠释了朱熹关于书院培养什么样的人才、怎样培养人才的教育思想。在朱熹看来，教学的目的不是为了让学生学优出仕后忘却初心，而是要培养知学晓义、廉洁正直的人才。

（三）从《朱子家训》看朱熹修身治家的廉风传承

落落三百余文，千古"治家之经"。《朱子家训》原载于《紫阳朱氏宗谱》，是朱熹晚年留给后世子孙的一篇著名家训。全文短短三百余字，讲述了个人在家庭和社会中应该承担的责任和义务，以及修身立德治家之道，如其中的"见不义之财勿取，遇合理之事则从"，朱熹是这么说的，也是这么做的。朱熹一生办了很多书院，却没有为自己置办任何产业，也没有为家人谋取任何私利。晚年的生活比较贫苦，即使在"斋舍无以避风雨"的困境中，对于他人所惠赠的财物，只要是于法有碍，朱熹也一概以礼谢绝，绝不收受。

朱熹传承了儒家学说中的"富贵有道"思想，奉行"非道弗取"的理念，恪守清廉，慎独慎欲，身体力行，让自己的治家、做人思想，于无声处滋润后世子孙的心灵。

（本文作者陈烈为福建省作家协会会员，叶婧玲为武夷山市纪委干部）

朱子与"不远复"

刘德水

朱熹（1130—1200），字元晦，又字仲晦，号晦庵，晚称晦翁。祖籍徽州婺源（今江西省婺源县），生于南剑州尤溪（今属福建省尤溪县）。中国南宋时期理学家、思想家、哲学家、教育家、诗人。

朱子十九岁考中进士，知南康、知漳州、浙东提举、知潭州兼荆湖南路安抚使等职，做官清正有为，振举书院建设。官拜焕章阁待制兼侍讲，为宋宁宗讲《大学》。晚年遭遇庆元党禁，被列为"伪学魁首"，削官奉祠。庆元六年（1200）逝世，享年七十一岁。后被追赠为太师、徽国公，赐谥号"文"，故世称朱文公，敬称朱子。"不远复"是朱子的座右铭。

《易》第二十四卦的《复》卦，原文为："复，朋来无咎，七日来复，利有攸往。"意思是说：复卦象征复归，亨通顺利，出入没有不好的事。反复回归，是由阴至阳变化的自然规则、规律所决定的。"七日来复"是指由不远复、休复、频复、中行独复、敦复、迷复再到不远复。这样反复，有利于不断前进。从中可以看到天地生生不息的气象。

"复"卦的首爻为"不远复"。原文为："不远复，无祇悔，元吉。象曰，不远之复，用以修身。"意思是说：行之不远就反复思考回复正道。这样做不会产生灾患、后悔，是最为吉利的事。象曰：行之不正就回复至正道进行思考，这是修身、治家、齐国、平天下的方法。

"不远复"三字符是刘子翚重视儒家原本智慧的思想标志，提出的是一个回复本性、自我完善的命题。它包括克己复礼，识体归仁，制情复性三重向度。刘子翚用三字符在倾向于道禅的青年朱子的文化心理结构中，种上了一棵复归儒学门庭的思想根苗。刘子翚这一"文化道统心传说",几乎为朱子全盘接受,并回归到著名的"人心惟危,道心惟微,惟精惟一,允执厥中"十六字心传。

一、刘子翚对"不远复"的认知

刘子翚(1101—1147),字彦冲,号病翁,崇安五夫里人,学者称屏山先生。宋忠显公刘韐季子,忠定公刘子羽之弟,朱子老师,南宋时期理学家、诗人。有《屏山集》传世。宋赠太师、封齐国公、谥文靖。刘子翚幼与叔刘韫(1101—1179)同年共学,深得家传,通经读易,博闻众学,善思考、负奇志。政和六年(1116)入太学。政和七年以父荫补承务郎。宣和四年(1122)由父辟为真定府幕属。父死于靖康之难,痛愤庐墓三年。服除,任兴化军(今莆田市)通判。建炎四年(1130)以疾辞归,主管武夷山冲佑观(前后四度主管,共十七年),居家屏山之下,潭溪之上(今武夷山市五夫镇府前村),有园林水石之胜,自号病翁,课子教徒。独居危坐或竟日夜然无一言,意有所得则笔之于书,或咏歌以自适。常人有片言之善则从容咨叩,必竭端倪。后生求学,则随其器识告语成就,且终日无倦色。间数日辄一走父墓涕泗呜咽,或累日乃返,事继母尽诚敬。自建屏山私塾,绍兴十四年(1144)扩建,定名"屏山书院"。尽心教诲侄儿刘珙,务必使远者大者,与胡宪、刘勉之交善,相见除讲学外无一杂言,所与游亦皆海内知名士。卒于绍兴十七年十二月,享年四十七岁。

吏部郎朱松病笃时,尝顾语朱子曰:"籍溪胡原仲(胡宪)、白水刘致中(刘勉之)、屏山刘彦冲(刘子翚),此三人者,吾友也。其学皆有渊源,吾所敬畏。吾即死,汝往父事之,而惟其言之听,则吾死不恨矣!"朱熹饮泣受言不敢忘。即孤,则奉以告徙至五夫里,于三君子而禀学矣。子羽公为其筑室(今武夷山市五夫镇紫阳楼),子翚公为其置田产(今武夷山市武夷街道吴齐村)。朱熹朝夕得与先生之侧,而先生亦不鄙其愚稚,所以教示期许,皆非常人之事(见《朱文公全集》),朱子之学,得其精微。屏山先生病甚,朱熹请教入道次第,先生告曰:

牌匾"不远复"

"不远复",熹顿首受教。

刘子翚的屏山书院内有学斋云"复斋",斋中有铭曰《复斋铭》,乃刘子翚自警和勉励学生学习之辞。铭曰:"大易之旨,微妙难诠。善学易者,以复为先。惟人之生,咸其是性。喜怒忧乐,或失其正。视而知复,不蚀其明。听而知复,不流于声。言而知复,匪易匪轻。动而知复,悔吝不生。惟是四知,本焉则一。孰觉而存,孰迷而失。勿谓本有,劳思内驰。亦勿谓无,悠悠勿思。廓而贯通,心冥取舍。既复其初,无复之者。荡荡坦坦,周游六虚。昔非不足,今非有余。伊颜氏子,口不言易。庶几之功,默臻其极。今我仰止,以名斯斋。念兹在兹,其敢怠哉。"

意思是说:至高的《易经》,十分微妙并且难以诠解。善于学习《易经》的人,从《复卦》为起始。人一出生便有自己的性,它随着喜、怒、忧、乐等外界的影响而不断地变化,有可能失去正确的思维和行为。看见事物后进行反复思考才能做到认识的准确无误,听到言辞后进行反复思索才能不偏听轻信,在讲话时只有经过反复探讨才能避免讲不知轻重错误的话,在做事的时候只有反复总结经验教训才能避免产生后悔的事情。只有认识到以上的四个知的本唯是"一",你才能认识到他的客观存在,假使你迷惑就失去认识的可能。不要认为"道"自己本来就有,在劳作和思考时,"道"在心中来往奔驰;也不要认为没有,悠悠然而不去思考,一旦突然认识到,便相融会贯通。心和"道"相密

朱子与"不远复"

契,恢复到事物开始的状态,没有复的事,心中坦荡天地宽,用之于上下左右及四方。过去学《易》并非不足,今日学习并非有余。颜子不轻易讲《易》,是多大的功劳啊,默默无闻到了极点。今天我所敬仰,以"复"名我的书斋。在这里想到这些,我怎么敢有丝毫怠慢的心呢?

这里所讲的视、听、言、动而"知复"的"四知",是知行合一之"四知",与《辞海》解释的"天知、地知、你知、我知"的"四知"不同。刘子翚在逝世前两天于病榻上答朱子之问,明确表示道从何来及入道门径。刘子翚认为:走得不远,回复一下,按照初志,依道而行。回复正道这一过程是不断总结、不断纠偏、不断提高、不断完善的过程。他以独到的见解认识社会和认识自然,解决矛盾,在当时就被学者称之为"大而远""精而微"之学。朱子自此之后,身体力行,以"不远复"三字符为座右铭,终成大业。

刘子翚在《圣传论》讲颜子一文中写道:"学《易》必有门户。《复》卦《易》之门户也;入室必以户始,学《易》者必以复始。得是者其惟颜子乎?不远而复,称为庶几,盖本夫子尝以'复礼为仁'之说告之矣。"意思是说:学习《易》一定有入门的所在,《复》卦便是学《易》进门的地方。入室一定要从入户开始,学《易》必须从"复"开始。能认识到这一点的在孔子的学生中很少,只有颜子一人讲不远而复。因为孔子曾经讲过"复礼为仁"(子曰:克己复礼为仁)。

刘子翚认为:学《易》须知"复","复"的要点在于"不远复",而"不远复"应是一种行为准则和思维方法。要解决的问题是认识和处理宏观到微观世界的一切认知问题。因为宇宙中的一切物都是由气(物质)所构成的。对人而言,人是万物之灵,能思考。因此人的行为应当与道相符合,这就是人必须有德,而德之首为仁。"仁者,爱人也。"不仅是爱人,推及万物同出一源,人对万物也应该有仁。既然要达到这一点,就必须通过修身然后明德,进而正心,从而达到亲民、止于至善的终极目标。

二、朱子受教"不远复"

朱子十四岁到五夫里受学于刘子翚的屏山书院,屏山书院内有复斋,而复斋内有《复斋铭》,为此可以设想:当时朱子便熟读"不远复"的内容了。

刘子翚在绍兴十七年(1147)十二月初四日时已病入膏肓,朱子在旁待疾,发生了以下一幕。刘子翚为朱子指点了入道的门径。时过二十一年,朱子在《屏山先生刘公墓表》中追记了此事,写道:"熹是以童子侍疾。一日,请问先生平昔入道次第。先生欣然告之曰,吾少未闻道,官莆田时以疾病始接佛老子之徒,闻其所谓清静寂灭者,而心悦之,以为道是在矣。比归,读吾书而有契矣,然后知吾道之大,其体用之全乃如此,抑吾于《易》得入德之门焉。所谓'不远复'者,则吾之'三字符'也。佩服周旋,罔敢失坠,于是尝作《复斋铭》《圣传论》以见吾志。然吾忘吾言久矣,今乃相为言之,汝勉哉!熹顿首受教,居二日而先生殁。"意思是说:朱子当时以学生的名义侍候老师的疾病。一天,朱子向老师请教入道的次序。先生高兴地告诉朱子,他年少时没有听说过"道",在莆田做官时,由于疾病方才接触佛教和道教的门徒,听到他们所提倡的清静(远离一切恶行和烦恼)、寂灭(空寂与涅槃)之语,心里感到高兴,以为"道"(宇宙中万事万物活动的规则和规律)就在这里面。当他回到五夫里祖居读家中的书(儒家经典著作《五经》),他的思想与书中的内容相密契,然后意识到儒学中的"道"是多么深远和广泛,而且在认识和使用的过程中是那么全面和实用。他敬仰《易》并且认识到了入德的门户。("道"的特点是无私有公,体现在"诚"及"信"两个方面,所以人应该有"德"。"德"是由"仁、义、礼、智"这四个方面所组成。仁则恻隐之心,义则羞愧之心,礼则谦逊之心,智则是非之心,有此四者方可谓有德。)"不远复"是他学习和应用中的"三字符"。他始终郑重地牢记在心中,不敢稍有疏忽以至于失堕,于是根据《易》撰写了《复斋铭》和《圣传论》以表达他的追求与目的。然而他忘记这个想法已经很久了（谦逊之言），直到今天方才把自己得"道"的认识过程告诉朱子，希望朱子能够按照这个途径和方法勉力去做。朱子在病榻前叩拜受教，两天后先生逝世。

以上一段话，即教示了朱子要以"不远复"为"机"，并抓住"道"这个纲，去改变和解决现实中万事与万物的矛盾，如何去纠正政治上、学术上等道之不明、道之不行的混乱现象，去达到"引而归之、会而通之"的终极目的。

这一段话，点明了刘子翚通过熟读儒家经典著作而发生"逃禅归儒"思想变化的全过程，而朱子在此基础上抓"机"握"纲"，"究其趣归、订其是非"，从根本上区分了道与非道的界限所在，说明了朱子不负恩师所望，集理学之大成的行动来源，更加重要的是用"复"去解决"动"与"静"的相互关系等问题。直到如今，这一问题仍然被广泛认为是影响到民族兴旺、国家存亡、社会安宁、民心安定等重大问题的关键所在。

三、朱子对"不远复"的认知

朱子一生中首次用"不远复"解决的问题是区分儒与佛道的不同。当朱子界定了儒与佛道之不同后，写下了"十年落尘土，尚幸不远复"之句，足以证明朱子区分儒学与佛教之异是建立于"不远复"这一基础上的，不是其他。这一区分解决了"道"从何而来的根本问题。

朱子门人黄榦在《朝奉大夫文华阁待制宝谟阁直学士通议大夫谥文朱先生行状》中写道："先生既孤，则奉以告三君子而禀学焉，时年十又四，慨然有求道之志。博求之经传，遍交当世有识之士，虽释老之学，亦必究其趣归，订其是非。"意思是说：朱子成了孤儿，就把父亲的遗愿告诉（胡宪、刘勉之、刘子翚）三先生，在三先生门下学习，时仅十四岁。朱子慨然有求道之志，在《经》《传》中寻觅和探索道是从什么地方来的。他广泛交往有识之士，虽然是佛教、道教的学识，也探究其实质、考证其是非。朱子十四岁便在刘子翚处知道了"不远复"这一方法，也就是"学、用、思、辨、行"的反复应用。

朱子十四岁至五夫后，他与主持刘韐香火寺的道谦和尚认识。道谦向朱子论道辨禅。他在《祭开善谦禅师》一文中写道："丙寅之秋，师来拱辰。乃获从容，笑语日亲。一日焚香，请问此事。师则有言，决定不是。始知平生，浪自苦辛。去道日远，无所问津。"意思是说：丙寅（1146，绍兴十六年）年秋天，道谦禅师来到拱辰山开善寺。方才能从容相处，讨论得十分融洽，关系十分亲近。一天，在寺内焚香论禅。朱子问"道"从何来的问题，并提出是否来自佛教，道谦明确地告诉朱子绝对不是。朱子方才知道在佛、道中去寻"道"是徒劳无用的。去道一天比一天远，没有可以指点走出迷津的所在。

很明显，十七岁的朱子此时并未入禅，而是问禅，黄榦所言"了其趣归、订其是非"的结论是有道理的。

朱子在"了其趣归"后，深情地写下了"十年徒辛劳，尚幸不远复"之句，以表达对老师刘珙教授方法的肯定和赞扬。

朱子在"了其趣归"后在《复斋偶题》诗中写道："出入无时是此心，岂知鸡犬易追寻。请看屏上初爻志，便识名斋用意深。"文中把老师教示的"不远复"看作是一人得道、鸡犬升天的途径。

朱子在《屏山先生刘公墓表》最后铭曰："神心惚恍，经纬万方。孰握其机（不远复），而洁其纲（道）。嗟唯先生，立德之本。既觉而存，复则不远。亦曰于仕，我止我行。亦生而死，我安且宁。拱辰西南（今武夷山市五夫镇拱辰山），有铭斯碣。嘉我后人，仰止遗烈。"意思是说：世人神情、心灵恍惚，万事万物纷纷扰扰，谁掌握了万事万物的要义（《易经》说，迷途不要走得太远），谁就能把握万事万物的纲领（那就是"道"）。唯有这位先生啊，树立道德的根本，一旦有所领悟，便将"道"存留下来，即使走了迷途也很快就能返回。先生在官场中，随着自己心意进退自若。先生生死洒脱，最后归于安宁。如今，我在拱辰山的西南处，将先生事迹铭刻在石头上，展示给后人观摩，供来者瞻仰、凭吊。

朱子建立的住所、书院，多把书斋名为"复斋"，晚年他迁居建阳考亭，在书院门口书写对联："佩韦遵考训；晦木谨师传。"意思是说：

遵循慈父朱松的教诲，坚守慎独修养；严守恩师刘子翚遗训，始终韬光养晦。可见朱子始终把"不远复"三字符铭记于心，身体力行。

四、对"不远复"的现代认知

"不远复"从字面理解是"不多远就回头"，但内涵是反省之意，劝诫人们要常常反思自己的言行，及时纠正偏差，才不会在前行的路上迷失方向。

"不远复"是学习研究的方法。它时刻提醒我们在学习和研究过程中要做到经常回头看、回头想，回头对照前面学习过的知识、研究过的问题。既是温故而知新的需要，也是对前面的学习和研究一个很好的总结。让学习过的知识、研究过的问题与自己现在的学习、研究更好地衔接，力争实现融会贯通。

"不远复"是干事创业的方法。它时刻提醒我们在干事创业过程中要经常做到回头看，要多回头看、回头想自己走过的路、自己做过的事，这样既能把干事创业的经验总结出来，也能找到其中存在的一些问题。总结经验可以让自己在往后的工作中找到更快速、更准确的方式方法，查找问题可以让自己在往后的工作中提前预防、规避问题。"前事不忘，后事之师。"把过去的工作总结好，把走过的路回顾一下，对往后的工作大有裨益。只有在干事创业的时候不断思考、不断查验才能做到精益求精、精雕细琢，只有多一些"回头看看"，前面的路才能越走越实、越走越稳。

（本文作者为南平市法学会专职副会长、五夫刘氏后裔）

朱子与"鹅湖会讲"

邹全荣

南宋淳熙二年(1175)六月,吕祖谦为了调和朱熹"理学"和陆九渊"心学"之间的理论分歧,使两人的哲学观点"会归于一",于是出面邀请陆九龄、陆九渊兄弟前来与朱熹见面。六月初,陆氏兄弟应约来到鹅湖寺,双方就各自的哲学观点展开了激烈的辩论,这就是中国思想史上著名的"鹅湖之会"。鹅湖之会又称"鹅湖会讲"或"鹅湖之辩"。鹅湖会讲是中国古代思想史上的著名的哲学辩论会。双方主辩人是朱熹与陆九渊。这次辩论会展现出朱熹与陆九渊在哲学上的基本分歧点。陆九渊提出以"先立乎其大"为出发点,认为自古以来圣人相传的"道统"只是"此心"。他主张只有认识"本心",才犹如木有根、水有源。

位于江西省铅山县的鹅湖书院

朱熹认为先于物而存在的"理"在心外，即"宇宙"之间。朱熹长期致力于学术研究，尤其是他的理学思想形成一定影响的时候，引起了思想界不同政见者的挑战。在南宋，哲学派别很多，学术论战也极为活跃，全国学院都高举百家争鸣的旗帜。思想界的开放，使朱熹也积极投身学术论战。他在学术论战中，既坚持己见、当仁不让，又"风物长宜放眼量"，表现出对论敌的极大宽容，学术上求大同、存小异，维护学术民主，尊重他人。朱熹参加鹅湖之辩归来时，在分水关写的那首诗就是他崇高境界的展示，为学术界树立了追求学术民主、富有远见的楷模。

分水关，是位于武夷山西北面的边陲，是福建建宁府崇安县（今武夷山市）与江西信州铅山县之间的重要交通关卡。这座关卡雄踞于黄岗山与七星山的交界处，自古以来是闽、赣两省出入的驿道。分水观地势雄峻挺拔，四周奇峰罗列，站在关隘处，北望江西，南望福建，眼底收尽旖旎风光。这里不仅留下了历史的烽烟，还留下了朱熹参加鹅湖之辩归来时的一段佳话。

《题分水关》一诗，就是朱熹参加辩论凯旋时途经分水关触景而发的，诗中写道：

> 水流无彼此，地势有西东。
> 若识分时异，方知合处同。

分水关居于武夷山脉最高峰黄山岗闽赣两省的交界处，自古成为两省往来的要道。峰脊有一水源，分成两股：流入东面为闽水，流入西面为赣水。这首诗不仅从客观上真实地写出了分水关的自然景观，更饱含了鲜明的哲学思辨观点。朱熹是理学的主要代表人物，也是一个哲学家。朱熹的哲学思想体系是客观唯心主义，他强调"理"和"气"的关系，通俗地说就是精神和物质的关系。他认为"有理就是有气，但理是本"，"有理便有气流行发育万物"（《朱子语类》）。可见，朱熹所倡导的

"理"是产生天地万物的本源,是客观的绝对精神,物质世界只是这绝对精神的外化。

理学派中与朱熹观点相对立的代表者是江西的陆九渊,他的哲学观点是主观唯心主义。他主张"心即理"这个哲学命题,认为心就是理,是万物皆备于我的,那就用不着在客观事物中去寻求知识,也不用参加社会实践,因此,他得出了"致知不假外求"的结论。

朱熹这首诗,就是针对陆派的哲学观点与自己的哲学观点有感而发。诗中所云的"水流""地势"不正代表着一种哲学之源的关系吗?朱、陆都是理学派的代表人物,朱、陆的哲学思想都是从儒家的土壤中成长起来的。孔孟的纲常伦理是他们的"源",因为他俩的"源"都相同,并且在发展理学的过程中都不断师承程颢、程颐的思想,所以朱熹在诗中才肯定地说"无彼此"。"无彼此"溯其源正是"合处同"。所谓"有西东",不过是认识论上的大同小异罢了。正如清人黄宗羲说过的一样,"(朱陆)二先生同植纲常,同扶名教",精辟地概括了其思想实质的一致性。

"鹅湖之辩"的宗旨,即朱熹在诗中说的"若识分时异"。他不肯与陆九渊的主观唯心主义相苟同,朱熹追求现象世界背后的超感情现实的抽象本质——客观世界。认为"理"是一种"阴阳之外""万物"之前的形而上的东西,而现象被说成是形而下的"气"。陆九渊却反对把理与气、太极与阴阳分为形而上、形而下,避免了朱熹的理学的哲学矛盾,这就难免"有西东"了。尽管朱、陆二人在理学方面上各有"地势",并且呈"西东"鼎立。流有万千,其源为一,基础都是儒学,都沿袭着孔孟的认识论和封建伦理道德观,所以说"合同处"。朱熹"鹅湖之辩"的胜利,并不能说陆派的理学分歧就是异端,作为封建社会的学者,他们都有时代的局限性。朱熹这首诗,体现了他在发展理学中提高起来的哲学思辨能力,并没有站在哲学的分水岭上去贬损陆九渊。细读这首诗,我们不得不被这位大理学家寓情于理的思辨能力所折服。巍巍分水关,八百多年前留下了朱熹为弘扬理学进进出出的艰辛步履,也是在武夷山最西北边陲的村野上一段世代相传的历史佳话。

中国自先秦以来，在学术上就出现了百家争鸣的民主气象，从鹅湖书院的一场辩论中，我们也看到了朱熹这位学者的大智若愚的风范：为了阐明各自的观点，可以针锋相对；为了尊重民主，却又能宽容对方。朱熹是一位有容乃大的学者，书院辩论的活跃，带动了学术的繁荣，也促进了思想民主、学术民主，对推动中国文化变革起到了积极作用。朱熹在分水关吟诗，抒发了他博大的襟怀，也体现了他深厚的涵养，他尊重文化的传承关系，也尊重新观念的挑战。不管怎么说，我们所处的时代，已经形成一个宽松的、民主的社会环境。解放思想，繁荣先进的文化，都需要继续弘扬百家争鸣的方针，才能取得百花齐放的成果。仔细吟咏朱熹这首哲理诗，我们就能从中获得感悟，就会放开视界、胸怀宽广、学会尊重他人，谋求学术与思想的共同繁荣。从鹅湖会讲中，我们看到了朱熹的学术风范，至今仍产生着激励的作用，启迪我们在学术辩论中始终要持有豁达的思想境界，对不同政见和学术观点分歧者，都要包容、尊重，并营造和谐的学术氛围。

（本文作者为武夷山朱子文化研究中心研究员）

朱子在武夷精舍的教育实践

王志阳

武夷精舍是朱子亲自创办的四所书院之一，方彦寿《朱熹书院门人考》说："朱熹创建的第三所书院，在福建武夷山五曲隐屏峰下。淳熙九年（1182）七月，朱熹在浙东提举任上弹劾唐仲友受挫，次年正月奉祠主管台州崇道观而归居武夷，建此书院，这年四月落成。"[①] 由此可知，朱子创建武夷精舍是在淳熙十年四月，其时朱子54岁。至于朱子离开武夷精舍的时间则在庆元元年（1195）。据《朱熹年谱长编》庆元元年条载，"二月中旬，启程赴漳州任"，至庆元二年"（四月）二十九日，去郡归"，"（五月）二十四日，归次建阳，寓居同繇桥"[②]，至此创立建阳竹林精舍，又改名沧洲精舍，亦是后世所称考亭书院，但不管如何，朱子已不再回到武夷山。由此可知，朱子在武夷精舍从事教育教学实践的时间是起于淳熙十年（1183），终止于庆元元年，即朱子从54岁到61岁在武夷精舍从事教育教学活动。这是一个从知天命之年到耳顺之年的时间，于朱子一生而言，是最适合从事教育教学的时间。但是更

[①] 方彦寿《朱熹书院门人考》，华东师范大学出版社，2000，第4页。
[②] 束景南《朱熹年谱长编》，华东师范大学出版社，2001，第976—1035页。

多学者着眼于朱子与白鹿洞书院的关系①，而即使注意到朱子与武夷精舍的关系的学者，也仅是一笔带过。如彭兆荣《书院：中式教育遗产——以朱熹与武夷山书院为例》，仅在述及朱子创办的书院之数时囊括了武夷精舍，只字未提武夷精舍②。即使对朱子与书院文化研究最为细致的方彦寿先生，在《朱熹考亭书院源流考》中列有专节讨论《在武夷的讲学活动》，但此节主要介绍朱子在建阳考亭的讲学活动的历史基础，对朱子在武夷精舍时期的教学实践活动仍处于起步阶段③；而《朱熹书院与门人考》对这一时期朱子教育教学实践情况的研究，主要考察门人情况，对本文研究有重要参考价值，但未涉及武夷精舍时期的具体教学

---

① 关于朱子与白鹿洞书院的研究成果丰硕，最重要的研究方向是朱子与白鹿洞书院揭示的研究，如：罗玉梅、王照年《朱熹〈白鹿洞书院学规〉篇名考辨》，刘海燕《我国古代书院优质教学探秘——基于白鹿洞书院的分析》，韩星《朱熹〈白鹿洞书院揭示〉考论及其意义》等。即使是综合研究朱子教育实践的成果，也主要以《白鹿洞书院揭示》作为核心内容，如：林建华《试论朱熹办学的实践与理念》，张品端、张蕾《李滉对朱熹书院教育思想的继承和发展——以"白鹿洞书院揭示"为例》。参照：罗玉梅、王照年《朱熹〈白鹿洞书院学规〉篇名考辨》，《广东技术师范大学学报》，2023年第1期，第98—104页；刘海燕《我国古代书院优质教学探秘——基于白鹿洞书院的分析》，《山东高等教育》2021年第6期，第82—90页；韩星《朱熹〈白鹿洞书院揭示〉考论及其意义》，《中原文化研究》2021年第1期，第62—69页；林建华《试论朱熹办学的实践与理念》，《中共福建省委党校学报》2017年第12期，第100—108页；张品端、张蕾《李滉对朱熹书院教育思想的继承和发展——以"白鹿洞书院揭示"为例》，《江西教育学院学报》2014年第2期，第147—151页。

② 彭兆荣《书院：中式教育遗产——以朱熹与武夷山书院为例》，《百色学院学报》2021年第5期，第1—7页。

③ 方彦寿《朱熹考亭书院源流考》对朱子在武夷精舍的讲学活动有初步的研究，如通过"师生自建校舍，开'勤工俭学'之先河"、"沿用《白鹿洞书院揭示》""指导学生承担部分研究课题""优游林泉，寓教化于游乐之中""刊刻图书、发布学术成果"等，但是都仅简单概述，且其第二点不可视为一特点。因为采用其自身创立的《白鹿洞书院揭示》，显然属于其教育教学思想的自然沿承而来，不足以成为特点，亦可见其对朱子在武夷精舍时期的教育教学创新的研究仍处于起步阶段。参见方彦寿《朱熹考亭书院源流考》，中国文史出版社，2005，第88—98页。

实践。① 事实上，相较于其他时期，武夷精舍时期是朱子教育实践的黄金时代，其优势主要体现在学术生命阶段和精力分配方面都适合投入教育实践。

武夷精舍（吴心正 摄）

一、最适合教育实践的学术生命阶段

从淳熙十年（1183）到庆元元年（1195）的十二年时间里，朱子的学术生涯刚过高峰期，正好能够为其教学提供最前沿的学术思想引导，也为书院的治学之风提供扎实的学术基础。关于朱子的学术生涯，研究者甚多，因为朱子不仅是集宋学理学之大成者，更是集汉唐儒之大成者。

---

① 方彦寿《朱熹书院与门人考》涉及武夷精舍的内容有两部分：一是在书院部分，仅在《朱熹创建的书院》部分使用几百字的篇幅简短说明朱子创立武夷精舍情况；二是在朱子门人考部分，较为详细考证了朱子在武夷精舍教授过的门人情况，其分为"武夷精舍建成之前从学于朱熹的门人""武夷精舍建成之后从学于朱熹的门人"两部分，主要是考察此时期曾从学过朱子的门人生平情况。不论哪种情况，都与朱子的具体教育教学情况关系不是很大。参见方彦寿《朱熹书院与门人考》，华东师范大学出版社，2000，第4—5、65—132页。

朱子在武夷精舍的教育实践

朱子一生主要着力于学术研究与教学两方面，而学术研究与教学之间存在互相补充关系，即学术研究为教学提供丰富的养料，但是学术研究也会占用大量的时间而挤压教学实践时间及其精力。正是基于上述实际情形，朱子在武夷精舍教学期间，仍旧在从事学术研究，但已过学术高峰期，能够从前期的繁忙学术研究中抽出精力来从事教育实践工作。

据方彦寿统计，朱子在武夷精舍讲学时期，刊刻的图书有淳熙十一年（1184）吕祖谦《大事记》和张栻《南轩集》，淳熙十三年《易学启蒙》，淳熙十三年《诗集传》成书并于次年刊刻，淳熙十四年《小学》编成并刊刻，还有淳熙末绍熙初（约1188—1190）自编《晦庵先生文集》十一卷、《后集》十八卷。[1] 前两种是朱子好友的作品，虽不属于其作品，但是仍贯注着朱子的心血，尤其是《南轩集》，正如朱子所说，"因复益为求访，得诸四方学者所传凡数十篇。又发吾箧，出其往还书疏读之，亦多有可传者。方将为之定著缮写，归之张氏，则或者已用别本摹印而流传广矣。……以故皆不著。……以故亦不著。独取其《经筵口义》一章，……"[2]，其中搜集资料及审定等编辑过程耗费了大量的精力，即刘永翔、许丹所说，"虽不是自己的著述，朱子却广事搜集，严加取舍，为之倾注了不少心力，向世人展示了他认为值得留存的张氏著述"[3]。不过方彦寿的统计仍有诸多遗漏，现据束景南《朱熹年谱长编》补录如下：

淳熙十年（1183）五月修订完成《婺源茶院朱氏世谱》，参编《国朝名臣奏议》；淳熙十三年五月修订《四书集注》，并在广西桂林和四川成都刊刻出版，八月完成《孝经刊误》；淳熙十四年，九

---

[1] 方彦寿《朱熹考亭书院源流考》，中国文史出版社，2005，第98页。
[2] 朱熹《南轩先生文集序》，《南轩先生文集》，华东师范大学出版社，2010，第2页。
[3] 刘永翔、许丹《校点说明》，《南轩先生文集》，华东师范大学出版社，2010，第1页。

月六日完成《通书解》，《仪礼经传通解》滥觞；淳熙十五年，七月完成《周易本义》；淳熙十六年，二月四日正式序定《大学章句》，三月十八日正式序定《中庸章句》；绍熙元年（1190），二月《楚辞协韵》成，刊刻于漳州。①

由上述情形可知，朱子在武夷精舍教学时期的前后八年左右的时间里，完成或修订完成的作品有 13 种，刊刻别人作品 2 种，开始编撰作品 1 种，参编作品 1 种，总共涉及 17 种作品。其中不属于学术作品的当是《婺源茶院朱氏世谱》，故有 16 种，平均每年完成或者出版 2.28 部。在别的学者看来，此时的朱子仍处于学术生涯的巅峰期，但是与其前一个时期，即朱子的不惑之年（1170）到淳熙九年（1182）的十四年之间的学术产量相比，朱子此时已然处于越过高峰期之后的下降期了。我们的理由有二：

一是从作品的数量而言，武夷精舍时期的朱子学术作品数量远不如此前的乾道六年（1170）至淳熙九年（1182）。据束景南《朱熹年谱长编》考证，朱子在 40 到 53 岁之间撰述完成或出版的图书分别是独自完成或者校订完成 39 部作品，合著合编 5 部作品，开始着手的作品有 2

---

① 武夷精舍落成于淳熙十年（1183）四月十六日，而朱子于绍熙元年（1190）二月中旬前往漳州赴任。其间在淳熙十五年（1188）三月十八日入都奏事，至七月上旬回到武夷山外，其他时间均是短暂外出，基本都在武夷山，且在外出期间并未有作品完成或者刊刻情形，故本处统计忽略其不在武夷山的情况。参见束景南《朱熹年谱长编》，第 765—976 页。

部，各类作品合计达到46部。① 其每年作品达到3.29部。那么此时间段的学术作品数量比武夷精舍教学时期年均产量高出整整1部之多。

二是以作品的质量而言，武夷精舍时期的作品也远不如此前一段时期的作品。如前述可知，其真正意义上于此时完成的作品有《易学启蒙》《诗集传》《小学》《孝经刊误》《周易本义》《通书解》《楚辞协韵》7部。《晦庵先生文集》《后集》属于编选自己此前各类单篇作品，《四书章句集注》主要于前一阶段修改完成，此时仅作小修，仍属于过程稿的出版。《大学章句》《中庸章句》的主体内容也都完成于前一阶段，此时仅属小修改。那么这一阶段真正意义上的学术作品，每年仅有1部。以常人标准而言，自然算高产。但是朱子在前一阶段的学术作品包含了其一生最重要的部分，如《四书章句集注》主要于彼时完成，《二程遗

---

① 乾道六年（1170），《太极图说解》（定稿）、《西铭解》（草稿）、《二程遗书》（校订并刊刻）、《二程文集》（校订并刊刻）、《经说》（校订并刊刻）；乾道七年（1171），与张栻、吕祖谦合著《知言疑义》（完成）；乾道八年（1172），《语孟精义》（完成并刊刻）、《资治通鉴纲目》（完成草稿并定稿）、《中和旧说》（完成）、《论性答稿》（完成）、《八朝名臣言行录》（完成并刊刻）、《西铭解》（完成）、《大学章句》（完成）、《中庸章句》（完成）；乾道九年（1173），《太极图说解》（修订定稿）、《程氏外书》（编撰完成），校勘出版《说文解字》，参与编订《中庸集解》，《伊洛渊源录》（完成草稿）、《程氏易传》（修订完成）、《祭仪》（修订完成）；淳熙元年（1174）；《弟子职》（完成）《女诫》（完成）、《大学》（重订）、《中庸》（重订）、《古今家祭礼》（完成）；淳熙二年（1175），《近思录》（合编，完成并刻本）、《程子格言》（合作删定）、《祭仪》（定稿）、《家礼》（开始编撰）；淳熙三年（1176），《四家礼范》（合著完成）；淳熙四年（1177），《论语集注》（完成）、《论语或问》（完成）、《孟子集注》（完成）、《孟子或问》（完成）、《大学章句》（完成）、《大学或问》（完成）、《中庸章句》（完成）、《中庸或问》（完成）、《中庸辑略》（完成并作序说明）、《诗集解》（完成修定）、《易传》十一卷（完成）；淳熙五年（1178），《诗集传》（开始撰写）；淳熙六年（1179），《太极通书》（校定出版）、《孝经·庶人章》（注解完成）、《横渠集》（辑补并出版）；淳熙七年（1180），朱松《韦斋集》（整理完成并刊刻）、《语孟要义》（补订刊刻）；淳熙八年（1181），《古今家祭礼》（补订完成并刊刻）；淳熙九年（1182），《急就篇》（校订完成并刊刻）、《大学章句》《中庸章句》《论语集注》《孟子集注》（合刻为《四书章句集注》）。参见束景南《朱熹年谱长编》，第424—758页。

书》《二程文集》《太极图说解》《伊洛渊源录》《八朝名臣言行录》《资治通鉴纲目》《祭仪》《西铭解》等构成朱子学术思想体系主体的作品，也都完成于该阶段。其中，《四书章句集注》更是成为朱子理学思想体系的基石，其他的作品多为原创，且所属领域涉及经学中易学、诗经学、三礼学及史学、子学等，这段时间可谓朱子学术思想体系的主体建设期。

又与离开武夷精舍之后的10年，即绍熙元年（1190）二月至庆元六年（1200）三月甲子相比，朱子在武夷精舍时期仍处于学术较高产期。据束景南《朱熹年谱长编》可知，朱子在绍熙元年至庆元六年期间，主要完成作品8部，合作完成作品3部，组织学生编撰作品2部但未完稿。① 那么朱子在这10年的时间内，每年约有1.3部左右作品产出。但是与武夷精舍时期相比，此阶段已然属于其学术生命的后期了，理由有二：

---

① 绍熙元年（1190），十二月十日在漳州刊刻《四书》，编撰刊刻《礼记解》，并在漳州刊刻了《大学章句》《近思录》《小学》《家仪》《献寿仪》等书；绍熙三年（1192），五月十二日再次修订《四书集注》并刊刻，完成《孟子要略》即《孟子要指》的修订工作；绍熙五年（1194），补订完成《祭仪》，完成《绍熙州县释奠仪图》；庆元元年（1195），作跋并刊刻《绍熙州县释奠仪图》；庆元二年（1196），开始着手合著或合编《韩文考异》《仪礼经传通解》，合作完成《周易参同契》，编撰完成《翁季录》；庆元三年（1197），完成《仪礼经传通解》草稿，修订完成《周易参同契》，开始着手《书集传》的编撰工作；庆元四年（1198），继续安排学生合作编撰《书集传》，完成《楚辞集注》；庆元五年（1199），完成《楚辞辨证》《楚辞后语目录》，完成《周易参同契》最后修订工作并刊刻，委托蔡沈继续编撰《书集传》，完成《阴符经考异》，委托赵师渊修订《资治通鉴纲目》；庆元六年，完成《楚辞音考》，继续组织学生修订《仪礼经传通解》，最后完成《大学章句》的修订工作。其中，仅有《礼记解》《孟子要略》《绍熙州县释奠仪图》《韩文考异》《周易参同契》《翁季录》《楚辞集注》《楚辞辨证》《楚辞后语目录》《阴符经考异》《楚辞音考》十一部作品主要完成于此时。不过，《韩文考异》《周易参同契》《翁季录》均属合作作品，另外，《书集传》《四书章句集注》《祭仪》《仪礼经传通解》《大学章句》等均是在此前基础之上作修改，或者主要由学生分工完成的作品。

朱子在武夷精舍的教育实践

一是作品的数量已经比武夷精舍时期的 2.28 部少了 1 部之多，此可见于前，不再赘述。

二是作品的篇幅与完成形态，其工作量也均远不如武夷精舍时期。如两部未完稿《仪礼经传通解》《书集传》，虽属朱子发凡起例的作品，且他参与了其编定工作，但是其资料和编撰草稿基本都是由朱子所组织的学生来完成。即使已完成的 11 部作品中，有 3 部是合著，其余 7 部作品的篇幅也是比较小的。如《楚辞辨证》《楚辞后语目录》篇幅太小，以至于后世被作为《楚辞集注》的附录而存世；还有《绍熙州县释奠仪图》虽属专著，但是其《礼器图》是太常寺所下发作品，其正文篇幅十分短小。

由此可知，朱子在武夷精舍教学时期正好处于从不惑之年到知天命之年的学术巅峰期之后的学术沉淀期。虽不如高峰期学术产量高，但仍旧处于较高产量时期。这为朱子从事教学实践提供了重要的学术基础，能够为学生提供高峰期所完成的作品作为教材，从而夯实书院的教学深度与厚度。这主要体现于两方面：

一方面，前一阶段的学术研究成果为武夷精舍时期的教育实践提供了最前沿的教材。如淳熙十五年（1188）"二月三日，始出《太极图说解》《西铭解》以授学者，为作后跋"[1]。考其成书时间，《太极图说解》草稿完成于乾道六年（1170），并于同年修订完成，《西铭解》于同年完成草稿，于乾道八年完成最后修订稿。[2] 其距离前述传授学生的淳熙十五年（1188）已达 16 年之久。由此可见，从朱子的研究作品到成为课堂的教材，前后相差时间之久，远超常人所认识。更值得注意的是前述

---

[1] 束景南《朱熹年谱长编》，华东师范大学出版社，2001，第 886 页。

[2] 据《朱熹年谱长编》乾道六年（1170）载，《太极图说解》草成于其年春，并寄张栻、吕祖谦讨论，到当年闰五月修订完成《太极图说解》。同年四月，开始著作《西铭解》。当年秋，完成《西铭解》草稿，寄给张栻、蔡元定、吕祖谦讨论。乾道八年（1172）十月一日，修订完成《西铭解》，作《西铭后记》以序定之。参见《朱熹年谱长编》，第 426、429、439、472 页。

教授弟子两书的时代背景和朱子对书院学风建设的具体实践情况。《题太极西铭解后》说：

> 始予作《太极》《西铭》二解，未尝敢出以示人也。近见儒者多议两书之失，或乃未尝通其文义，而妄肆诋诃，予窃悼焉。因出此解，以示学徒，使广其传，庶几读者由辞以得意，而知其未可以轻议也。淳熙戊申二月己巳晦翁题。

淳熙戊申是淳熙十五年（1188），而其在此处所述情况有三：一是朱子所撰《太极图说解》《西铭解》已有16年之久，却未曾拿出来让别人看；二是朱子拿出两书的原因在于此时学者未读懂两书却批评其存在问题，存有严重妄议情况；三是朱子以两书作为教材让学生阅读，其目的在于让学生读懂两书内容。关于第一点，朱子没有说完整，因为由前述可知《太极图说解》《西铭解》两书还处于草稿阶段，均寄给张栻、吕祖谦等学者讨论，只是两书定稿之后，未公之于众而已。① 而第二、三点则是针对其时的陆九渊、林栗等学者而发。束景南《朱熹年谱长编》考证：

> 按：朱熹至此出《太极图说解》与《西铭解》，乃主要针对陆氏兄弟、林栗等，即后跋所云"近见儒者多议两书之失"。其时林栗寄其《易说》予朱，并屡致书来大功周、邵、张之学，见《朱文公文集》卷三十七《答林黄中》书一、二、三。后跋所云"或乃未尝通其文义，而妄肆诋诃"，乃特指林栗也。②

---

① 据《朱熹年谱长编》乾道六年（1170）、八年（1172）记载，《太极图说解》《西铭解》还在草稿阶段，均寄给张栻、吕祖谦等学者讨论，不过当两书定稿之后，则未见其对外刊刻的情况。

② 束景南《朱熹年谱长编》，华东师范大学出版社，2001，第886页。

朱子在武夷精舍的教育实践

由此可知，朱子所说的现象是针对陆九渊兄弟的心学和林栗粗疏的治学方式而言。那么，朱子将其十六年前的作品拿出来作为教材，其最重要的目的是让学生静下心来仔细读书，真正读懂文献，再来深入研究以发表有根之论，而非空谈无根。朱子正是由此引导学生认真学习文献，并以自身学问作为教材的典范之一。

另一方面，前一阶段的研究成果成为朱子教授学生中最主要的讨论案例，基本覆盖了其生平教学实践的讨论主题。如《朱子语类》中所记载的大量学者的作品。《朱子语录姓氏》中大部分仅粗略记载其记闻的时间区域，我们无法将全部情况进行统计，故仅据《朱子语录姓氏》中明确记载于武夷精舍时期的学者所记录内容作为考察对象，即仅涉及魏椿（戊申五夫所闻）、吴必大（戊申、己酉所闻）、黄䃕（戊申所闻）、邵浩（丙午所闻）。我们以《朱子语类》中四人所录内容作为考察对象。朱子训门人，因由其他学者所载录，已然不能确定其所从学的具体时间，故不被纳入统计范围。具体情况如下表。

记录人员	《朱子语类》卷数情况
魏椿（戊申五夫所闻）	卷四、卷五、卷十、卷十三、卷十四、卷十五、卷十六、卷十八、卷三十五、卷四十三、卷五十九、卷六十一、卷六十二、卷七十四、卷一百、卷一百二十八、卷一百三十五、卷一百三十九
吴必大（戊申、己酉所闻）	卷三、卷四、卷八、卷十一、卷十六、卷十八、卷十九、卷二十、卷二十一、卷二十二、卷二十六、卷二十八、卷二十九、卷三十一、卷三十二、卷三十三、卷三十四、卷三十五、卷三十六、卷三十八、卷三十九、卷四十、卷四十一、卷四十二、卷四十三、卷四十四、卷四十五、卷四十六、卷四十七、卷四十九、卷五十二、卷五十三、卷五十五、卷五十七、卷五十九、卷六十一、卷六十二、卷六十三、卷六十七、卷六十九、卷七十、卷七十一、卷七十四、卷七十八、卷七十九、卷八十、卷八十一、卷八十三、卷八十四、卷八十六、卷八十七、卷九十、卷九十三、卷九十四、卷九十五、卷九十六、卷九十七、卷九十八、卷一百、卷一百一、

续表

记录人员	《朱子语类》卷数情况
吴必大（戊申、己酉所闻）	卷一百三、卷一百六、卷一百九、卷一百一十一、卷一百一十二、卷一百一十七、卷一百一十九、卷一百二十、卷一百二十一、卷一百二十二、卷一百二十三、卷一百二十四、卷一百二十五、卷一百二十六、卷一百二十七、卷一百二十八、卷一百三十、卷一百三十四、卷一百三十五、卷一百三十六、卷一百三十七、卷一百三十八、卷一百三十九、卷一百四十
黄𬭎（戊申所闻）	卷二、卷三、卷四、卷五、卷六、卷八、卷九、卷十、卷十一、卷十二、卷十三、卷十四、卷十五、卷十六、卷十八、卷十九、卷二十二、卷二十三、卷二十四、卷二十五、卷二十六、卷二十七、卷二十八、卷二十九、卷三十一、卷三十三、卷三十四、卷三十五、卷三十六、卷三十七、卷三十八、卷三十九、卷四十一、卷四十二、卷四十三、卷四十四、卷四十五、卷四十六、卷四十七、卷四十九、卷五十二、卷五十三、卷五十五、卷五十六、卷五十七、卷五十八、卷五十九、卷六十、卷六十一、卷十二、卷六十四、卷六十五、卷六十六、卷六十七、卷六十八、卷六十九、卷七十、卷七十一、卷七十二、卷七十三、卷七十四、卷七十五、卷七十六、卷七十七、卷七十八、卷七十九、卷八十、卷八十一、卷八十二、卷八十三、卷八十六、卷八十九、卷九十、卷九十二、卷九十三、卷九十四、卷九十五、卷九十六、卷九十七、卷九十八、卷九十九、卷一百、卷一百一、卷一百四、卷一百五、卷一百九、卷一百一十、卷一百一十二、卷一百一十五、卷一百一十七、卷一百二十一、卷一百二十二、卷一百二十四、卷一百二十五、卷一百二十六、卷一百二十八、卷一百二十九、卷一百三十、卷一百三十二、卷一百三十三、卷一百三十四、卷一百三十五、卷一百三十六、卷一百三十七、卷一百三十九、卷一百四十
邵浩（丙午所闻）	卷四、卷六、卷十一、卷十二、卷十八、卷四十一、卷四十五、卷六十二、卷六十七、卷八十、卷八十一、卷八十六、卷九十三、卷九十七、卷一百八、卷一百九、卷一百一十、卷一百一十一、

续表

记录人员	《朱子语类》卷数情况
邵浩（丙午所闻）	卷一百一十二、卷一百二十四、卷一百二十八、卷一百三十七、卷一百三十八

注：此表统计了《朱子语类》之中涉及四人所记内容的卷数情况。不过在具体统计过程中，此表还包括了正文不是他们所记但是黎靖德的按语有涉及其记载情况的部分，亦视为他们有记载过的内容。这些内容仅是因为内容相同或者类似，或者更为简洁而被黎靖德删除，但已表明他们记录了朱子讲课内容，并由此证明朱子此段讲学之时，他们在场。

由上表可知，魏椿、吴必大、黄𩆐、邵浩四人记录的内容几乎涵盖了朱子日常讲学的所有门类。如上表统计情况表明，《朱子语类》之中仅有卷一、卷七、卷十七、卷三十、卷四十八、卷五十、卷五十一、卷五十四、卷八十五、卷八十八、卷九十一、卷一百二、卷一百七、卷一百一十三、卷一百一十四、卷一百一十六、卷一百一十八、卷一百三十一，共计十八卷未有上述四人记录的内容。又因黎靖德《朱子语类》以主题为分卷依据，则武夷精舍时期的朱子讲学已经涉及的话题占到朱子日常讲学记录的87.14％。若是再考虑到各卷内容存在多卷同时存在相同话题的情形，则其比例会更高，如卷十七《大学四或问上》与卷十八《大学五或问下》，卷三十《论语十二·雍也篇一》与卷三十一《论语十二·雍也篇一》，卷四十八《论语三十·微子篇》与卷四十七《论语二十九》、卷四十九《论语三十一》、卷五十《论语三十二》，卷五十一《孟子一》与卷五十二《孟子二·公孙丑上之上》、卷五十四《孟子四·公孙丑下》，卷八十五《礼二·仪礼》与卷八十四《礼一》、卷八十八《礼五·大戴礼》、卷八十九《礼六·冠昏丧》、卷九十一《杂仪》，这些均与其他卷次属于相同主题内容或者讨论相关内容，则武夷精舍时期的弟子所关注的问题占比《朱子语类》所收录主题的95％。那么在《朱子语类》中没有的内容，仅有卷一百二《杨氏门人》《尹氏门人》、卷一百七《朱子四·内任》、卷一百一十三《朱子十·训门人一》、卷一百一十四《朱子十一·训门人二》、卷一百一十六《朱子十三·训门人四》、卷一百一十八《朱子十五·训门人六》、卷一百三十一《本朝五·中兴至今日人物上李赵张汪黄秦》，共计七卷内容。而若是以其内容来看，这些内容更多属于朱子评价具体人物或者朱子教授弟子行为习惯的记载，显然不是朱子学术的核心内容了。

二、最适合教育实践的生命时段

过了青年阶段之后，人的精力一般是随着年纪增长而下降的。然而，对于教育实践而言，个人投入的精力不仅受到生命精力总量的影响，还受到个人分配给教育实践的精力数量与质量的影响。虽然五十知天命，已过了人生能够创造最辉煌成绩的时间，但是考察朱子一生，武夷精舍时期的朱子反而是其投入教学实践精力最旺盛的阶段。这主要是从精力总值与分配的角度而言，武夷精舍时期是朱子投入教育实践的黄金时段。

如果在一个人的精力恒定的情况下，自然是绍熙元年（1190）至庆元六年（1200）的十年时间内，朱子能投入教育实践的时间最多，而武夷精舍时期自然无法与其相比，因为最后一阶段，朱子的科研成果是远不如武夷精舍时期的。与之相似，武夷精舍时期的朱子能投入教育实践的时间远比此前的十三年多的时间多得多，因为其科研成果比此前的时间均值少得多。不过，我们无法简单地依照上述情形下结论，因为实践的时间长，不代表其所拥有的精力总值就越高，且其投入教育实践的精力也不是时间越长就越大。这是因为还受到两方面因素影响：其一，是普遍的原则，即朱子的健康状况随年纪增长而恶化，其精力状况亦随年纪增长而下降，自无须我们多言；其二，朱子对精力的分配也严重影响其在教育方面的投入和效果，即在教育、科研之外，还有其他事项严重挤占其精力。

挤占精力的事情又主要有两方面：在社会事务方面，朱子在武夷精舍时期很少受到社会事务影响，而其他两阶段则深受由士大夫身份伴随

朱子在武夷精舍的教育实践

而来的入仕为官的事务影响。由前述可知，在武夷精舍时期，其起点是朱子辞去实职之后到武夷山五曲创建武夷精舍，终点是接受漳州知州任命后前往漳州任职。在这段时间内，朱子都是在武夷精舍教书育人和进行学术研究活动，并未担任任何地方管理职务。[①] 然而与武夷精舍时期不同，乾道六年（1170）至淳熙十年（1183）四月之间前后十三年多的时间内，朱子外出从事政务活动的频率就高得多了，[②] 这严重挤占了朱

[①] 据束景南《朱熹年谱长编》，朱子在淳熙十年（1183）四月十六日武夷精舍落成后，有离开武夷精舍的外出活动，如淳熙十年十月"南下福州、莆田、泉州，访赵汝愚、陈俊卿、陈知柔，吊傅自得"至当年十二月返归武夷山，即"十二月九日，离福州归，赵汝愚、林亦之等送之，有诗韵"；淳熙十二年三月"三十日，往建阳西山，寓景福寺，……"据束景南考证，"朱熹其时或为祠禄事往建宁府经建阳"；淳熙十四年（1187）正月"是月，南下莆中吊陈俊卿。……二月离福州归"；淳熙十五年（1188）"三月十八日，启程入都奏事，……"到同年（1188）"七月上旬，归自临安"。记录中，有这几段简短朱子仅前往外地的时间，且上述外出基本都属于访友论学性质的活动或者是吊唁的私人活动，并不会占用多少精力，甚至于属于公务的淳熙十五年的活动，其真正属于公务的奏事也仅六月七日奏对延和殿而已，实不影响任何学术活动。参见束景南《朱熹年谱长编》，第 776、785、804、858、886、910、896 页。

[②] 此时的朱子虽然对外出任职兴趣不大，已见前述《与韩尚书书》，但是在创办武夷精舍的前四年内却发生了两件大事：一是朱子知南康军，即淳熙六年（1179）"三月三十日至南康，交接郡事"至淳熙八年（1181）"闰三月二十七日，罢郡东归"。在此期间，虽然也能够利用业余时间从事学术研究与郡学讲学，但是此任职期间并非正常时期，而是处于大旱期间，其政绩又非平平无奇地混日子，而是"大江南北荒政第一，广被传颂"，那么朱子在此期间所费精力之大可想而知。二是朱子入京奏对，并上任浙江常平茶盐公事以解决浙江救灾不力之事，其难度之大，工作之繁忙，自可从其时浙江各地官员的反应看得出来，即"郡县官吏惮其风采，仓皇惊惧，常若使者压其境，至有自引去者，由是所部肃然。而尤以戢盗、捕蝗、兴水利为急"。而其弹劾唐仲友之事有《按唐仲友》达到六状之多，更是浙东之行困难重重的集中体现。正是在浙东公务活动中的尽心竭力，孝宗皇帝评价其时作为"朱熹政事却有可观""久不见卿，浙东之事，朕自知之，今当处卿清要，不复以州县为烦也"，由此朱子在此期间的政务占用其心力之大，亦可见了。参见《朱熹年谱长编》，第 620、697、686 页；黄榦《勉斋先生黄文肃公文集》卷三十四，宋集珍本丛刊，第 116 页；《晦庵先生朱文公文集》，第 825—868 页；《宋史》，第 12756—12757 页。

子的精力。如果外出任职不会占用大量精力，朱子也就没必要因为学术研究而拒绝入仕了，详见前《答韩尚书书》。

在家庭事务方面，朱子的精力在武夷精舍时期被挤占最少，其他前后阶段则深受家庭事务所挤占。在朱子的一生之中，存在少年丧父、中年丧妻、老来丧子的三大悲剧。其早年丧父自不在本文讨论之中，中年丧妻之事发生于淳熙三年（1176），"十一月十三日，令人刘氏卒"①，这件事对朱子的影响甚大。《答吕伯恭书》（昨附建阳黄尉两书）说：

> 熹私门祸故，老妇竟不起疾，悲悼不可为怀。儿子远归，已后其母，又切伤痛也。一体胖合，情义不轻，而自此门内细碎，便有不得不关心者。衰懒讵复堪此，奈何奈何？

此信写于淳熙三年（1176）十二月。关于朱子与刘清四之间的感情深厚程度，有待讨论，②但是有一件可以肯定的事，即刘清四操持家务，使朱子能够安心外出与学术研究，这是对朱子的莫大支持，故朱子在其妻过世之后才有感慨"自此门内细碎，便有不得不关心者"，即朱子要花大量的精力来处理家庭日常事情，承担起原来由其妻刘清四处理之事。而这些琐碎事务对朱子来说是一项艰巨的任务，故有"衰懒讵复堪此，奈何奈何"之叹。在刘清四过世之后，朱子的家庭事务主要有三方面：一是照顾幼子与幼女之责，这肯定占用朱子大量的时间与精力。朱子《女巳埋铭》写道："朱氏女，生癸巳。因以名，叔其字。父晦翁，母刘氏。生四年，呱失恃。"由此可知，朱巳生于癸巳年（1173），距离

---

① 束景南《朱熹年谱长编》，华东师范大学出版社，2001，第576页。
② 关于朱子与刘清四之间的情感，汲军、童腮军《择婿婚及对朱熹的女性观形成的影响》及林振礼《朱熹在五夫科考与婚姻的主要经历及文化意蕴》均有涉及，大体认为朱子对刘清四的感情平淡。参见汲军、童腮军《择婿婚及对朱熹的女性观形成的影响》，《朱子学刊》2003年第1辑，第174—185页。林振礼《朱熹在五夫科考与婚姻的主要经历及文化意蕴》，第17—23页。

其母刘清四过世的淳熙三年（1176）前后仅三年，而从其表字"叔"而言，她不是朱子的最小女儿，当是朱子三子五女中早逝的第三女，那么刘清四过世时，第四女、第五女的年纪就更小了。①另外，即使比朱巳出生更早的朱子第三子朱在（1169—1239），当时也才八岁而已，远未成年。这些幼子幼女的日常生活照顾原是由刘清四来完成，她过世之后，责任自然得由朱子来承担，故有"奈何奈何"之叹。在承担起上述责任之时，朱子也感到责任之大，占用精力之多。《答吕伯恭》（私家不幸）说："熹自遭祸故，益觉衰惫，内外琐细自此便有不得不关心者。加以目下一番宾客书问之冗，至今未定，形神俱耗，不复能堪矣。"此信写于淳熙四年正月，距离刘清四过世仅有两个月，朱子就对生活中照顾子女的压力所需要花费的时间与精力已有深刻体会了。

在朱子老年之时，朱子长子朱塾过世，其时在绍熙二年（1191）正月二十四日，②朱子时任漳州知州。《乞宫观札子》（熹辄有哀恳）说：

> 而熹无状，行负幽明，长男暂往婺州，遽尔夭殁。不惟老病之余不堪悲痛，而料理丧葬、收拾遗孤，相去隔远，私计实有未便。虽欲强自扶持，黾勉从事，势有不可得者。欲望钧慈，特为敷奏，复俾奉祠，退归田里，则熹父子存殁均被莫大之恩，不胜千万幸甚。

---

① 林振礼《朱熹在五夫科考与婚姻的主要经历及文化意蕴》说："刘氏共生养了三男五女：长子朱塾，生于绍兴二十三年（1153）七月；次子朱埜，生于绍兴二十四年（1154）七月；长女朱巽，约生于绍兴三十年（1160），次女朱兑，生于乾道元年（1165）；三子朱在，生于乾道五年（1169）；三女朱巳，生于乾道九年（1173）；四女生于淳熙元年（1174）；小女生于淳熙二年（1175），时朱熹四十六岁，刘氏约四十三岁。"当持之有据，现采用其说。参见林振礼《朱熹在五夫科考与婚姻的主要经历及文化意蕴》，《朱子文化》2021年第5期，第20页。

② 绍熙二年（1191）正月，"二十四日，长子朱塾卒于婺州"。参见《朱熹年谱长编》，第1019页。

此奏折写于绍熙（1191）二年二月，虽属公文，但是"遽尔夭殁"也已含蓄表达出朱子在长子过世之后的内心极大的痛苦之情。这对朱子的精神打击也是非常巨大，正如朱子《与留丞相札子》说："不幸遽闻长男之讣，悲痛不堪。自度精神思虑将有不可得而黾勉者，已具公札申禀，乞赐陶铸宫观差遣，使得蚤归营办丧葬，收拾孤孥。"其私札所呈情感更显真实。此外，不论公私信札都道出了其辞去实职的原因有料理丧葬、收拾遗孤两件事。其时长孙朱鉴（1190—1258）仅1岁，孤儿寡母的情况自然需要作为朱塾父亲的朱子加以照拂。其最重要的责任是承担他们日常生活的费用。

上述两段时间里，朱子不但是在精力、时间损耗上有诸多困难，在经济上也陷入困境。为了解决经济问题，朱子将大量时间用于赚取生活费用，正如高令印先生所说："文字钱是朱熹经济收入中的来源之一。此项收入在朱熹经济开支中占有一定的地位。"[①] 而除此之外，朱子为了应对紧张的经济状况，还专门刊刻图书用于出售。[②] 朱子写给林择之的信中说：

> 又此数时艰窘不可言，向来府中之馈自正月以来辞之矣。百事节省，尚无以给，且木欲致薄礼，比亦出手不得。已与其弟说，择之处有文字钱，可就彼兑钱一千官省。……文字钱除前日发来者外，更有几何在彼？择之为带得几□过古田？千万早示一数于建宁城下，转托晋叔寄来为幸。或已去手，能为收拾，专雇一稳当人送来尤便。此中束手以俟此物之来，然后可以接续印造。不然，便成间断费力也。千万早留意为妙。

[①] 高令印《朱熹事迹考》，上海人民出版社，1987，第29页。

[②] 关于朱子刊刻图书出售，高令印先生说：关于朱熹经营刻书售书之业，可分为两个方面，一是朱熹自著之书自印销售，不许别人夺利，二是刻印儒家经典销售，似今日之出版社。参见《朱熹事迹考》，第29—30页。

此段内容被高令印先生所引用于论证文字钱,并且由此获悉"所谓文字钱,是朱熹为人撰文酬金和刻书售书获利金"。① 这符合上文所述内容,不过此信写于乾道八年(1172)秋,正处于前一阶段的时间,而其时从事图书刊刻亦在此时,故有朱子所述"钦夫颇以刊书为不然。却云别为小小生计却无害,此殊不可晓。别营生计,顾恐益猥下耳"。那么我们由此可知,朱子刊书纯粹是以维持生计作为主要目标,而其时正是处于乾道六年(1170)至淳熙九年(1182)之间。

与前述两段时间不同,朱子在武夷精舍时期反而处于人生最舒适的阶段。其原因在于,此时不论是家事还是经济情况都处于最平稳阶段。在家事方面,由前述可知,刘清四过世之后,子女尚小。而到淳熙十年(1183),其幼子朱在也已经15岁了。即使是最小的第五女儿早夭,虽然时间不详,但是考虑到刘清四在淳熙三年(1176)过世,则其第五女最晚出生的时间应该也不会晚于淳熙三年,其时也应该七岁了,这所耗费朱子的时间自然少了非常多。而在经济方面,因为朱子在此之前任职南康军和浙东常平茶盐公事,具有较好的经济基础,虽然可能仍存在一定困难,但是与前后两段时间相比,显然较好许多。由于朱子自身处境较好,即淳熙十年三月《林择之》(某区区粗遣)写道:"如此却得且从容家居,区处庶务,亦是一事。"其时的林择之也暂时不用再帮助朱子处理文字钱之事,而可以考虑入学之事,即"但郡中之约,恐又不得不应。切须审处,使久远无悔吝乃佳耳。必不得已,入学亦不妨。只要自处得是当,此更在子细也。"此时正是朱子一生最为舒适的时期。

三、最适合教育实践的主观环境

武夷精舍时期的朱子已过学术研究高峰期,由于个人精力总量及分配处于人生最舒适的阶段,朱子更愿意为教育实践投入更多的时间、更多的精力。这对朱子的教育实践有两方面的作用:

---

① 高令印《朱熹事迹考》,上海人民出版社,1987,第30页。

其一，有助于朱子更愿意腾出时间从事教育实践活动。

在武夷精舍时期前，朱子将重心放置于学术研究上，以至于对外出任职和教学之事，并未尽全力。《答韩尚书书》说：

> 熹狷介之性，矫揉万方而终不能回；迂疏之学，用力既深而自信愈笃。以此自知决不能与时俯仰，以就功名。以故二十年来自甘退藏，以求己志。所愿欲者，不过修身守道，以终余年，因其暇日，讽诵遗经，参考旧闻，以求圣贤立言本意之所在。既以自乐，间亦笔之于书，以与学者共之，且以待后世之君子而已，此外实无毫发余念也。

据郭齐、尹波《朱熹文集编年评注》，此信写于淳熙三年（1176），朱子时年47岁，正处于学术研究的高峰期。故其最感兴趣之事在于学术研究，即"迂疏之学，用力既深而自信愈笃"的阶段，对其他事情是不感兴趣的，秉持"修身守道，以终余年"的态度。而在此阶段，朱子对教学的兴趣也是远排在学术研究之后的，甚至可以说兴趣不是很大。故朱子才说"既以自乐，间亦笔之于书，以与学者共之，且以待后世之君子而已"，其意有三层：一是自乐在于"修身守道，以终余年，因其暇日，讽诵遗经，参考旧闻，以求圣贤立言本意之所在"，这就是以学术研究为自乐的源泉；二是在自乐之外，才是著书，使其治学成果得以与别人分享；三是将自己治学成果与学者分享，并将自己的学术思想传之久远。其中"学者"一词，自古有两义，一是指学生，二是指研究者。朱子最大的兴趣在于从事探究圣人立言之义的学术研究，第二大兴趣在于著书立说，正如余英时先生所说："他的研究与撰述的兴致正浓，决心把一生奉献在儒学的重建上面，不愿卷入实际政治。"[①] 实际上不

[①] 余英时《朱熹的历史世界：宋代士大夫政治文化的研究》，生活·读书·新知三联书店，2004，第403页。

仅是实际政治，朱子对教学的兴趣亦是不大的，因为不论是第一种（学术研究），还是第二种（著书立说），本质上都是学术研究的形态。正是在前两者之后，才是将两者的成果与学生或学者分享，其目的在于为后来者提供学术研究成果，这意味着后两者是教育实践的范畴了。

崇安大桥朱子画廊浮雕：倡道武夷

正是对教育实践的兴趣远低于学术研究，故朱子在此阶段基本将精力放在学术研究之上。与之相对应的是，此阶段是朱子学术成果的高峰期，而此时教育实践仅属学术研究的附属活动而已。方彦寿《朱熹考亭书院源流考》说：

> 拙文《朱熹寒泉精舍门人考》仅收录这一时期从学的门人22人，且从学时间先后不一，故平常日子大概只有二三人而已。"吾党二三子，欲来从我游"，此为朱熹《怀人》诗的首两句，可作为此时从学门人尚未形成规模的一个旁证。[1]

方彦寿先生论证的结论是合理的，只是他从寒泉精舍的情况来推断，将此时作为考亭书院发展的前期来加以考察，且未对云谷晦庵草堂

---

[1] 方彦寿《朱熹考亭书院源流考》，中国文史出版社，2005，第79页。

时期的学生情况进行考察,难免有不完善之处。云谷晦庵草堂时期的讲学活动时间较短,以至于方彦寿《朱熹书院门人考》省略了云谷晦庵草堂门人考的部分,[①] 在《朱熹考亭书院源流考》中亦云"在寒泉、云谷的讲学活动",其所用论据亦如上所述,仅为寒泉精舍的资料,甚至为了总结其时讲学活动,将此时属于学术研究活动的情况的论学也归入讲学活动之中。这就难免有补足凑数之嫌,其中最典型例子是杨方记录朱熹批评《知言》和湖湘学派理论的内容,涉及论辩双方的主要观点。以普通教学过程而言,方彦寿先生的论述是合理的,问题在于论学的过程属于学术研究活动,而朱子向学生介绍学术活动的过程,虽属于教学,但此时朱子的主要精力仍旧是放在学术研究方面,其教学仅属学术研究活动的附属活动而已。正如方彦寿所说:"在与其他学派的论战中,将对方、己方的学术观点、论辩焦点和过程告诉门人弟子,有时也让弟子直接参加。"[②] 这是将学术研究活动场景复述给学生,而不是将自身研究成果提炼之后教授给学生,虽有助于学生了解其时场景,却也表明朱子是将研究成果直接展示给学生,未加整理。显然,朱子此时亦无暇,乃至无心思整理、提炼成适合教学的形式。

当然,我们指出朱子以学术研究为主要着力点,以教育实践为附属活动,并非否定让学生参与学术研究这种模式的效率以及教学效果,然而这确实会影响教学的系统性和知识的系统传授效果。

其二,有助于朱子更愿意腾出更多精力从事教育实践活动。

与前一段时间相比,朱子将主要精力投入科研,这使其学术研究处于高峰期,自然他的教育实践活动会受到影响。这里有一个假设,即朱子的精力是相对固定或者恒定的,但这个假设是不能成立的,因为两个阶段除了每天时间固定之外,学术研究与教学实践活动所损耗的精力或者强度存在重大差别,这可从朱子晚年的自道看出来。《朱子语类》卷

---

① 方彦寿《朱熹书院门人考》,华东师范大学出版社,2000。
② 方彦寿《朱熹考亭书院源流考》,中国文史出版社,2005,第78—88页。

朱子在武夷精舍的教育实践

六十三载：

> 人初生时气多魄少，后来魄渐盛，到老魄又少，所以耳聋目昏，精力不强，记事不足。某今觉阳有余而阴不足，事多记不得。小儿无记性，亦是魄不足。好戏不定叠，亦是魄不足。

此条由陈淳所记载，其时间在庚戌年（1190）或己未年（1199），具体时间无法确定。不管哪个时间，都是在武夷精舍教学时间之后，更是在前述乾道六年（1170）至淳熙九年（1182）之后。然而朱子在此时感慨自己"时多记不得"，也就是"精力不强，记事不足"的阶段。这显然会严重影响其学术研究活动，因为朱子教育学生友仁说："公识性明，精力短，每日文字不可多看。又，记性钝，但用工不辍，自有长进矣。"这是友仁求学于朱子之后要返程时发生的情况，朱子告诫之语含有两方面内容：一是总结学生的优势是识性明却精力短，需要避免多看文字，以免影响学习效果；二是指出学生记性迟钝，需要长期坚持方能有长进。那么前者涉及精力的特点，后者涉及学习持之以恒的毅力问题。后者与本论题无关，而前者则与朱子对精力特征的认知密切相关，亦是自己的深刻体会，即精力短会使自身学习研究过程难以长期保持高效，故只能集中精力于短时间。其实，他在前述陈淳所记载的内容中所述的精力不强，正是精力短的一种表现。故朱子在回答学生问题时也承认精力不济已严重影响其科研了。《朱子语类》卷一百五载：

> 张仁叟问《论语或问》。曰："是十五年前文字，与今说不类。当时欲修，后来精力衰，那个工夫大，后掉了。"

这是节所闻录的内容。所谓的"精力衰"，就是前述精力不强的表现。正是因为精力衰，所以朱子只能放弃《论语或问》的修订工作，也只能任由《论语或问》呈现"支离"的弊端却无法采取措施来补救，因为修订耗费的工夫大，而精力衰，只能作罢。

由此可见，精力的情况深刻影响学术研究的持续时间和效果。这也是前述朱子在不同时间的研究成果呈现从中年到知天命之年后下滑的曲线情况的根本原因。

与前述研究深受精力影响不同，教育实践过程受到精力影响的程度要小得多。最直观的例子就是朱子在武夷精舍时期学术研究成果虽然较乾道六年（1170）至淳熙九年（1182）的阶段少，却远高于绍熙元年（1190）至庆元六年（1200）。而教育实践的情形却完全相反，最直接的例子就是朱子在考亭书院的学生数量远多于武夷精舍时期。据方彦寿考证，"至今仍有姓名、生平仕履可考道的考亭朱门弟子尚有215人"[1]。其数量显然不是很准确，但是以其标准而言，此215人显然远多于其学术高峰期的乾道六年至淳熙九年的寒泉精舍、云谷晦庵草堂时期，也多于朱子武夷精舍时期的91人。[2]那么，我们可以看出朱子的学术研究成果与培养的学生数量之间存在着负相关的关系。

由此可知，虽然随着年纪渐长，朱子的精力呈现下降趋势，但其影响主要呈现于学术研究中。而在教育实践中，教育实践所损耗的精力远小于学术研究，故随着年纪增长，学生数量反而快速增长，二者呈现负相关关系。那么在刚跨过学术高峰期的武夷精舍时期，朱子自然可以获得更多本来用于学术研究的精力，以从事教育实践活动。

至于武夷精舍时期的情形和此后十年的情形，如精力总量差异，详见前文，不再赘述。在朱子人生最后的十年，他的精力与健康情况已严重影响到其具体的教育实践了。正如陈淳在己未年刚到考亭之时所见情

---

[1] 方彦寿《朱熹考亭书院源流考》，中国文史出版社，2005，第98—99页。
[2]《朱熹书院门人考》将武夷精舍学生分成两类：一类是"武夷精舍建成之前从学于朱熹的门人"，"这一部分所录为武夷精舍建成之前已从学于朱熹，此精舍建成后，又续学于此者。计有以下21人"。一类是"武夷精舍建成之后从学于朱熹的门人"，"这一部分所录为武夷精舍建成之后方从学于朱熹的门人，计有以下70人"。那么，两部分合计有91人。

景，即"十一月中浣到先生之居，即拜见于书楼下之阁内，甚觉体貌大减，曩日脚力已阻于步履，而精神声音则如故也。晚过竹林精舍止宿，与宜春胡叔器、临川黄毅然二友会。而先生日常寝疾十剧九瘥。每入卧内听教，而谆谆警策无非直指病痛所在，……"[①] 朱子执着于教育事业的精神令人感动，其健康状况和精力情况亦一目了然，自无须赘述。

综上所述，武夷精舍时期的朱子虽然生徒数量并不是其一生当中数量最多的，但是从个人学术生命发展阶段及其精力情况来看，武夷精舍时期都是最适合他从事教育实践的阶段。

（本文作者为武夷山朱子文化研究中心研究员）

---

① 陈淳《北溪先生大全文集》卷十，宋集珍本丛刊本，第56页。

朱子与门人的著述

陈国代

南宋淳熙九年（1182），朱子在提举浙东常平司任上弹劾贪污腐化的前知台州唐仲友，却被擅长权术的宰相王淮巧妙地调离岗位、闲置一旁，仕途跌入低谷。朱子知"道"之难行于世，九月底由浙东回到武夷山下，谋划在幽静的武夷山五曲大隐屏下营建书院，以讲学授徒、传经弘道。次年春，朱子请祠得到朝廷批复，主管台州崇道观，自己筹集经费，鸠工度木建造精舍，三月初建成三间小屋仁智堂，约同志皆往游集，作《行视武夷精舍》。福建安抚使赵汝愚获知朱子营造精舍，便行檄建宁府崇安县，欲安排官钱官役以助一臂之力。朱子以"私家斋舍，不当恩烦官司"而谢却赵帅的好意，与弟子具畚锸、集瓦木，于四月十六日建成精舍，随之引来四方士友。从淳熙十年到淳熙十六年，朱子在武夷精舍纳徒讲学，同时开展图书编纂活动，除外撰述大量诗文、书信、序跋等，所成之书有《资治通鉴纲目》《婺源茶院朱氏世谱》《小学》《易学启蒙》《孝经刊误》《诗集传》《通书解》《周易本义》，以及修订《四书集注》，正式序订《大学章句》《中庸章句》等数种。本文依成书时间顺序略作考察如下，以飨读者。

一、《资治通鉴纲目》

朱子自浙东归闽，上《辞免江东提刑奏状》，主动辞受江东提刑一职，并请求奉祠，拟将乾道八年（1172）草创的《资治通鉴纲目》重新整修成书。朱子估计淳熙十年（1183）春夏修改，秋冬间可以完稿，待完善之后再缮写进呈御览。早在乾道五年，朱子就始谋作《资治通鉴》

节本，他在十月里给蔡元定的信中说："某此无它，但为《通鉴》课程所迫，无复优游潜玩之功，甚思讲论耳。已看到《后汉·章帝》处，只三四日当毕，向后功夫却不多矣。"节本《资治通鉴纲目》，包括例序、提要和正文三部分，但显得太粗略，只能当作"藏之巾笥，姑以私便检阅，自备遗忘而已"的书，还须加以补充与修改。他要求门生一同参与修改，说："季通可早来，……需《通鉴》，方此修改未定，旧本太略，不成文字。"后来朱子分派李宗思分写东汉至三国以后，詹体仁分写宋以后南北史，其余由蔡元定分写，朱子总其事、总统稿。朱子将门人蔡元定、李宗思、詹体仁分撰内容统筹处理，最后完成编纂工作，但删润工夫持续多年，至晚年嘱咐赵师渊整顿，在朱子生前未能刊行。

二、《婺源茶院朱氏世谱》

早在淳熙三年（1176），朱子回婺源省亲展墓，就着手搜集族谱资料，其后多年又陆续搜集，并于淳熙十年五月二十八日编成《婺源茶院朱氏世谱》。该谱于南宋末编入九十一卷本《晦庵先生文集·后集》之第十一卷。明刻《婺源茶院朱氏家谱》二卷本，版式为每面12行32字，黑口，四周双边，中国国家图书馆有藏本。清康熙四十六年（1707），朱国兰修《新安月潭朱氏族谱》十卷，收录之。民国间重修《新安月潭朱氏族谱》，为宋、明、清三修《族谱》后的又一次修订。其中卷一保留朱子《婺源茶院朱氏世谱》未变，相沿至今。

三、《小学》

朱子于淳熙四年（1177）第一次总结生平学问后，在不断修改《四书集注》的过程中，将修撰《小学》提上日程，以弥补四书学体系中有"大学"无"小学"的内在弱点。淳熙十年夏秋间，朱子在武夷精舍开始编"小学"教科书，编出《小学》大纲，所作内容则较简略。朱子有意将编写任务交给门生刘清之。刘清之在鄂州任通判时另外编了一本规模稍大的《小学》，但也不是完善本。在宰相王淮反道学期间，刘清之不得不避嫌以免招惹祸害，没有遵行朱子的构想，便于淳熙十一年在鄂州印刻自己所作的《小学》。朱子对鄂州本《小学》不满，不得不与蔡元定一起据前期的《小学》编本重新进行补充与修改，至淳熙十四年三月一日成。作为教材的这本小书，历经曲折始成。

四、《易学启蒙》

乾道至淳熙年间，朱子着力于《易》学研究，阐述易象数与筮占方法，作《易学启蒙》，略论象数梗概。淳熙十二年（1185），《易学启蒙》草成，内容只有两篇。大约淳熙十三年，朱子与多人讨论易学，还将《启蒙》寄给转运判官赵善誉征求意见："向来所呈《启蒙》，不审已过目否？近觉得有说未透处，颇加改定，旦夕修成，别寄上也。"同样告诉黄灏说："《启蒙》改本未成，后便寄去。近塑得伏羲象，欲奉之武夷精舍，恨贤者不能一来观之耳。此纸烦商伯兄呈似（永卿），更同为订之也。"至淳熙十三年三月十六日，朱子作序云：

> 圣人观象以画卦，揲蓍以命爻，使天下后世之人皆有以决嫌疑、定犹豫，而不迷于吉凶悔吝之途，其功可谓盛矣。然其为卦也，自本而干，自干而支，其势若有所迫而自不能已。其为蓍也，分合进退，纵横逆顺，亦无往而不相值焉。是岂圣人心思智虑之所得为也哉！特气数之自然，形于法象，见于图、书者，有以启于其心，而假手焉耳。近世学者类喜谈易，而不察乎此，其专于文义者，既支离散漫而无所根著；其涉于象数者，又皆牵合傅会，而或以为出于圣人心思智虑之所为也。若是者，予窃病焉。因与同志颇辑旧闻，为书四篇，以示初学，使毋疑于其说云。

朱子序中所称"同志"者，是指参与讨论、审阅、修定的门人与士友，主要是指大弟子蔡元定。从《晦庵先生朱文公文集》中朱子给蔡元定的许多书信里可以看出精通易理术数的蔡元定对《易学启蒙》的讨论、修改与审订所起的重要作用。"《启蒙》近又推得初揲之余不五则九,其数皆奇,而其为数之实,五三而九一之,应围三径一之数。第二、三揲之余不四则八,其数皆偶,而其为数之实,四八皆二,亦应围四用半之数,是三揲之次,亦已自有奇偶之分。若第二、三揲不挂,则不复有此差别矣。如何?"当然,蔡元定也有许多见解有资于朱子的推论。特别是淳熙十四年(1187),从《河图》《洛书》中推出七、八、九、六,便扩充为《本图书》《原卦画》《明蓍策》《考变古》四篇,把伏羲画卦、文王系彖、周公系爻、孔子传易、邵雍传画、程颐绎经的多重易学研究提纲挈领地进行概括,《启蒙》也就成为研究《易》学的大纲。此次修改,朱子告诉白鹿洞诸生云:"《启蒙》近复修改一两处未毕,俟印得即奉寄。《易》之象数初甚简易,今人不得其说,遂至支离,使人不晓,反遂诋以为谣巫瞽史之学,其亦误矣。"对于七、八、九、六,于易学有所研究的袁枢认为不可为四象,也不是出自圣人之作。朱子回信说:"四象之名,所包甚广。大抵须以两画相重、四位成列者为正。而一、二、三、四者,其位之次也;七、八、九、六者,其数之实也。""至谓七八九六乃揲蓍者所为非圣人之法,此误尤不难晓。"且作具体的阐述,特别用小诗"忽然半夜一声雷,万户千门次第开。若识无心涵有象,许君亲见伏羲来"寄怀,说明自己有真见识。

五、《四书章句集注》

朱子在五十岁之前,已做了《学》《庸》《语》《孟》的大量诠释工作,用心甚苦,也深有收获。朱子出于一种责任,也为了帮助读者理解和掌握儒家经典著作的微言大义,才倾力为《四书》作集解、章句、集注。初始的解书之动机,伴随学术思想的推进,朱子觉得单篇文章的注释与单部著作的诞生,只有独立个体属性,远未达到支撑二程所追慕、自己所构想的理学大厦,于是又进行资源整合处理。

淳熙九年(1182)六月,朱子首次将自己此前注释完成的《大学章句》一卷、《中庸章句》一卷、《论语集注》十卷和《孟子集注》十四卷合为一编，刊于婺州，学界称此为"宝婺本"。朱子合刻《四书章句集注》，是一大创举。随后，朱子又不断修改、补充《四书集注》，更加完善了"四书"学体系。

朱子部分著作

淳熙十一年（1184），广西安抚使詹仪之动用官帑印刻《四书集注》于广东德庆。朱子致信说："德庆刊本重蒙序引之赐，尤以悚仄。此书比今本所争不多，但紧切处多不满人意耳。序中所用善学圣贤之语极有意味，但今日纷纷，本非为程氏发，但承望风旨，视其人之所在而攻之耳。""伏蒙开喻印书利病，敬悉雅意。然愚意本为所著未成次第，每经翻阅，必有修改，是于中心实未有自得处，不可流传以误后学。加以此道年来方为群小仄目，窃味圣贤垂戒，欲知进退存亡而不失其正之指，只合杜门却扫，阴与同志深究力行，以俟道之将行。不当如此用官钱刻私书，故触其所不欲闻者，使其有所指以为病，而其祸且上流于此学，使天下钳口结舌，莫敢信向。"朱子怕惹麻烦，致书毁板，将手头已有者修改并呈詹仪之。对于宝婺本《四书集注》，朱子也不是太满意，于淳熙十二年进行了一次大修订。七月九日，朱子写信告诉刘清之说："诸书今岁都修得一过，比旧尽觉简易条畅矣，恨不得呈以商量也。"至淳熙十三年五月，朱子再次修订了《四书集注》，写信对潘友恭说："近年读书，颇觉平稳不费注解处意味深长。修得《大学》《中庸》《语》

《孟》诸书，颇胜旧本。"朱子告诉向浯说："某向来妄意作一二小书，初不敢以示人。近年自觉昏愦，不复更有长进，有欲传者，因以付之。今纳《四书》五册，仰尘燕几。恐有悖理，幸望指教，尚及镌改也。"可以看出，此修本已是较满意者，于是由广西安抚使詹仪之印刻于桂林，四川制置使赵汝愚印刻于成都。淳熙十五年，朱子仍请门生蔡元定、黄榦、程端蒙、滕璘、滕琪、董铢等人助修《四书集注》。淳熙十六年二月再次序订了《大学章句》，三月序订《中庸章句》，但最新的《四书》未及刻印。

六、《孝经刊误》

朱子曾感慨："世间非特十分好人难得，只好书亦自难得。"他为了彰显儒家孝道精神，力图给出最佳的《孝经》文本。大约在淳熙十年（1183），朱子写信给向浯说："昨得子澄书，具道昨寄武夷佳句，深有教督之意。……御书古文《孝经》有墨本否？欲求一通。此书无善本，欲得此雠正也。"他以为传世《孝经》存在许多问题需要整顿，于是挈合《今文孝经》《古文孝经》，以今文前六章、古文前七章合为"经"一章，以其他部分并为"传"十四章。朱子不仅对《孝经》文本进行分经、分传编排，还认为即便是"经文亦不免有离析增加之失"，需要重新整理，建议删除无关经旨的部分文字。而传文部分是由汉初齐鲁间陋儒所作，宜将不合其思想者尽行删除，淳熙十三年八月十二日作成《孝经刊误》。

七、《诗集传》

朱子对《诗经》的注释，大致以淳熙四年（1177）为界分为前期与后期两个阶段，这两个阶段实际上是朱子从尊序到弃序的解诗过程，所成者分别为《诗集解》《诗集传》。对此，朱子在向门人讲授时说："某向作《诗解》文字，初用《小序》，至解不行处，亦曲为之说。后来觉得不安，第二次解者，虽存《小序》，间为辨破，然终是不见诗人本意。

后来方知，只尽去《小序》，便自可通。于是尽涤旧说，诗意方活。"这段话告诉我们，朱子解《诗》三百篇有个漫长的发展过程。朱子大约在三十岁前欲解《诗》，绍兴二十九年（1159）春正月给刘玶写信，劝其读书讲学，并抄寄"二南说"商讨《诗》学，实为始作《诗集解》。乾道三年（1167）前后，朱子进行全面修改。乾道九年又进行了一次大修改，始成《诗集解》，尽管朱子在淳熙四年十月二十二日对《诗集解》进行了修订，也只是个别处的改动。其架构是沿用《毛诗序》以解《诗》，全书开头引用《大序》，每诗篇首引用《小序》，如此处理，总觉有些诗解说不通畅，未能达到满意的程度。淳熙七年，朱子始悟雅、郑之辨，便抛开诗序的束缚，努力从诗作原文中寻找答案，且有可喜的进步。淳熙九年九月十一日，朱子受吕祖俭之请作《吕氏家塾读诗记后序》，序中说自己早年所作诗解乃"少时浅陋之说"，也就是宗毛氏《诗序》所作《诗集解》不可取。自我否定之余，就必须另辟新径继续前行。后来朱子尊从郑樵弃序之说，脱离《小序》的束缚而解《诗》，结果与尊《序》解《诗》大不一样。朱子采取经传相分、弃传求经、直探《诗》本义的解经法，只从诗作品中挖掘诗人创作本意，重新解诗，荡涤旧说，所解之诗，流畅许多。此际，朱子同泉州晋江诗人陈知柔也有书信探讨《诗经》，且纠正其"来教谓《诗》本为乐而作"的偏颇说法，"盖以《虞书》考之，则诗之作本为言志而已"。

淳熙十一年（1184）春，朱子作《读吕氏诗记桑中篇》，系统论述自己黜《毛序》之诗学思想。淳熙十一年、十二年皆有修改之举，但未尽除旧迹。淳熙十三年，朱子将《诗集解》删削成一本小书，用儒家正心诚意修齐治平的思想对《二南》二十五篇进行理学化解说，作为《诗经》学的纲领，使之简约易读。至十月，终于有了程朱理学灵魂的《诗集传》之诞生，朱子作《诗序辨说》附其后，刻版于建阳。

八、《通书解》

大约在淳熙十三年（1186）武夷精舍讲学期，朱子对理学鼻祖周敦颐的《通书》单独作注释。淳熙十四年初，朱子注释《通书》稿成，再与蔡元定、黄榦等人商讨、修改。在修订过程中，蔡元定发现并成功地把《通书》中"诚几德"与《太极图说》的"太极二五"沟通对接，得到朱子的采纳。朱子至当年九月六日序订之，取名《通书解》。

九、《周易本义》

朱子初步写成《易传》是在淳熙四年（1177）。朱子随着研究不断深入，对前期草就的《易传》愈感不满意，开始酝酿再辟蹊径解《易》。朱子认为《易》在千百年流传过程中，不断有人给予注释，如郑玄"始合《彖》《象》于经"，王弼又分《象辞》"以附当爻"，造成经传合一，后世便不能区分经文与传文，使《易》之本义不明，于是开始作《周易本义》，舍传求经，就经解经，力图恢复儒家经典著作的原貌。约在淳熙十三年三月中旬，朱子与蔡元定合作完成《易学启蒙》后，即给易学界相识者如郭雍、程迥、程大昌、赵善誉、袁枢、林栗等人寄去书稿征求意见，由此展开易学论辩，促成朱子修改《易学启蒙》，也推动朱子从易经文字中寻找《易》之本义。

朱子采用淳熙九年（1182）六月在会稽所刻吕祖谦编排《古易》为底本，参阅晁说之《古周易》，以上、下经为二卷，十翼又为十卷，前置易图九幅。易图则由蔡元定提供。后附易赞、筮仪。如此处理，图文并茂，直观引人。朱子从经上探求伏羲原始之《易》，从传上探求后世圣人之《易》，但也参阅诸多既往易学家的著作，甚至言易之杂书如郭璞《易林》、李子思《易说》，还有《火珠林》《归藏》《麻衣易》《参同契》以及非《易》类著作如《史记》《周礼》《老子》《孙子》《读史管见》《淮南子》等书，将其中有价值的内容或见解吸纳进来，使《周易本义》成为综罗古今《易》学、融贯众家之说的著作。因武夷精舍教学之需，淳熙十五年九月先由蔡元定印出作授徒之讲义。后来，《周易本义》成为官学教材，成为科举考试标准用书，影响至深，在中国哲学史和易学史上占有重要地位。

可以说，朱子在武夷精舍时期，正是精力旺盛、思维敏捷、著述丰硕的黄金期。于著述方面而言，朱子既善于广博吸收前人的思想精华，也得到时贤、门生的大力赞助，所成可观之作，遂成为宝贵的文化遗产。

（本文作者为福建省文史研究馆馆员、武夷山朱子文化研究中心研究员）

参考文献

[1] 朱熹《晦庵先生朱文公文集》，上海古籍出版社、安徽教育出版社，2002年。

[2] 黎靖德《朱子语类》，中华书局，1986年。

[3] 束景南《朱熹年谱长编》，华东师范大学出版社，2001年。

后　记

经过两年的努力，《朱子与武夷师友》一书终于可以付梓了。这是武夷山朱子文化研究中心致力在地研究的又一成果，也是中心顾问和研究员们共同努力的结果，更是"朱子与武夷山"系列书籍的圆满收官之作。本书收录了福建省文史研究馆馆员、武夷山朱子文化研究中心顾问、研究员撰写的研究朱子与其老师、好友、门人相处之道的27篇文章，共16万余字。在编排上，以与朱子关联人物的亲疏、影响作为顺序，同时，还专门辟出群体人物，使得本书层次分明、内容丰富。

纵观朱子71载人生，在武夷山"琴书五十载"，武夷山是朱子理学萌芽、发展和集大成之地。朱子创立的、影响后世800多年的朱子理学成为中华优秀传统文化的一部分，他的贡献800多年来一直被人们所称颂。对朱子和他的理学体系、思想、地位的研究者越来越多，研究著作、理论文章、诗词歌赋、赞美之词浩如烟海。但以武夷山为蓝本，专门研究朱子与武夷山关系，探究朱子为什么在武夷山能成为一代大儒，考察朱子在武夷山如何生活、学习、著述、交往等的书籍却寥若晨星。

武夷山水，载千年儒风。成立于2017年的武夷山朱子文化研究中心，是最基层的朱子文化本土研究机构。成立之初，该中心便以研究阐释、传承弘扬朱子文化为主要任务。2020年，研究中心组建了具有武夷山特色的朱子文化专家队伍，聘请吴邦才、张建光、林文志、姚进生、张品端为顾问，吸纳致力于朱子文化研究的当地学者、工作人员和武夷学院的教授、研究员20多人，立足本土开展研究，深入探寻朱子与武夷山的关系，挖掘朱子文化的深厚内涵，寻找"名山出名人、名人耀名山"的内在关系，发掘武夷山这片土地的内核力量。

"朱子与武夷山"关系的在地研究始于2020年，全体人员深耕武夷山这片土地上与朱子有关的人物、事件、空间、区域、事物、风土人情等，对朱子在武夷山50年的经历进行全面、深入的探寻和梳理。研究中，首先考虑朱子成长、成婚、成才、成就的"四成"之地五夫镇，于是有了第一本书《朱子与五夫》。接着策划开展"朱子与武夷山水"关系研究，于是有了第二本书《朱子与武夷山水》。2023年，中心又策划开展"朱子与武夷师友"关系研究，试图通过深入挖掘生根或钟情于武夷山这片土地上的与朱子相关的人物、事件以及朱子到过的地方等相关史料，探寻朱子在此成长为理学大家的深层原因，于是有了第三本书《朱子与武夷师友》。

"朱子与武夷山"系列研究书籍的推出，目的是让人们了解朱子在武夷山的点点滴滴，告诉大家一个更真实、更具象的朱子。更重要的是，为世界各地研究朱子的专家学者留下可供研究的参考资料，丰富武夷山朱子文化的在地研究。今后，中心还将继续推动朱子文化的研究阐释与传承弘扬工作，不断创新"在地"研究形式，将朱子与武夷山的故事以更生动的方式让世人了解，讲好武夷文化故事。

在《朱子与武夷师友》后记中阐述出版系列研究书籍的前因后果，目的在于不忘初心、牢记使命。最后，值本书出版、本系列书籍收官之际，我们向武夷山市委、市政府、武夷文化研究院，向为本书撰写书法作品的吴应辉、詹义元、冯涛以及提供有关素材的单位和个人，向参与本书写作的学者、专家以及出版社的同志们，一并致以衷心的感谢！由于人力和水平有限，编印中难免有错漏或不足之处，敬请读者批评指正，不胜感激！

编　者

2024年11月